中国创业孵化发展报告 2023

工业和信息化部火炬高技术产业开发中心 编

科学技术文献出版社
SCIENTIFIC AND TECHNICAL DOCUMENTATION PRESS
·北京·

图书在版编目（CIP）数据

中国创业孵化发展报告. 2023 / 工业和信息化部火炬高技术产业开发中心编. —北京：科学技术文献出版社，2024. 11

ISBN 978-7-5235-1113-8

Ⅰ. ①中… Ⅱ. ①工… Ⅲ. ①创业—研究报告—中国—2023 Ⅳ. ① F249.214

中国国家版本馆 CIP 数据核字（2023）第 240673 号

中国创业孵化发展报告2023

策划编辑：丁芳宇　秦　源　　责任编辑：李　晴　　责任校对：王瑞瑞　　责任出版：张志平

出 版 者　科学技术文献出版社
地　　址　北京市复兴路15号　邮编 100038
出 版 部　(010) 58882909，58882087（传真）
发 行 部　(010) 58882868，58882870（传真）
官方网址　www.stdp.com.cn
发 行 者　科学技术文献出版社发行　全国各地新华书店经销
印 刷 者　北京时尚印佳彩色印刷有限公司
版　　次　2024 年 11 月第 1 版　2024 年 11 月第 1 次印刷
开　　本　889 × 1194　1/16
字　　数　316千
印　　张　15
书　　号　ISBN 978-7-5235-1113-8
定　　价　128.00元

《中国创业孵化发展报告2023》
编 委 会

《中国创业孵化发展报告2023》
编写组

组　长：王德花　杨晓非

副组长：李　享　刘　祯　冯雪磊　黄亚平

成　员：（按姓氏笔画排序）

于瑞成　王　涛　王伟毅　王英智

田　捷　尧志峰　李文奇　余　健

赵传超　高佳丽　廖志坚

前言

科技创新是发展新质生产力和推动经济高质量发展的核心要素，创业孵化是加快科技成果转化、推动科技创新产业创新的关键环节。党的二十大报告指出，要贯彻新发展理念，着力推动高质量发展，构建新发展格局，要营造有利于科技型中小微企业成长的良好环境，推动创新链产业链资金链人才链深度融合。2022 年恰逢中国科技企业孵化器发展 35 周年，历经 30 余年的发展，我国创业孵化体系已发展成为国家创新生态体系的重要组成部分，在促进科技成果转化、培育高成长企业、培育高精尖产业和未来产业发展等方面，发挥着越来越重要的支撑作用。

为全面总结我国创业孵化总体概况和发展态势，工业和信息化部火炬高技术产业开发中心组织编写了《中国创业孵化发展报告 2023》。本报告从总体篇、专题篇、地方篇 3 个篇章，全面介绍了 2022 年创业孵化载体总体发展情况、科技企业孵化器及众创空间发展情况、大学科技园发展情况、专业孵化器发展情况、国家高新区创业孵化发展情况和各地区创业孵化发展情况。报告全方位展示了全国及各地区创业孵化发展状况，便于政府部门、行业从业者及社会各方面研究人员及时了解行业发展动态和态势、存在的主要问题和面临的挑战，为大家提供决策、管理咨询和参考，进一步引导更多社会力量参与创业孵化体系建设，支撑经济长期可持续发展。

“科技是第一生产力、人才是第一资源、创新是第一动力。”创新促发展，创业增动能。我们始终坚持以科技创新为引领，持续引导创业孵化载体向更高能级发展，不断提升服务能力和水平，不断以原创性、颠覆性技术创新开辟发展新领域新赛道，不断塑造发展新动能新优势，为推动现代化产业体系建设和经济高质量发展发挥更大作用。

目录 Contents

总体篇

专题篇

地方篇

附 录

中国创业孵化发展报告2023

总体篇

第一章　科技创业孵化总体概述

2022 年是我国全面建设社会主义现代化国家新征程的重要一年，也是“十四五”规划深入实施的关键之年。习近平总书记强调：“必须继续做好创新这篇大文章，推动新质生产力加快发展。”当前，世界百年未有之大变局加速演进，新一轮科技革命和产业变革深入发展，科学技术越来越成为推动经济社会发展的重要力量。我国通过不断深化改革创新，强化基础研究，推动产学研深度融合，扎实推进关键核心技术攻关，持续优化创新创业生态等，持续释放科技创新在新征程中迸发的新活力新动力，为实现第二个百年奋斗目标打下坚实基础。

2022 年正值我国科技创业孵化事业发展 35 周年。30 多年来，我国科技创业孵化事业始终坚持以促进科技成果转化、培育科技企业及企业家精神为宗旨，各类创业孵化载体数量规模位居全球前列，形成覆盖 95% 县级以上城市的创新创业网络体系，国家级科技企业孵化器成为推动各地区创新创业高质量发展的标志和重要载体。越来越多的科研机构、投资机构、骨干企业、大公司参与到科技企业孵化器的建设中来，营造了我国创新创业创造的新面貌，有效地支撑了新质生产力建设和高质量发展。

一、新时代十年中国创业孵化实现新跃升

党的十八大以来，以习近平同志为核心的党中央全面加强党的领导，党和国家事业取得历史性成就、发生历史性变革，中国特色社会主义进入新时代，谱写了经济快速发展、社会长期稳定的崭新篇章。从 2012 年到 2022 年，新时代十年的伟大变革也推动中国创业孵化实现新跃升。

（一）孵化载体数量保持稳增长态势

全国科技创业孵化机构数量超过 1.6 万家，其中科技企业孵化器 6659 家、众创空间 9409 家、国家级科技企业孵化器 1406 家、国家备案众创空间 2353 家①。与 2012 年相比，科技企业孵化器数量增长 12 倍、国家级科技企业孵化器数量增长超过 2 倍，众创空间从无到有，并以低成本、便利化、全要素、开放式为特征呈现快速发展态势。全国科技企业孵化器场地面积达 1.37 亿平方米，与

① 截至 2022 年年底，共有国家级孵化器 1425 家，国家备案众创空间 2441 家，文中是上报统计数据的机构数量。

2012 年相比，数量增长超过 2 倍。全国科技企业孵化器收入达 579.9 亿元，与 2012 年相比规模约增长 5 倍。

（二）孵化服务体系不断健全完善

省级及以上科技企业孵化器享受国家“三税”减免政策，助力创业孵化机构健康可持续发展。全国各省、自治区、直辖市均设立了孵化器认定、复核等评估激励政策，纷纷通过财政支持、税收优惠、企业赋能等方式向孵化机构提供政策供给。全国 85% 的省、自治区、直辖市建立了行业组织，形成由华东、华南、北方等三大孵化网络片区组成的协同推进组织体系。创业社区、创业大街、创业小镇等新型孵化业态蓬勃发展，形成局部优化环境。产业孵化、生态链孵化、数字孵化等新的孵化趋势孵化模式不断涌现，基本形成了“众创空间—孵化器—加速器—科技园区”覆盖全生命周期的网络化全链条孵化服务体系。

（三）孵化服务功能不断优化提升

2022 年，全国孵化器对在孵企业开展创新创业活动 10.6 万场次，拥有创业导师 9.3 万人、当年创业导师对接企业达 24 万家。与 2012 年相比，全国孵化器拥有创业导师数量增长超过 25 倍、当年创业导师对接企业数量增长近 5 倍。全国众创空间组织创新创业活动 13.1 万次，为 9.5 万家（个）初创企业（团队）提供了技术支撑服务。2020 年，我国第一个创业孵化服务国家标准《科技企业孵化器服务规范》正式发布，标志着我国创新创业服务行业向标准化、体系化建设迈进，孵化服务逐渐成为全国各类创业孵化机构的重要竞争能力。

（四）创业孵化持续培育新动能新优势

2022 年，全国创业孵化机构内在孵企业（团队）超过了 71.5 万家（个），成为我国 5200 万家中小企业中创新能力较强的科创企业群体，与 2012 年相比，全国创业孵化机构内在孵企业（团队）数量增长 9 倍。据统计，全国创业孵化机构累计培育了近 5000 家上市（挂牌）企业，10 年来为社会输出了 17 万家优秀毕业企业。2022 年，专业孵化器数量占比首次超过 30%，在孵企业首次超过 7 万家，引导发展了更多新产业、新赛道。创业孵化机构内在孵企业研发投入强度高达 8.6%，近 10 年持续保持较高水平，孵化企业释放着源源不断的发展新动能。

二、中国创业孵化迈入高质量发展新阶段

2022 年是极不平凡的一年，受错综复杂的国内外环境影响，我国经济社会发展的风险挑战前所未有，全国中小企业生产经营面临多方面的困难挑战。在全球投资放缓叠加新冠疫情影响下，全国科技创业孵化机构同样面临着发展困难和挑战，但科技企业孵化器在很多方面迎难而上、逆势发

展，表现出较强的发展韧性，为加快新兴产业和未来产业培育，促进区域科技创新发展发挥了重要作用。

（一）支持中小微科技企业减负轻行

2022 年，党中央、国务院发布了一系列政策，旨在帮助服务业小微企业和个体工商户缓解因疫情冲击等不利因素带来的经营困难，特别是针对房租这一大项成本支出为企业发展纾困解难。国资委、科技部、住房城乡建设部等有关部门积极推进落实房租减免政策、加快减租工作进度，特别是央企、国企、事业单位背景的孵化器积极响应政策要求，不打折扣为服务业小微企业提供了房租减免支持，有效减轻了这些市场主体的经营压力。据统计，全国有 3898 家孵化器为在孵企业减免房租，减免金额达 49.9 亿元；全国有 3757 家众创空间为创业团队和初创企业减免房租，减免金额达 14.2 亿元。此外，全国有 2733 家创业孵化机构也得到了不同程度的国家税收优惠，减免税金额达 12.3 亿元，间接惠及了 19.2 万家科技创新企业和团队。

（二）助力硬科技企业成长壮大

2022 年，全国孵化器累计毕业企业达到 23.8 万家，当年毕业企业 3.2 万家，其中高新技术企业达到 7531 家，当年上市（挂牌）企业 416 家，当年被兼并和收购企业 721 家，当年营业收入超过 5000 万元的企业 4596 家，孵化器成为各地科技创新和产业创新融合发展的重要阵地，从孵化器走出了一批成功进入科创板的硬科技企业。专业孵化器聚焦新一代信息技术、先进制造、生物医药、新材料、数字经济、量子技术等战略性新兴产业和未来产业，孵化出华海清科、拓荆科技、诺诚健华、天岳先进、龙芯中科等科创板上市公司，硬科技孵化已成为中国创业孵化行业新的风向标。

（三）健全网络化全链条孵化生态

创业孵化体系成为创新链、产业链、资金链、人才链深度融合的关键环节，逐步构建了“众创空间—孵化器—加速器—科技园区”覆盖全生命周期的网络化孵化生态体系。行业龙头企业、央（国）企、上市公司、投资机构等正成为推动中国创业孵化行业高水平建设和高质量发展的主要力量。例如，中关村发展集团作为北京中关村科技园区的主要投资建设主体，深度参与了中关村多个孵化器的建设和运营，推动了区域创新生态的构建。上海莘泽创业投资管理股份有限公司（莘泽）作为国内首家挂牌新三板的孵化器运营公司，构建了特色创业服务体系，形成了“创业全科家庭医生”服务和“鸡尾酒式”的科技金融服务，围绕生命科学及硬科技前沿领域，通过“技术挖掘、概念验证、成果转化、产业孵化”的示范性预孵化服务体系，帮助科学家实现从实验室到市场的成果转化。

（四）探索创业孵化新机制新模式

各地积极探索创业孵化新机制新模式，引领中国创业孵化新范式和能级提升，出现了合肥量子信息未来产业孵化机构、北京飞镖国际创新平台科研探索类孵化机构、奇绩创坛技术市场匹配类孵化机构、红杉资本等资本产业融合型孵化机构、讯飞科技场景类孵化机构等。北京、上海等经济发达地区聚焦人才引领，强化政策供给，积极探索孵化器管理新模式。例如，《北京市科技企业孵化器认定管理办法》首次不要求园区面积为考核对象，而是更多地引导组建针对细分产业的科技企业孵化器，在全国率先试点建设 10 家引领类标杆孵化器和 13 家培育类标杆孵化器。上海通过实施硬科技孵化提升行动，培育超前孵化新模式，引导社会资本投早、投小、投硬科技，推动高质量孵化器与园区同发展，形成孵化集群，拓展跨境孵化服务。

（五）持续优化创新创业良好环境

良好的营商环境对于企业的创新创业至关重要。2022 年 1 月，科技部办公厅发布《关于营造更好环境支持科技型中小企业研发的通知》，引导全国各地重点围绕科技型中小企业发展营造良好创新环境，带动创业孵化机构围绕在孵企业发展需求持续整合各类创新服务资源。同年 2 月，科技部发布《关于开展国家级科技企业孵化器和国家备案众创空间信息变更管理模式创新试点工作的通知》，明确北京、上海、重庆、深圳、杭州、广州等 6 个城市优化创业孵化机构信息变更管理，创业孵化机构所属区域、场地面积、经营场所和名称等信息发生变更的，由所在试点城市科技管理部门审批同意后通过系统直接进行变更生效。

据统计，2022 年全国孵化机构面向孵化企业开展创业教育培训 15.1 万场次，创业导师对接企业 35.2 万次。2022 年第十一届中国创新创业大赛以“创新引领，创业筑梦”为主题，报名参赛企业 38 862 家，连续 5 年突破 3 万家。2022 年 1413 家国家级科技企业孵化器评价中，290 家被评为优秀（A 类）、776 家被评为良好（B 类），孵化器总体发展态势良好。

（六）全力推动高质量充分就业

2022 年，全国创业孵化机构从业人员达到 18.3 万人，其中孵化器从业人员 8.2 万人、众创空间从业人员 9.8 万人、大学科技园从业人员 3000 人。全国创业孵化机构内大学生创业、留学归国人员创业、科技人员创业、大企业高管离职创业、国外创业等企业（团队）数量近 70 万家（个），其中留学归国人员创业企业（团队）1.8 万家（个）、在大学生企业（团队）数量达 15.0 万家（个）。在孵企业和创业团队创造就业岗位 493.2 万个，其中吸纳应届大学毕业生 49.0 万人，创业孵化机构的直接就业稳定器作用不断夯实。

（七）支撑高新区创新发展增动能

国家高新区通过建设和发展孵化机构，不仅为创业者提供了必要的物理空间和基础设施，还提供了技术研发、资金支持、政策咨询等一系列孵化服务，形成了良好的创新创业生态，并在专业化、市场化、国际化等方面走在孵化行业的前列。2022 年，国家高新区内孵化器的发展情况尤为显著，不仅在数量上有所增加，更在质量与服务模式上实现了飞跃。2022年，国家高新区内各类创业孵化机构5518家，创造了5281.9亿元的在孵企业（孵化器）总收入，吸纳就业215.6万人，帮助在孵企业（团队）累计获得投融资额达到12 675.4亿元，拥有有效知识产权90.1万件，优质孵化器成为国家高新区高质量发展的重要支撑力量。同时，国家高新区积极开展绿色发展专项行动，推动绿色技术攻关和示范应用，加强人工智能、工业互联网等新技术的应用，数字化孵化治理能力引领孵化行业升级。

（八）引导专业孵化器加速发展

专业孵化器在促进科技成果转化、培育高新技术企业、推动高精尖产业发展、布局未来产业等方面具有更强有力的支撑作用。2022年，全国专业孵化器建设规模稳步增长，数量达到2104家；专业孵化器孵化面积不断扩大，使用总面积达4220.8万平方米；专业孵化器在孵企业研发投入费用保持更快增速，R&D经费为386.7亿元。央企、高校、投资机构等不同类型不同性质的运营主体纷纷加入专业孵化器的建设之中，为创造新赛道、孵化新产业、释放新动力注入中国孵化力量。专业孵化器重点围绕区域性战略产业和优势产业方向，聚焦新一代人工智能、脑机交互、元宇宙等未来产业加快布局，如国家电网投资建设了国网联研院材料及半导体器件科技孵化平台、江苏苏博特新材料公司依托科研院所资源建设新材料领域孵化器、小米公司专注智能硬件建立谷仓智能硬件孵化器。

（九）推动大学科技园支撑产业创新

2022年，139家国家大学科技园整体发展情况向好，长三角和京津冀地区大学科技园呈现“一校一园”“一校多园”“多校一园”等发展新模式。各大学科技园依托高校科技成果转化制度体系持续释放项目孵化和产业化势能，在孵企业盈利状况普遍向好，毕业企业中上市公司和收入过亿元企业达575家，增幅明显。例如，浙江大学科技园以“有组织科技成果转化、有源头科技项目孵化、有体系未来产业培育”为内涵的深度孵化体系，打造了高能级创业孵化服务体系；西南交通大学科技园推进“先中试＋后孵化”的技术转移转化模式，打造了四川省跨高校中试研发平台。

（十）形成全国差异化区域发展格局

2022年，中国创业孵化行业在东部地区、西部地区、中部地区、东北地区等四大区域形成了稳定的发展格局，各自展现出不同的特点和成效。东部地区孵化机构集聚度高，集群效应显著带动区域经济发展。西部地区依托区域特色和资源优势，推动科技创新和产业升级，通过孵化器建设和持续优化创新创业氛围环境，吸引了一批高新技术企业。中部地区积极承接东部地区产业转移，孵化器量质均有所提升，成为连接东部和西部地区的重要桥梁。东北地区利用老工业基地产业基础，助力传统产业转型升级，在支持振兴老工业基地方面发挥了积极作用。

第二章　科技企业孵化器

本章对 2022 年全国科技企业孵化器的总体概况、孵化绩效、运营活力进行研究分析。其中，总体概况包括孵化器数量、孵化面积、在孵企业、毕业企业等；孵化绩效包括在孵企业经营状况、技术创新能力、创造就业机会和投融资水平等；运营活力包括建设主体、投资规模、财税支持、孵化服务和孵化团队。

2022 年，全国科技企业孵化器发展数量稳定增长，总数达 6659 家。孵化器使用总面积为 1.4 亿平方米，同比增长 2.2%；其中，孵化场地面积为 1.1 亿平方米，占比达 78.6%。孵化器作为培育科技型企业的科技服务机构，孵化在孵企业和毕业企业数量保持增长态势，企业技术创新持续向好，全国孵化器在孵企业研究与开发经费为 933.7 亿元，同比增长 12.3%，平均研发投入强度为 8.6%。孵化器持续以创业带动高质量就业，累计创造就业岗位 305.6 万个，吸纳应届大学毕业生就业 24 万人。全国孵化器孵化基金总额达 3073.7 亿元，同比增长 15.4%。全国孵化器总体运营成效良好，不断完善孵化服务功能，集聚创业资源和要素，切实为企业发展赋能助力。

一、总体概况

（一）孵化规模不断扩大

全国孵化器保持适度增长态势，其中国家级孵化器数量增势明显。2022 年，全国孵化器为 6659 家，同比增长 6.9%；其中，国家级孵化器为 1406 家，占比为 21.1%①，同比增长 11.1%（图 2-1）。

从全国来看，2022 年江苏、广东、浙江、山东和湖北 5 个地区的孵化器数量领跑全国，合计占全国孵化器数量的 52.2%（表 2-1、图 2-2）。

① 截至 2022 年年底，国家级孵化器数量为 1425 家，其中上报有效统计数据的孵化器为 1406 家，本报告国家级孵化器各项汇总数据为 1406 家的汇总数。

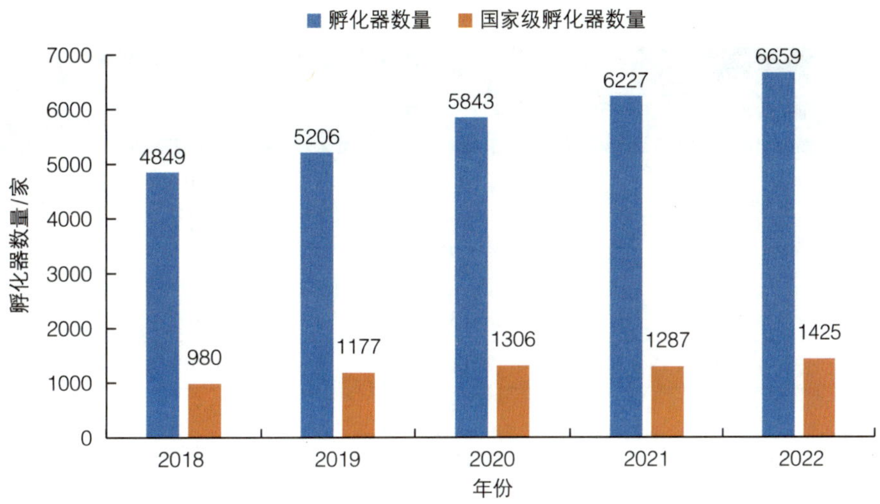

图2-1　2018—2022年全国孵化器数量对比

表2-1　全国及各地区孵化器数量情况　　单位：家

地区	2021 年		2022 年	
	孵化器数量	全国排名	孵化器数量	全国排名
合计	6227	—	6659	—
北京	270	7	272	7
天津	109	18	110	19
河北	289	5	326	6
山西	72	23	72	23
内蒙古	51	24	49	24
辽宁	94	21	99	20
吉林	95	20	95	21
黑龙江	200	10	183	13
上海	185	12	204	10
江苏	1008	2	1150	1
浙江	517	3	580	3
安徽	216	8	253	8
福建	137	15	142	15
江西	107	19	132	16
山东	323	4	342	4
河南	203	9	225	9
湖北	287	6	338	5
湖南	124	16	131	17

续表

地区	2021 年		2022 年	
	孵化器数量	全国排名	孵化器数量	全国排名
广东	1078	1	1066	2
广西	120	17	115	18
海南	6	31	6	31
重庆	158	13	188	11
四川	191	11	184	12
贵州	48	25	47	25
云南	42	26	43	26
西藏	3	32	4	32
陕西	145	14	148	14
甘肃	77	22	77	22
青海	15	29	16	29
宁夏	21	28	25	28
新疆	26	27	26	27
新疆生产建设兵团	10	30	11	30

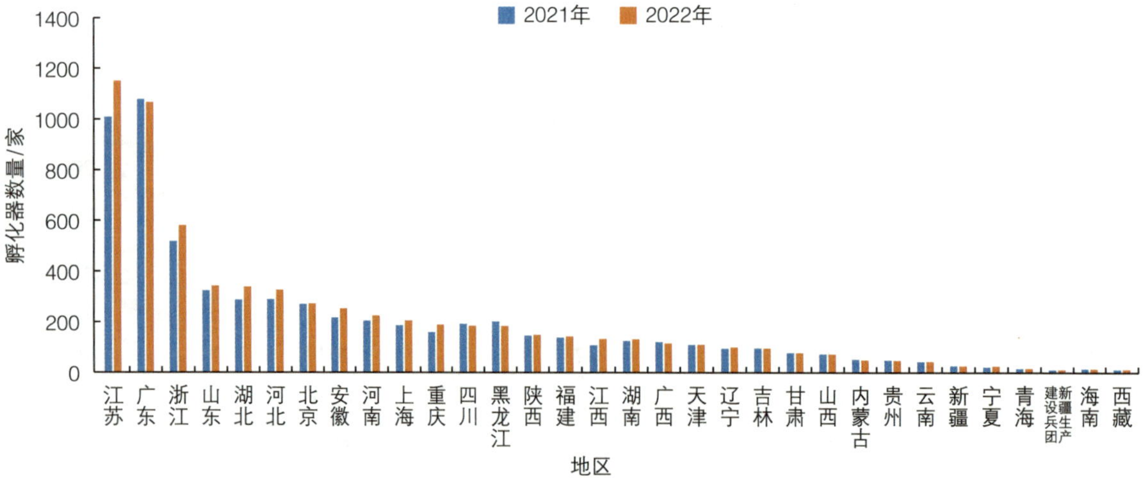

图2-2　各地区孵化器数量对比情况

2022 年，江苏、广东、浙江、山东和湖北 5 个地区的国家级孵化器数量位居全国前五，合计拥有国家级孵化器 718 家，占全国国家级孵化器数量的 51.1%。其中，江苏省的国家级孵化器数量为 243 家，占全国国家级孵化器数量的 17.3%（表 2-2）。

表2-2　全国及各地区国家级孵化器数量情况

单位：家

地区	2021年		2022年	
	国家级孵化器数量	全国排名	国家级孵化器数量	全国排名
合计	1265	—	1406	—
北京	63	5	65	6
天津	34	13	34	13
河北	40	9	41	11
山西	14	23	15	23
内蒙古	12	24	13	24
辽宁	30	14	31	14
吉林	23	16	24	17
黑龙江	21	18	21	19
上海	60	6	62	7
江苏	218	1	243	1
浙江	92	4	106	3
安徽	38	11	48	9
福建	18	21	21	19
江西	19	19	19	21
山东	95	3	100	4
河南	50	8	59	8
湖北	60	6	72	5
湖南	25	15	31	14
广东	168	2	197	2
广西	19	19	22	18
海南	3	31	3	31
重庆	22	17	26	16
四川	40	9	44	10
贵州	9	27	9	27
云南	15	22	16	22
西藏	2	32	3	31
陕西	37	12	39	12
甘肃	12	24	13	24
青海	7	28	7	28
宁夏	5	29	6	29
新疆	10	26	12	26
新疆生产建设兵团	4	30	4	30

2022 年，全国孵化器的区域发展布局稳定，东部地区仍是孵化器的高度聚集区，中部地区孵化器数量增幅最大，西部地区孵化器数量稳定增长，东北地区孵化器数量小幅下降（图 2–3）。

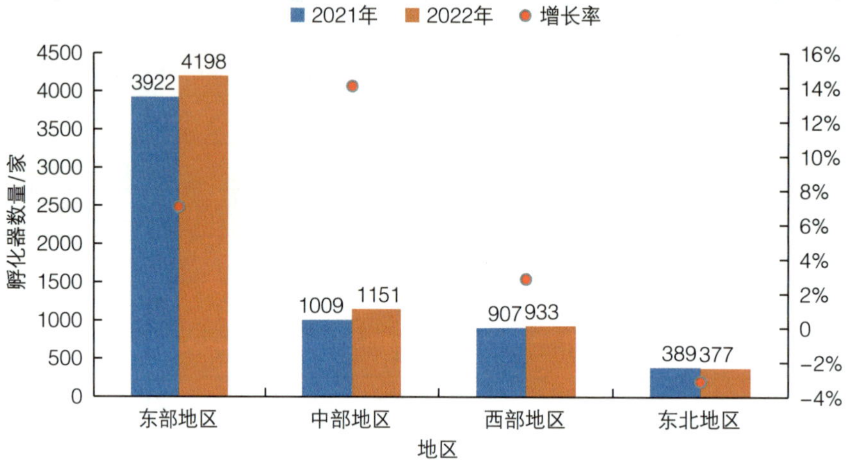

图2–3　各地区孵化器分布情况

（二）孵化面积持续增加

2022 年，全国孵化器使用总面积为 136.9 百万平方米，同比增长 2.2%，增幅稳定，平均每家载体使用面积约 2.1 万平方米；全国孵化器孵化场地面积达 114 百万平方米，同比增长 2.4%，占孵化器使用总面积的 83.3%；国家级孵化器总面积达 44 百万平方米，同比增长 2.8%，占孵化器使用总面积的 32.1%（图 2–4、表 2–3）。

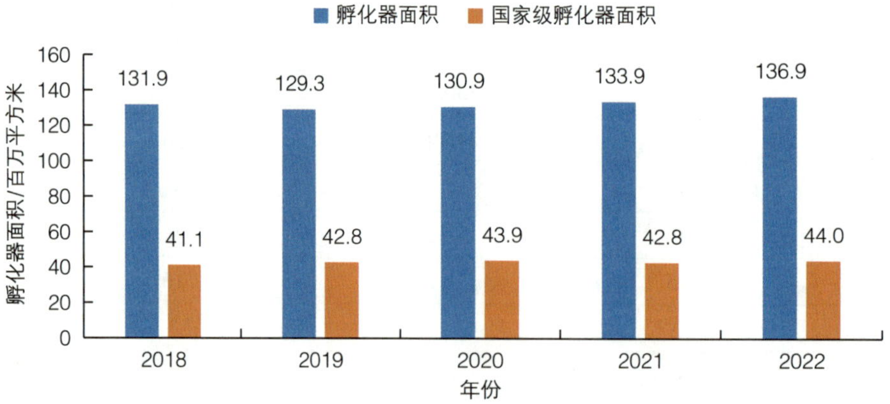

图2–4　2018—2022年孵化器使用总面积对比情况

表2-3 全国孵化器孵化面积情况

单位：百万平方米

年份	孵化器使用总面积	孵化器使用总面积明细			国家级孵化器总面积
		办公用房	孵化场地面积	其他	
2021	133.9	8.0	111.3	14.6	42.8
2022	136.9	8.0	114.0	14.9	44.0

从全国来看，江苏、广东、浙江、山东和湖北 5 个地区孵化器使用总面积位居全国前五，占全国孵化器使用总面积的比例为 53.5%（表 2-4、图 2-5）。

表2-4 各地区孵化器孵化面积情况

单位：万平方米

地区	2021 年		2022 年	
	孵化器使用总面积	孵化场地面积	孵化器使用总面积	孵化场地面积
北京	474.3	418.4	445.0	386.1
天津	155.2	133.8	145.7	131.3
河北	510.3	426.6	572.3	449.8
山西	133.7	115.9	146.7	127.8
内蒙古	133.9	116.0	135.4	115.4
辽宁	200.2	180.3	190.7	171.1
吉林	266.9	211.3	292.5	226.1
黑龙江	282.4	190.0	211.7	164.3
上海	247.8	213.9	261.3	224.2
江苏	2573.9	2144.3	2632.8	2186.7
浙江	1055.3	915.5	1110.6	962.5
安徽	394.0	330.8	404.6	357.3
福建	339.5	243.9	304.0	241.9
江西	578.0	494.9	467.2	379.9
山东	820.5	693.4	922.4	765.8
河南	378.7	332.6	411.5	356.0
湖北	611.8	508.5	789.0	647.7
湖南	322.1	283.6	323.8	288.8
广东	1806.4	1416.5	1668.1	1335.0
广西	178.9	158.5	167.2	145.8
海南	12.2	11.2	12.0	11.0
重庆	208.2	173.5	256.9	217.4
四川	411.4	345.1	284.6	242.0

续表

地区	2021 年		2022 年	
	孵化器使用总面积	孵化场地面积	孵化器使用总面积	孵化场地面积
贵州	280.7	233.1	390.2	329.2
云南	91.6	81.2	87.9	79.5
西藏	2.0	1.7	3.2	2.8
陕西	359.0	315.3	440.1	385.1
甘肃	215.3	174.6	252.3	199.5
青海	134.1	102.7	134.9	96.3
宁夏	85.0	75.7	78.4	68.8
新疆	72.0	61.1	87.8	75.3
新疆生产建设兵团	53.1	25.9	55.2	27.1

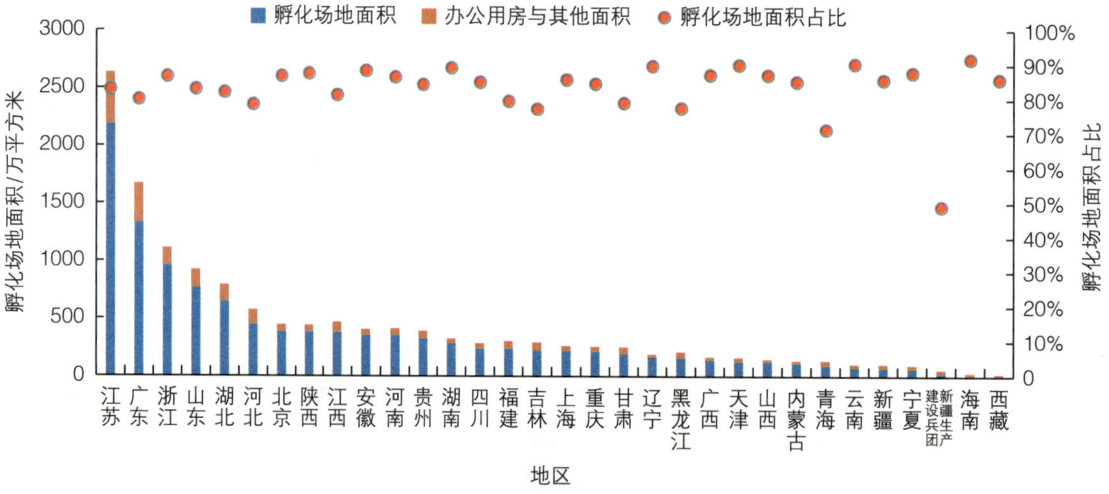

图2-5 全国各地区孵化场地面积及占比情况

（三）在孵企业明显提质

孵化器在孵企业和新增在孵企业情况良好。2022 年，全国孵化器在孵企业累计超过 24.8 万家，同比增长 1.9%。其中，高新技术企业、科技型中小企业及当年新增在孵企业数量均有提高，同比增长率分别为 18.3%、8.0%、1.1%（表 2-5）。

表2-5 2021年、2022年孵化器在孵企业分布

单位：家

指标	2021 年	2022 年
在孵企业总数	243 635	248 344
其中：留学人员企业	9750	9711

续表

指标	2021 年	2022 年
其中：大学生创业企业	32 382	32 371
其中：高新技术企业	13 377	15 822
其中：科技型中小企业	31 443	33 954
其中：当年新增在孵企业	66 578	67 284

2022 年，江苏、广东、浙江、山东和湖北等地孵化器在孵企业数量位列全国前五。2022 年，单位孵化面积在孵企业数量较多的地区有西藏、天津和海南等地（表 2–6）。

表2–6　各地区单位孵化面积在孵企业数量情况　　单位：家/万平方米

地区	2021 年	2022 年
北京	26.12	25.94
天津	32.99	34.44
河北	18.36	17.30
山西	22.47	21.39
内蒙古	14.92	13.58
辽宁	22.13	22.97
吉林	13.91	12.66
黑龙江	23.72	26.49
上海	32.09	31.69
江苏	15.55	16.01
浙江	18.48	18.67
安徽	18.50	21.02
福建	12.25	13.96
江西	7.47	10.01
山东	17.44	15.57
河南	26.13	25.90
湖北	21.54	17.69
湖南	20.55	21.21
广东	19.03	19.67
广西	24.45	25.00
海南	54.15	31.94
重庆	23.36	22.41
四川	22.37	31.93
贵州	5.73	3.83
云南	25.84	26.08

续表

地区	2021 年	2022 年
西藏	43.69	44.03
陕西	15.49	13.08
甘肃	12.77	10.23
青海	4.80	5.25
宁夏	11.40	12.55
新疆	22.13	23.04
新疆生产建设兵团	11.63	10.67

孵化器在孵企业数量保持在合理区间。2022 年，32.9% 的孵化器在孵企业数量在 1 ~ 20 家；41.8% 的孵化器在孵企业数量在 21 ~ 50 家；21.3% 的孵化器在孵企业数量在 51 ~ 100 家；仅有 4.0% 的孵化器在孵企业数量超过 100 家（图 2–6）。

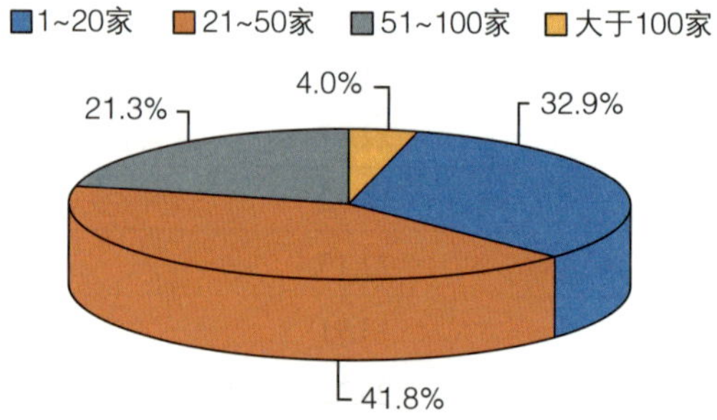

图2–6　孵化器在孵企业数量规模分布情况

（四）毕业企业发展清晰

孵化器毕业企业成效显著。2022 年，全国孵化器累计毕业企业将近 23.8 万家。当年毕业企业超过 3.2 万家，同比增长 9.0%；其中，高新技术企业达到 7531 家，同比增长 46.8%；当年上市（挂牌）企业 416 家，当年被兼并和收购企业 721 家，当年营业收入超过 5000 万元企业 4596 家（表 2–7）。

表2–7　全国孵化器毕业企业情况

单位：家

指标	2021 年	2022 年
累计毕业企业	215 969	237 906
毕业企业累计上市（挂牌）企业	6534①	4777
当年毕业企业	29 481	32 121
其中：高新技术企业	5130	7531

① 2022 年规范了毕业企业累计上市（挂牌）企业的统计方法，要求提供孵化器企业名单并与公开上市企业名单进行对比审核，数据更加准确。

续表

指标	2021 年	2022 年
其中：当年上市（挂牌）企业	802	416
当年被兼并和收购企业	840	721
当年营业收入超过 5000 万元企业	5158	4596

经济较发达的地区孵化器毕业企业情况更好。2022 年，全国各地区孵化器累计毕业企业数量排名前五的地区分别为江苏、广东、北京、浙江和山东，累计占全国毕业企业总数的 54.4%。其中，江苏省毕业企业数达 40 575 家，占整体的 17.1%，同比增长 16.0%，孵化成效显著（表 2–8、图 2–7）。

表2–8 全国及各地区孵化器累计毕业企业情况

单位：家

地区	2021 年		2022 年	
	累计毕业企业	全国排名	累计毕业企业	全国排名
合计	215 969	—	237 906	—
北京	28 564	2	23 318	3
天津	3214	19	3514	19
河北	5952	9	7220	9
山西	2722	21	2701	22
内蒙古	1921	23	2099	23
辽宁	4842	12	4835	16
吉林	2654	22	2751	21
黑龙江	3851	17	4042	18
上海	4362	15	4996	13
江苏	35 007	1	40 575	1
浙江	18 694	4	21 197	4
安徽	4590	13	5754	12
福建	4479	14	4837	15
江西	3466	18	4275	17
山东	13 656	5	15 287	5
河南	8496	7	9688	7
湖北	10 281	6	12 847	6
湖南	5784	10	6947	10
广东	25 390	3	29 126	2
广西	2808	20	3212	20

续表

地区	2021 年		2022 年	
	累计毕业企业	全国排名	累计毕业企业	全国排名
海南	287	31	360	31
重庆	4044	16	4863	14
四川	7701	8	8620	8
贵州	1119	26	1086	26
云南	1758	24	1989	24
西藏	126	32	166	32
陕西	5755	11	6421	11
甘肃	1672	25	1873	25
青海	743	29	857	29
宁夏	748	28	876	28
新疆	903	27	992	27
新疆生产建设兵团	380	30	582	30

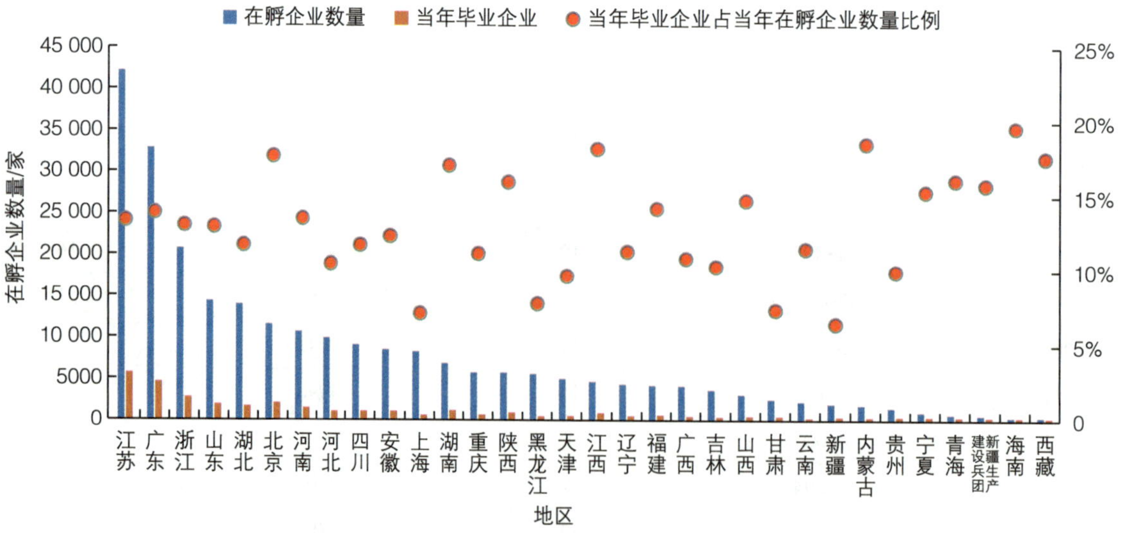

图2-7 各地区孵化器当年毕业企业与在孵企业数量情况

二、孵化绩效

（一）在孵企业收益大幅增长

2022 年，全国孵化器在孵企业总收入为 10 821.4 亿元；国家级孵化器在孵企业总收入为 5489.1 亿元，同比增长 34.5%，占比为 50.7%（表 2–9）。

表2-9　孵化器在孵企业总收入情况

单位：亿元

年份	在孵企业总收入	国家级孵化器在孵企业总收入	国家级孵化器收入占比
2021	12 442.5	4080.5	32.8%
2022	10 821.4	5489.1	50.7%

2022年，在孵企业总收入排名前五的地区分别为江苏、广东、北京、浙江和山东，5个地区的孵化器在孵企业总收入占全国的54.5%。其中，江苏省孵化器在孵企业总收入达211 163.2百万元，位居全国第一，同上年度基本持平（表2-10）。

表2-10　全国及各地区孵化器在孵企业总收入情况

单位：百万元

地区	2021年		2022年	
	在孵企业总收入	在孵企业平均收入	在孵企业总收入	在孵企业平均收入
合计	1 244 251.1	5.1	1 082 143.2	4.4
北京	140 679.1	11.4	113 276.6	9.8
天津	11 674.5	2.3	13 439.5	2.7
河北	24 417.4	2.6	20 771.0	2.1
山西	33 079.7	11.0	17 507.0	5.6
内蒙古	8697.5	4.4	9958.1	5.4
辽宁	12 483.3	2.8	12 352.5	2.8
吉林	14 267.1	3.8	23 607.3	6.4
黑龙江	9903.4	1.5	8042.6	1.4
上海	61 448.7	7.7	29 267.6	3.5
江苏	216 709.5	5.4	211 163.2	5.0
浙江	83 984.9	4.3	70 328.3	3.4
安徽	25 326.2	3.5	36 477.2	4.3
福建	19 465.2	4.7	20 975.9	4.9
江西	24 981.9	5.8	27 323.7	5.8
山东	63 006.2	4.4	61 120.5	4.3
河南	26 973.4	2.7	33 206.1	3.1
湖北	39 247.1	3.0	41 235.5	3.0
湖南	30 946.1	4.7	26 836.8	3.9
广东	145 848.5	4.2	133 895.5	4.1
广西	12 010.1	2.7	10 085.0	2.4
海南	76 724.3	116.1	17 092.6	44.7
重庆	21 421.6	4.4	18 583.0	3.2

续表

地区	2021 年		2022 年	
	在孵企业总收入	在孵企业平均收入	在孵企业总收入	在孵企业平均收入
四川	37 755.1	4.1	35 596.6	3.9
贵州	29 550.9	18.4	5304.4	3.6
云南	7151.7	3.0	7531.7	3.3
西藏	228.0	2.6	141.8	1.0
陕西	35 315.7	6.3	44 375.2	7.7
甘肃	4690.7	1.7	5477.9	2.1
青海	14 311.5	22.3	17 145.7	24.2
宁夏	6156.8	6.4	3598.4	3.7
新疆	3680.3	2.3	4630.4	2.3
新疆生产建设兵团	2114.7	3.4	1795.7	3.0

（二）在孵企业研发持续增强

在孵企业投入研究与开发经费持续增长。2022 年，全国在孵企业 R&D 经费为 933.7 亿元，同比增长 12.3%，平均研发投入强度为 8.6%。在孵企业 R&D 经费排名前五的地区分别为江苏、广东、北京、浙江和上海，占全国整体比例为 68.0%（图 2–8）。

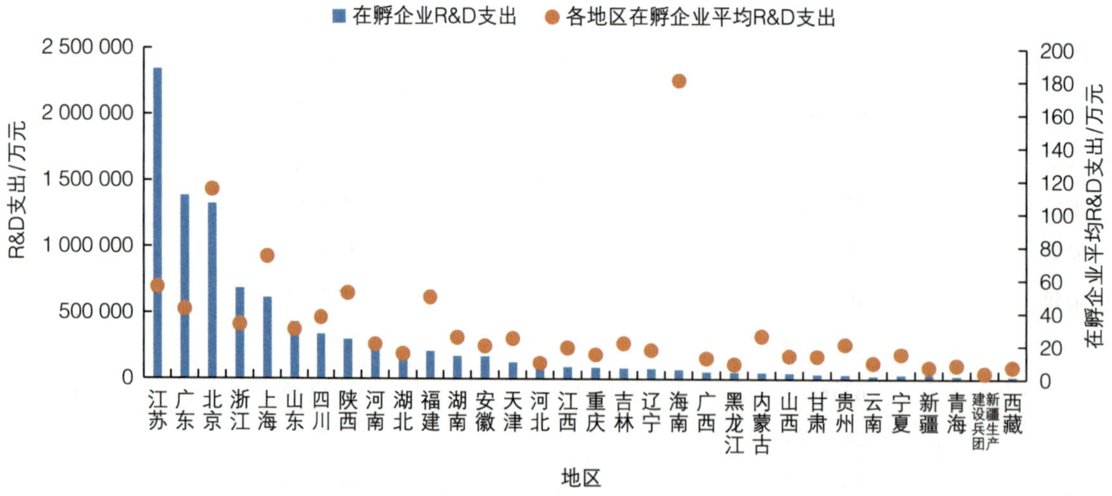

图2–8　各地区孵化器在孵企业R&D经费支出情况

2022 年，研发投入强度排名前五的地区分别为上海、北京、江苏、广东和福建，全国有 8 个地区研发投入强度高于全国值。海南和北京两地在孵企业平均 R&D 经费支出超过百万元，分别为 180.6 万元和 114.6 万元（表 2–11、图 2–9）。

表2－11　各地区孵化器在孵企业平均R&D经费支出情况

地区	2021 年		2022 年	
	平均 R&D 经费支出/万元	研发投入强度	平均 R&D 经费支出/万元	研发投入强度
北京	75.1	6.6%	114.6	11.7%
天津	21.8	9.6%	24.5	9.1%
河北	12.0	4.6%	9.5	4.5%
山西	9.5	0.9%	14.0	2.5%
内蒙古	23.6	5.4%	26.1	4.8%
辽宁	20.7	7.4%	17.5	6.2%
吉林	13.3	3.4%	21.6	3.4%
黑龙江	8.4	5.7%	8.9	6.2%
上海	65.5	8.5%	74.0	20.9%
江苏	52.3	9.7%	55.5	11.1%
浙江	33.9	7.9%	33.0	9.7%
安徽	21.2	6.1%	20.0	4.7%
福建	57.7	12.3%	49.4	10.0%
江西	18.7	3.2%	18.9	3.2%
山东	26.6	6.0%	29.9	7.0%
河南	23.3	8.5%	21.0	6.7%
湖北	17.8	6.0%	15.3	5.2%
湖南	25.8	5.5%	25.1	6.4%
广东	38.5	9.1%	42.2	10.3%
广西	13.6	5.0%	12.6	5.2%
海南	5.9	0.1%	180.6	4.0%
重庆	14.7	3.3%	14.7	4.6%
四川	32.6	7.9%	37.2	9.5%
贵州	26.9	1.5%	21.0	5.9%
云南	7.1	2.4%	9.6	2.9%
西藏	22.7	8.8%	7.2	7.2%
陕西	39.9	6.3%	51.9	6.7%
甘肃	12.4	7.3%	13.7	6.5%
青海	16.1	0.7%	8.3	0.3%
宁夏	23.1	3.6%	15.0	4.1%
新疆	4.9	2.1%	7.0	3.1%
新疆生产建设兵团	4.1	1.2%	3.5	1.1%

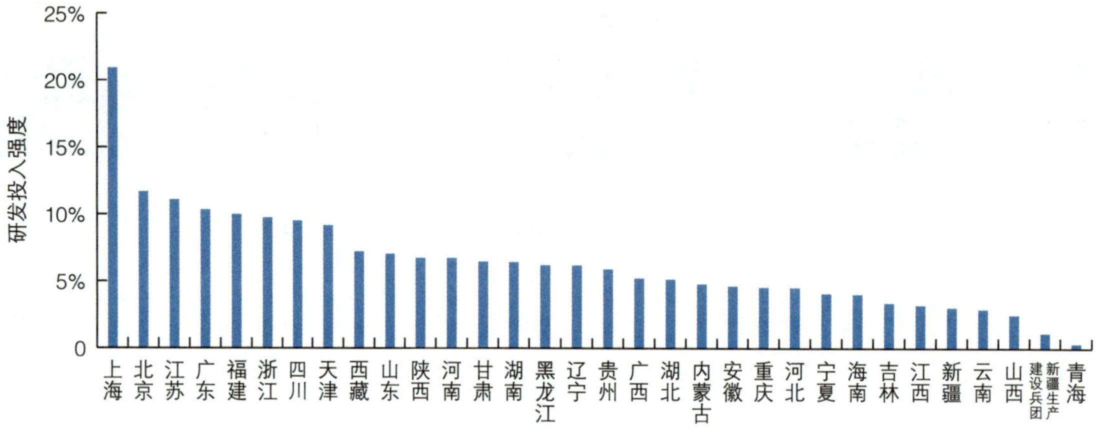

图2-9　各地区孵化器在孵企业研发投入强度情况

2022 年，全国孵化器在孵企业知识产权申请数为 35.9 万件，同比增长 8.0%。当年知识产权授权数为 21.0 万件，同比减少 5.6%。拥有有效知识产权数为 102.7 万件，同比增长 12.0%；其中，发明专利数为 15.8 万件，占比为 15.4%，同比增长 15.5%，说明孵化器在孵企业科研产出质量和市场应用水平得到较大程度的提升（表 2-12）。

表2-12　全国孵化器在孵企业知识产权情况　　单位：件

年份	当年知识产权申请数	当年知识产权授权数	拥有有效知识产权数				
			总数	发明专利	软件著作权	集成电路布图	植物新品种
2021	331 818	222 940	916 574	136 569	385 061	4235	1155
2022	358 510	210 497	1 026 962	157 769	437 624	914	4868
增长率	8.0%	-5.6%	12.0%	15.5%	13.7%	-78.4%	321.5%

2022 年，孵化器在孵企业知识产权申请数超万件的地区有 11 个，其中江苏、广东、陕西、浙江和北京的知识产权申请数量位居前五，5 个地区知识产权申请数量占全国的 57.3%，表明这些地区孵化器在孵企业开展研发创新氛围良好（图 2-10）。

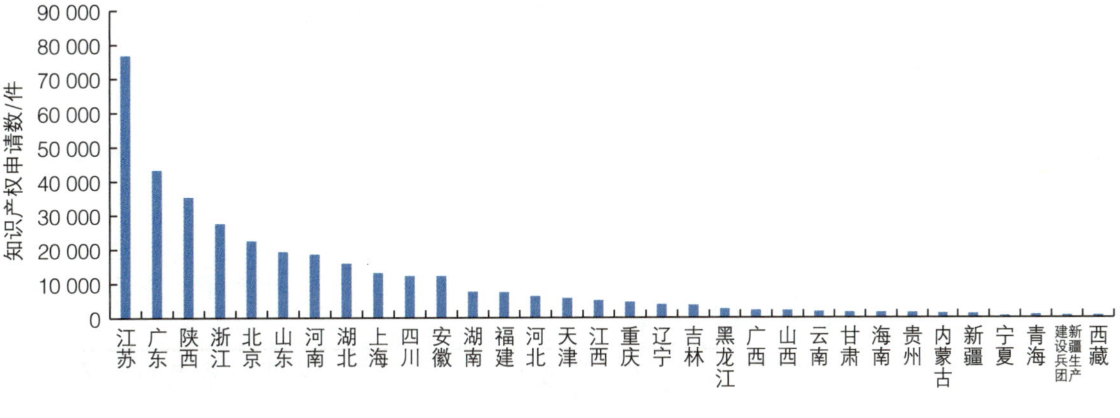

图2-10　2022年各地区孵化器知识产权申请情况

2022 年，孵化器在孵企业知识产权授权数超万件的地区有 7 个，其中发明专利超千件的地区有 11 个。知识产权授权数位居前五的地区有江苏、广东、北京、浙江、山东，其总和占全国发明专利数的 55.6%，其中江苏、广东、北京 3 个地区发明专利数合计 18 221 件，占全国发明专利数的 49.1%，远高于其他地区（图 2-11）。

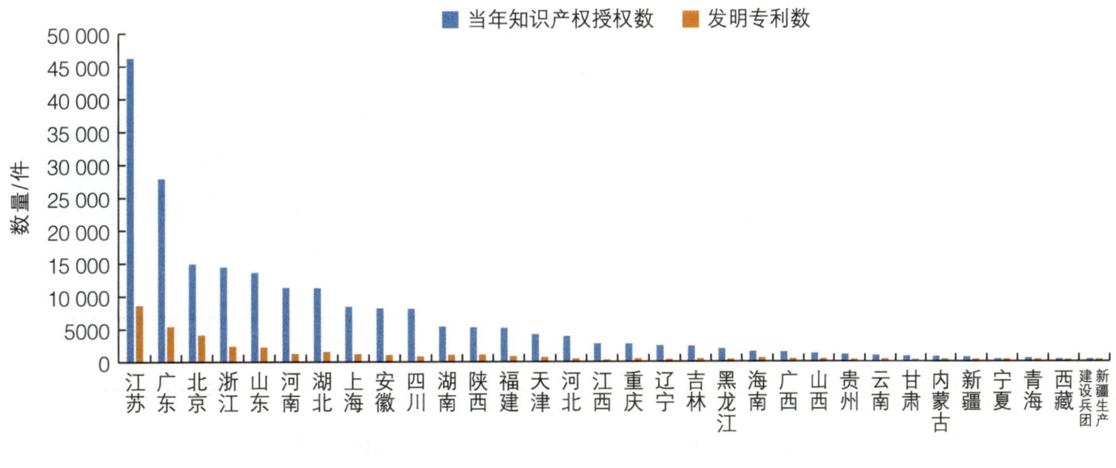

图2-11　2022年各地区孵化器知识产权授权情况

2022 年，孵化器在孵企业有效知识产权数超 3 万件的地区有 10 个，其中发明专利数超 2 万件的地区仅有 3 个。江苏、广东、北京、山东和陕西等地拥有有效知识产权数量占据全国前五，其总和占全国整体的 56.3%；其中，发明专利成果表现最突出的地区是江苏、广东、北京，其总和为 77 695 件，占全国整体的 49.2%，其余 29 个地区发明专利数均在 1 万件以下（图 2-12）。

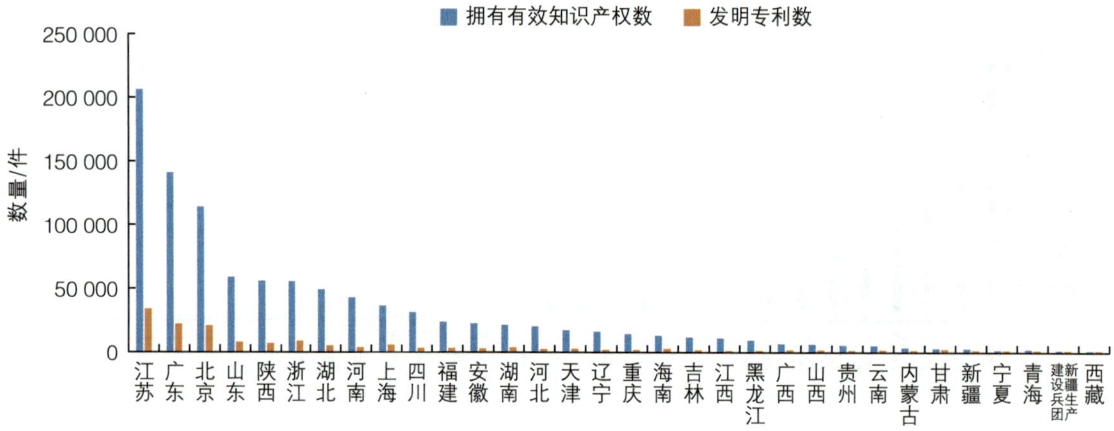

图2-12　2022年各地区孵化器拥有有效知识产权情况

（三）在孵企业就业整体良好

全国孵化器创业带动高质量就业情况仍发挥重要作用，在孵企业从业人员队伍整体结构也在逐渐优化，留学人员回国就业趋势明显。2022 年，全国孵化器在孵企业从业人员 305.6 万人。其中，大专以上人员 242.0 万人；留学人员 3.0 万人，同比增长 7.1%（表 2-13）。

表2-13　全国孵化器在孵企业从业人员情况　　单位：万人

年份	在孵企业从业人员			
	在孵企业从业人员	大专以上人员	留学人员	应届大学毕业生
2021	309.6	242.9	2.8	24.2
2022	305.6	242.0	3.0	24.0

2022 年，孵化器在孵企业从业人员数量较多的地区为江苏、广东、浙江、北京和山东。其中，江苏孵化器在孵企业从业人员达 52.7 万人。排名前 5 位的地区之和占总数的比例达 48.2%（图 2-13）。

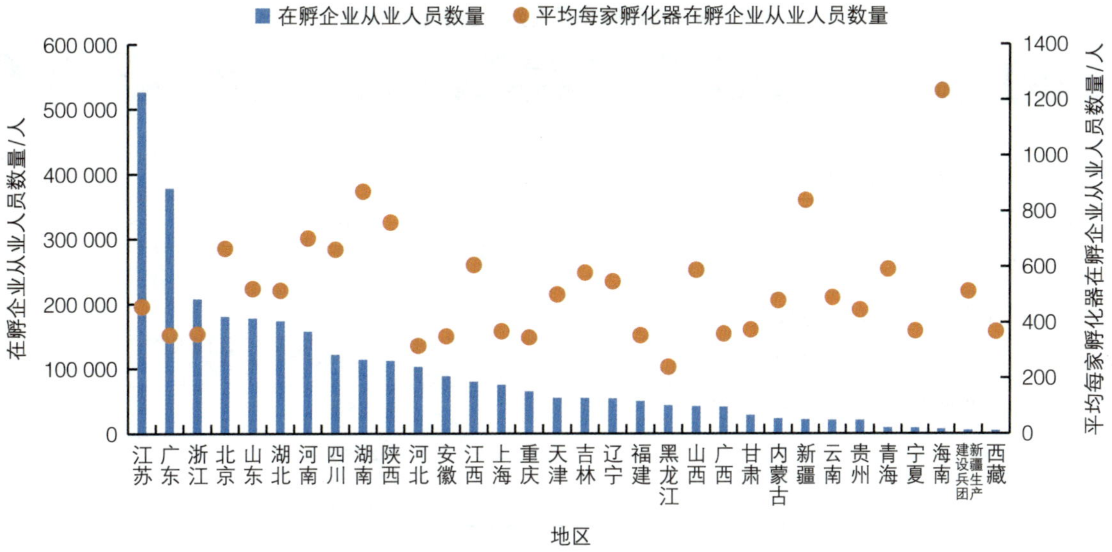

图2-13　2022年各地区孵化器在孵企业人员数量情况

（四）在孵企业金融支撑跃升

2022年，全国孵化器孵化基金总额达3073.7亿元，同比增长15.4%，从孵化基金总额超20亿元的全国各地区排名情况来看，浙江、广东、江苏具有明显领先优势；当年获得孵化基金投资的在孵企业数量为10 985家，同比增长8.9%；当年获得投融资的企业数量为1.7万家，同比增长6.7%；全国孵化器在孵企业累计获得投融资总额为6039.7亿元，增长27.0%；其中，当年获得投融资总额为1265.2亿元，同比增长3.2%；累计获得投融资的企业数量为9.8万家，同比增长27.8%（图2-14、表2-14）。

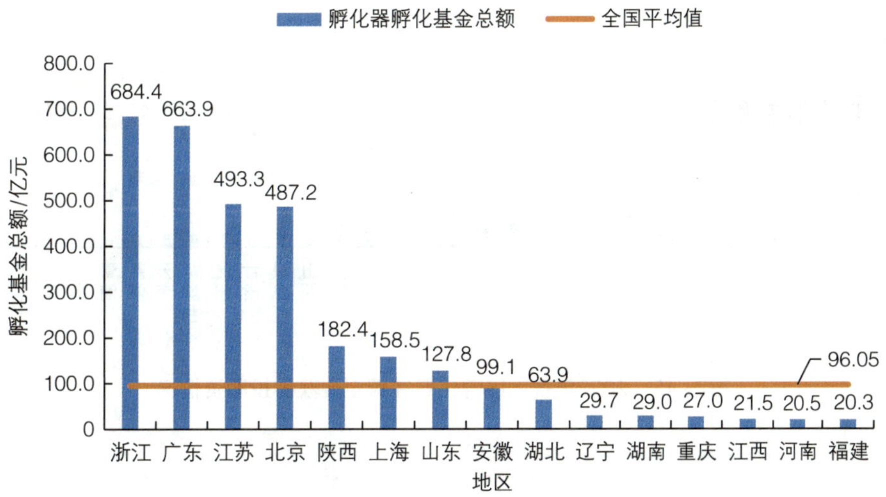

图2-14　2022年全国孵化器孵化基金总额超20亿元以上的省份

表2-14　全国孵化器在孵企业投融资情况

指标	2021 年	2022 年
孵化器孵化基金总额 / 亿元	2664.1	3073.7
当年获得孵化基金投资的在孵企业数量 / 家	10 083	10 985
国家级孵化器当年获得孵化基金投资的在孵企业数量 / 家	5030	5409
累计获得投融资的企业数量 / 家	76 366	97 607
国家级孵化器累计获得投融资的企业数量 / 家	51 649	61 156
其中：当年获得投融资的企业数量 / 家	16 153	17 243
国家级孵化器当年获得投融资的企业数量 / 家	8539	9479
在孵企业累计获得投融资总额 / 亿元	4755.6	6039.7
其中：当年获得投融资总额 / 亿元	1226.5	1265.2

2022 年，孵化器累计获得投融资的企业数量排名前 5 位的地区分别为北京、江苏、广东、浙江和河南。其中，北京累计获得投融资的企业数量达 14 840 家，占全国总数的 15.2%，位居第一（图 2-15）。

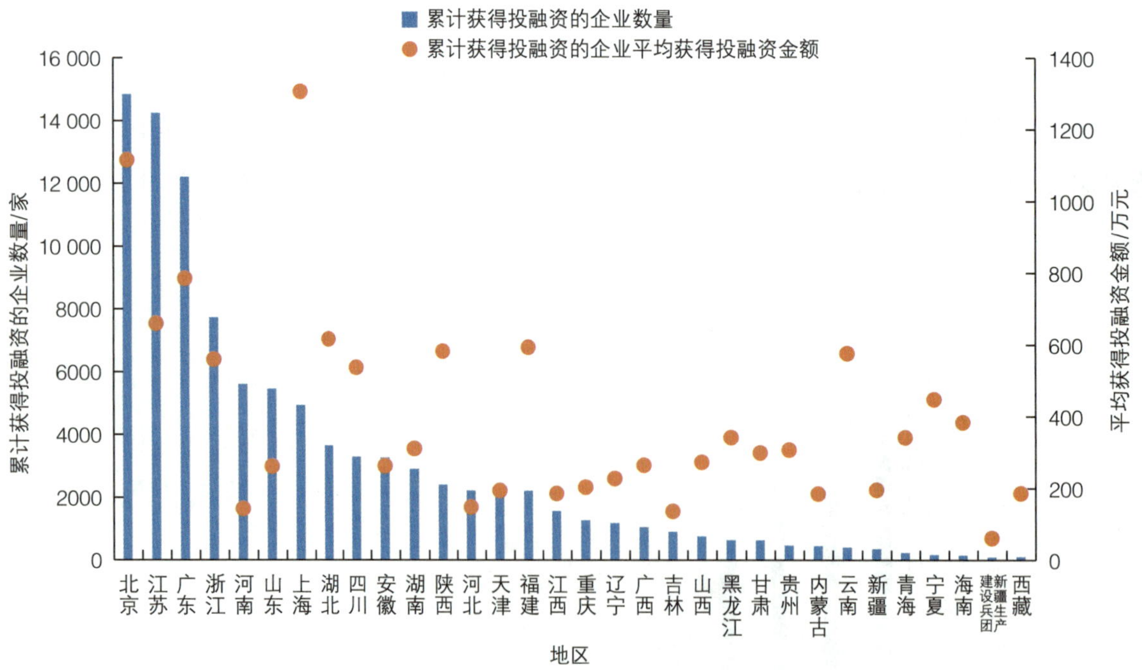

图2-15　2022年各地区孵化器在孵企业获得投融资情况

三、运营活力

（一）企业运营孵化器成为主流

企业性质的孵化器仍是主流。2022 年，企业法人性质的孵化器依然占据主体地位，占比为 88.1%，同比上升 0.8 个百分点；事业法人性质的孵化器占比为 9.3%，社会法人性质的孵化器占比为 0.4%；民办非企业法人性质的孵化器占比为 1.5%，其他法人性质的孵化器占比为 0.7%（图 2-16）。

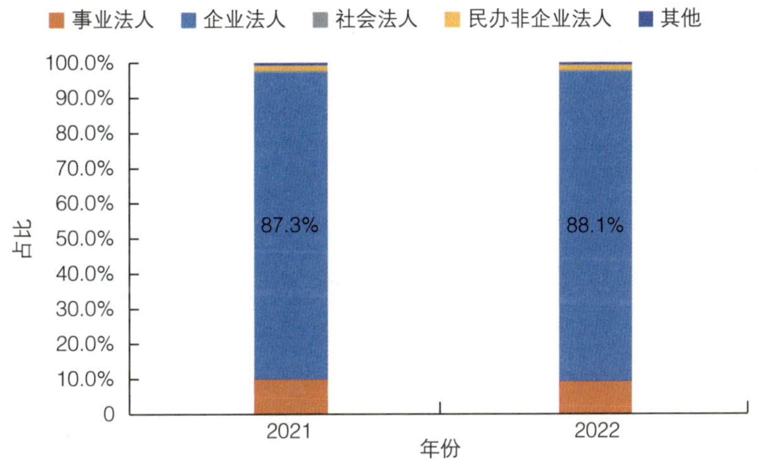

图2-16　全国孵化器主体性质分布情况

（二）社会资本深度参与孵化投资

社会化投资助力孵化器高质量发展。2022 年，全国孵化器获得投资总额为 3082.2 亿元，国家级孵化器投资总额为 1388.9 亿元，占比为 45.1%。其中，财政投入为 1029.8 亿元，占比为 33.4%；企业投资为 1975.6 亿元，占比为 64.1%；社会组织投资为 25.0 亿元，占比为 0.8%；其他投资 51.8 亿元，占比为 1.7%（表 2-15、图 2-17）。

表2-15　全国孵化器获得投资情况　　单位：亿元

年份	投资总额	财政投入	企业投资	社会组织投资	其他投资	国家级孵化器投资总额
2021	3230.3	1137.9	2006.3	34.8	51.3	1304.1
2022	3082.2	1029.8	1975.6	25.0	51.8	1388.9

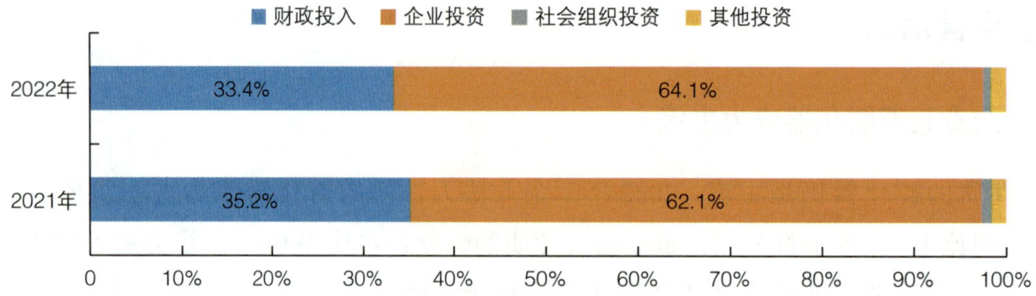

图2-17　全国孵化器获得投资来源分布情况

2022 年，孵化器获得投资总额较高的前 5 个地区分别是江苏、广东、浙江、山东和北京，占全国投资总额的 55.7%（图 2-18）。

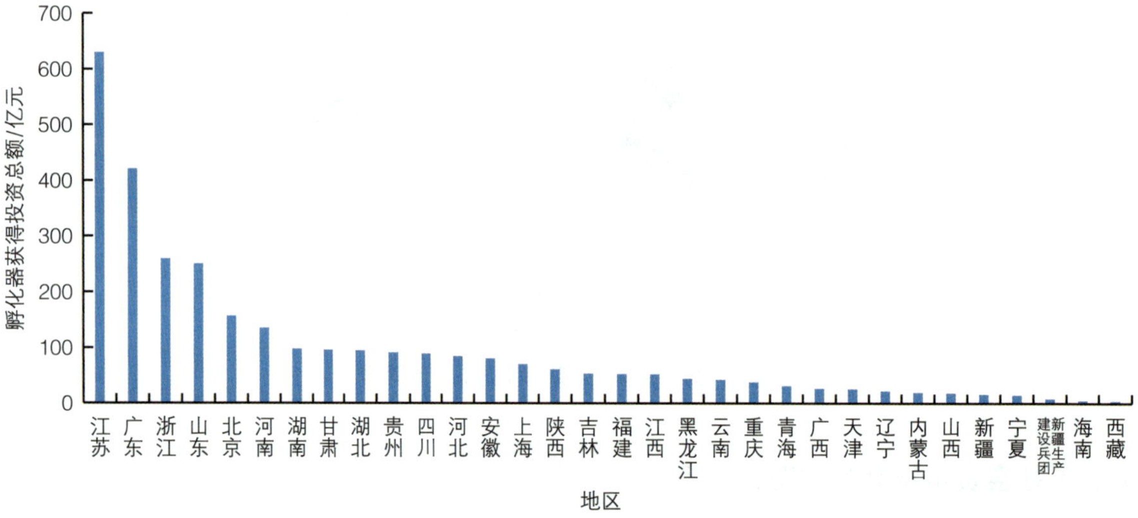

图2-18　各地区孵化器获得投资总额

（三）财政资金孵化投入力度加大

全国各地保持对孵化器的财政支持强度。2022 年，全国有 3102 家孵化器获得各级财政资助（其中，国家级孵化器 1073 家、非国家级孵化器 2029 家），累计获得各级财政资助额 74.8 亿元，同比小幅增长；其中，国家级孵化器获得财政支持达 34.9 亿元，非国家级孵化器获得财政支持为 39.9 亿元。获得各级财政资助额排名前五的地区分别为江苏、广东、四川、浙江和北京（图 2-19）。

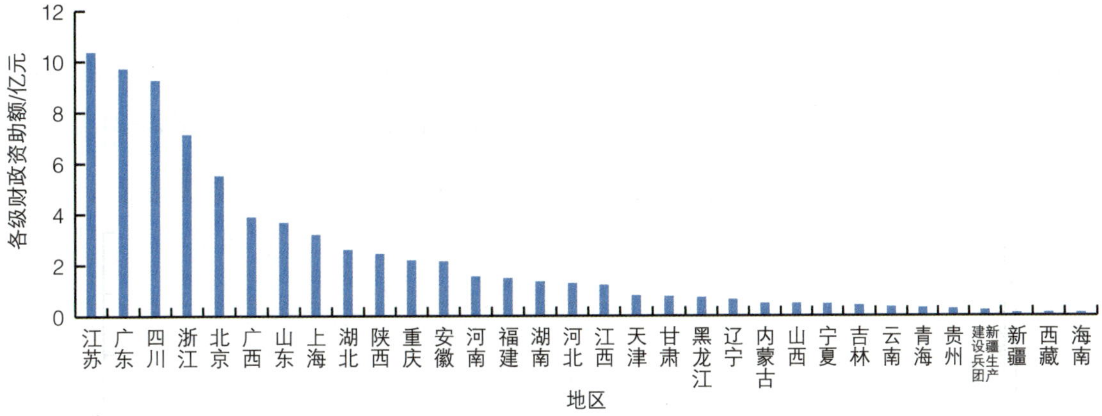

图2-19　各地区孵化器获得各级财政资助额情况

2022年，享受孵化器税收优惠政策免税的孵化器数量达1472家，免税总金额达9.5亿元，同比增长6.5%。

（四）孵化器创收能力全面提升

孵化器收入状况良好。2022年，全国孵化器总收入为579.9亿元，同比增长1.4%。其中，综合服务收入为157.8亿元，同比增长5.3%；房租及物业收入为298.9亿元，同比增长1.4%；投资收入为27.6亿元；其他收入为95.6亿元，同比增长3.7%（表2-16、图2-20）。

表2-16　全国孵化器收入情况　　单位：亿元

年份	孵化器总收入	综合服务收入	房租及物业收入	投资收入	其他收入	国家级孵化器总收入
2021	572.1	149.8	294.8	35.3	92.2	220.7
2022	579.9	157.8	298.9	27.6	95.6	228.7

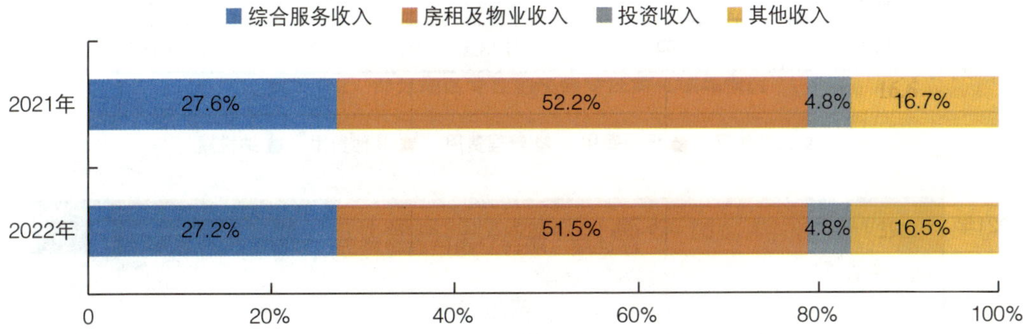

图2-20　全国孵化器收入分布情况

2022年，全国有3898家孵化器为在孵企业减免房租，减免金额达49.9亿元，平均每家孵化器减免房租128万元。

2022 年，孵化器总收入排名前五的地区分别为广东、江苏、北京、浙江和湖北，5 个地区孵化器收入占全国总收入的 62.2%。其中，广东占比达 19.8%，是唯一一个孵化器总收入超百亿元的地区。孵化器平均收入排名前五的地区分别为北京、贵州、海南、陕西和上海（图 2－21）。

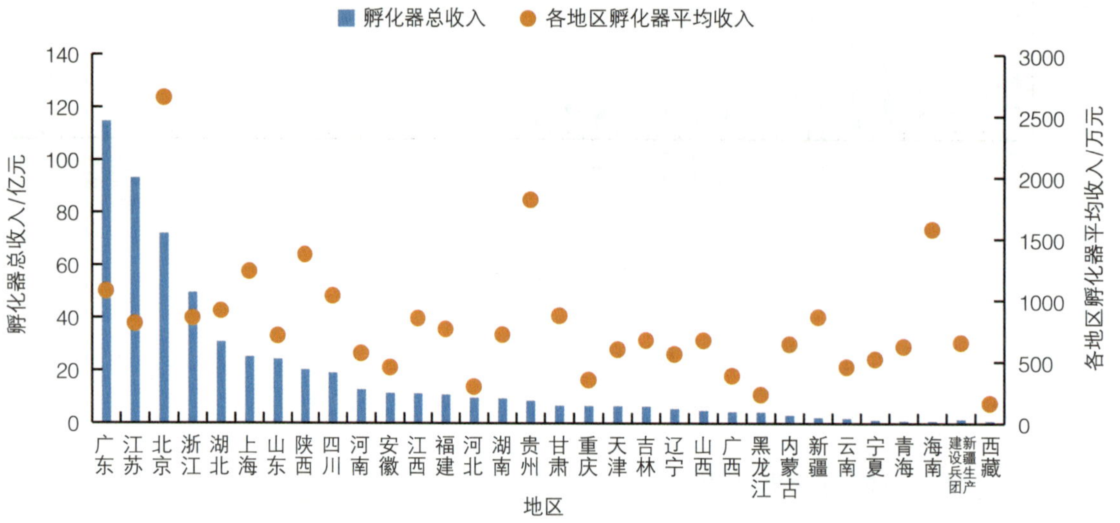

图2－21　各地区孵化器总收入及平均收入分布情况

全国孵化器运营支出结构稳定。2022 年，全国孵化器的运营成本为 470.1 亿元，同比增长 3.4%。其中，人员费用为 94.0 亿元，占比为 20.0%；场地费用为 128.8 亿元，同比下降明显，占比为 27.4%；管理费用为 102.8 亿元，占比为 21.9%；其他费用为 105.7 亿元，占比为 22.5%；纳税额为 38.8 亿元，占比为 8.3%（表 2－17、图 2－22）。

表2－17　全国孵化器运营成本情况　　单位：亿元

年份	孵化器的运营成本	人员费用	场地费用	管理费用	其他费用	纳税额
2021	454.6	88.4	130.7	98.0	98.4	39.1
2022	470.1	94.0	128.8	102.8	105.7	38.8

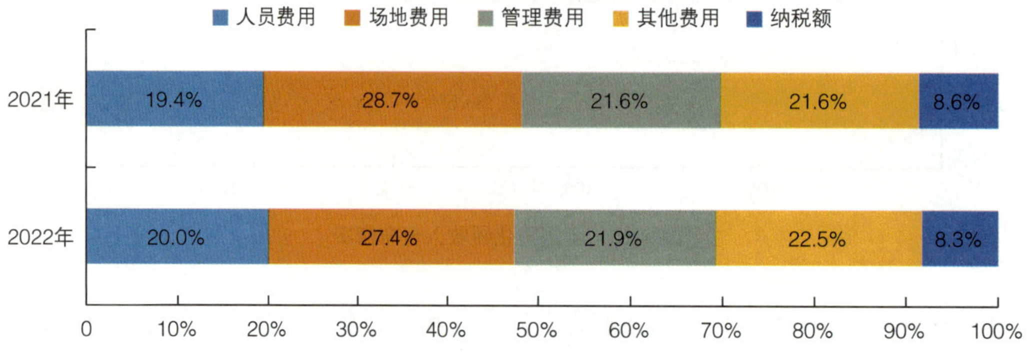

图2－22　全国孵化器运营成本分布情况

2022 年，孵化器运营成本较高的地区分别为广东、江苏、北京、浙江和上海，5 个地区总运营成本为 297.1 亿元。其中，广东和江苏两地的运营成本均超 70 亿元（图 2-23、表 2-18）。

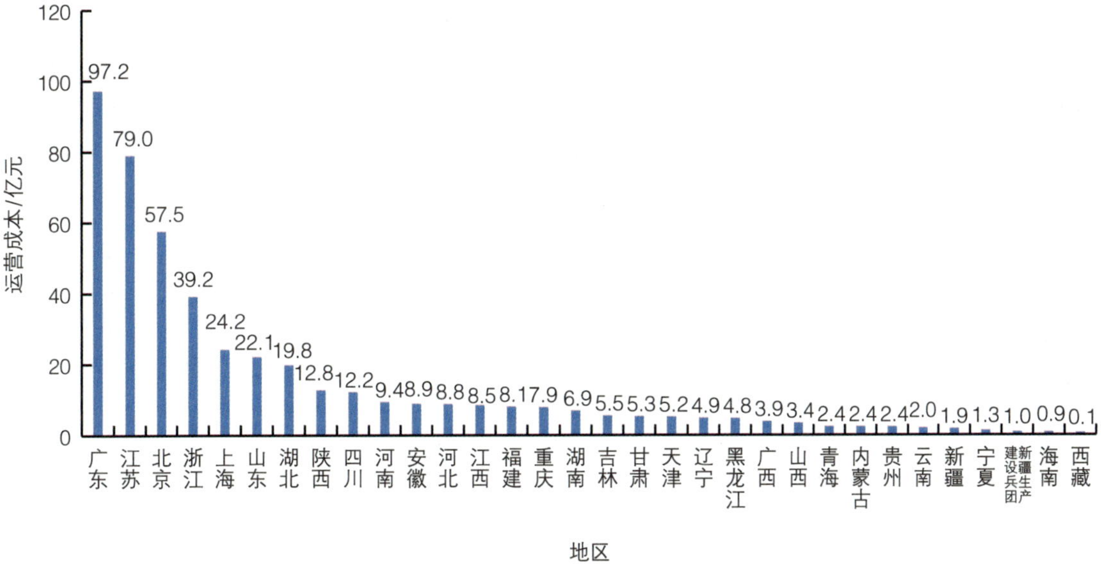

图2-23　各地区孵化器运营成本情况

表2-18　全国及各地区孵化器运营成本情况　　单位：亿元

地区	2021 年		2022 年	
	孵化器运营成本	全国排名	孵化器运营成本	全国排名
合计	454.6	—	470.1	—
北京	60.8	3	57.5	3
天津	5.7	17	5.2	19
河北	8.4	11	8.8	12
山西	3.6	23	3.4	23
内蒙古	2.4	25	2.4	25
辽宁	4.9	21	4.9	20
吉林	5.6	19	5.5	17
黑龙江	5.7	18	4.8	21
上海	24.2	5	24.2	5
江苏	76.0	2	79.0	2
浙江	34.2	4	39.2	4
安徽	7.4	13	8.9	11
福建	8.3	12	8.1	14
江西	6.0	16	8.5	13

续表

地区	2021 年		2022 年	
	孵化器运营成本	全国排名	孵化器运营成本	全国排名
山东	17.5	6	22.1	6
河南	9.6	10	9.4	10
湖北	16.8	7	19.8	7
湖南	6.7	15	6.9	16
广东	98.4	1	97.2	1
广西	4.9	20	3.9	22
海南	0.9	31	0.9	31
重庆	6.9	14	7.9	15
四川	12.8	9	12.2	9
贵州	2.6	24	2.4	26
云南	1.9	26	2.0	27
西藏	0.1	32	0.1	32
陕西	12.8	8	12.8	8
甘肃	4.2	22	5.3	18
青海	1.8	27	2.4	24
宁夏	1.0	29	1.3	29
新疆	1.6	28	1.9	28
新疆生产建设兵团	1.0	30	1.0	30

（五）创新孵化服务功能逐步完善

孵化器不断深化孵化服务，支持企业健康发展。2022 年，孵化器对在孵企业培训共计 485.0 万人次；孵化器开展创新创业活动 10.6 万场次；拥有创业导师 9.3 万人，同比增加 0.6 万人；当年创业导师对接企业达 24.0 万家，同比增长 8.1%，平均每位导师对接约 2.6 家企业；孵化器签约中介机构数量为 6.7 万家，同比增长 4.7%（表 2–19、表 2–20）。

表2–19　全国孵化器开展创业辅导情况

年份	对在孵企业培训/万人次	开展创新创业活动/万场次	创业导师数量/万人	创业导师对接企业的数量/万家	孵化器签约中介机构数量/万家
2021	498.0	11.2	8.7	22.2	6.4
2022	485.0	10.6	9.3	24.0	6.7

表2-20　全国及各地区创业导师平均对接企业数量情况　　单位：家

地区	2021 年	2022 年
全国整体水平[①]	2.6	2.6
北京	2.2	2.2
天津	3.2	3.2
河北	2.3	2.3
山西	1.9	1.9
内蒙古	1.6	2.0
辽宁	2.8	2.7
吉林	2.5	2.8
黑龙江	2.4	2.3
上海	2.8	2.8
江苏	3.9	3.9
浙江	2.4	2.5
安徽	3.1	3.2
福建	1.9	1.6
江西	2.3	2.7
山东	2.3	2.3
河南	3.3	3.4
湖北	2.8	2.7
湖南	2.7	3.0
广东	2.5	2.4
广西	3.3	3.2
海南	5.0	4.8
重庆	1.7	1.5
四川	2.2	2.2
贵州	3.3	2.8
云南	1.6	1.2
西藏	1.4	1.1
陕西	2.1	2.1
甘肃	2.3	2.2
青海	1.4	1.3
宁夏	2.7	2.5
新疆	3.0	3.3
新疆生产建设兵团	4.1	3.6

① 此处“全国整体水平”是由全国孵化器创业导师对接企业数量与创业导师的比计算而来的。

2022 年，对在孵企业培训服务较多的 5 个地区分别为广东、江苏、上海、湖北和浙江。其中，广东孵化器对在孵企业培训 77.5 万人次，占全国的 16.0%；平均每家孵化器对在孵企业培训服务中，上海服务企业人次最高；开展创新创业活动较多的 5 个地区分别为广东、江苏、浙江、北京和山东，开展的创新创业活动均超过 6000 场次，远高于全国其他地区（图 2–24、图 2–25）。

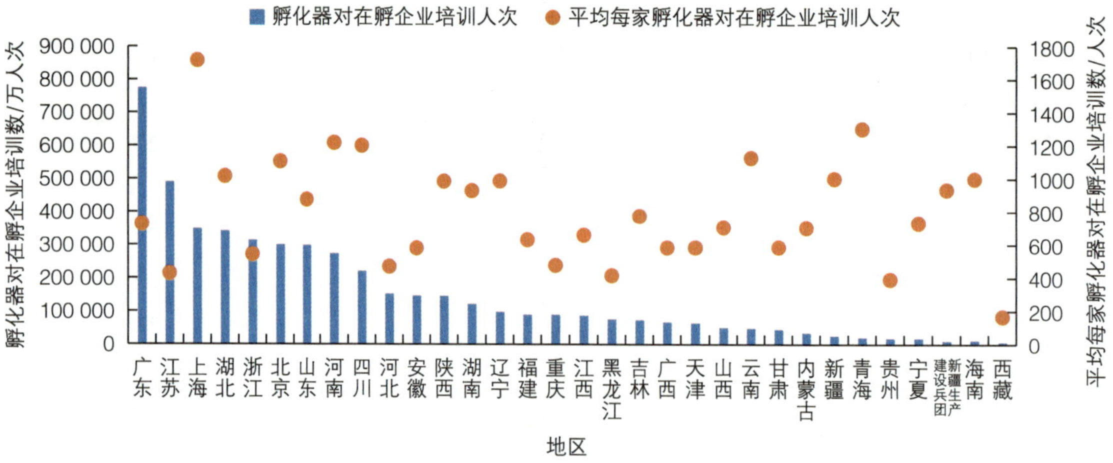

图2–24　各地区对在孵企业培训情况

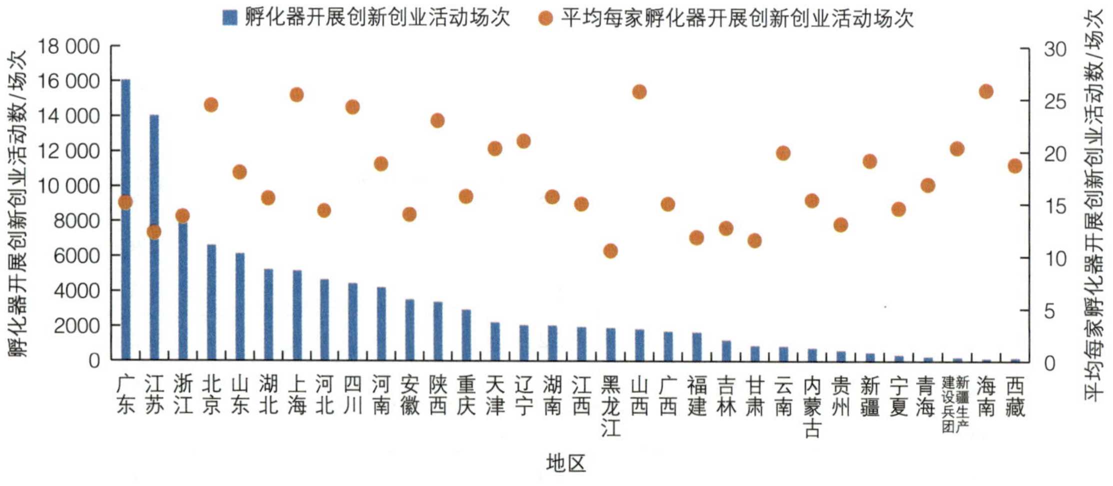

图2–25　全国各地区开展创新创业活动情况

孵化器的公共技术服务平台工作成效稳步提升。孵化器对公共技术服务平台投资额为 94.2 亿元，同比增长 26.3%；公共技术服务平台总收入为 63.7 亿元，同比增长 16.5%（表 2–21）。

表2-21　全国孵化器公共服务平台运行情况　　单位：亿元

年份	孵化器对公共技术服务平台投资额	公共技术服务平台总收入
2021	74.6	54.7
2022	94.2	63.7

（六）专业孵化从业队伍加速扩大

2022 年，全国孵化器管理机构从业人员共计 8.2 万人，同比增长 2.3%。其中，大专以上人员为 7.6 万人，占比为 92.7%，同比增长 0.6 个百分点；接受专业培训人员数量为 4.6 万人，占比为 56.6%，同比增长 3.3 个百分点。

孵化器管理机构从业人员较多的 5 个地区分别是江苏、广东、浙江、北京和山东；其中，江苏和广东 2 个地区的孵化器管理机构从业人员数量均突破万人，接受专业培训人员数量均领跑全国（表 2-22）。

表2-22　各地区孵化器管理机构从业人员情况　　单位：人

地区	管理机构从业人员	接受专业培训人员	平均服务企业数/家
北京	5173	2289	2.2
天津	1258	809	4.0
河北	3605	2234	2.7
山西	1012	539	3.1
内蒙古	779	478	2.4
辽宁	1362	822	3.2
吉林	1499	734	2.5
黑龙江	1936	963	2.9
上海	2586	1577	3.2
江苏	12 421	7265	3.4
浙江	6094	3337	3.4
安徽	2600	1691	3.3
福建	1715	792	2.5
江西	2284	1170	2.0
山东	4399	2703	3.3
河南	2992	2067	3.6
湖北	4008	2290	3.5
湖南	1892	1193	3.6
广东	11 215	6059	2.9

续表

地区	管理机构从业人员	接受专业培训人员	平均服务企业数/家
广西	1192	747	3.5
海南	78	37	4.9
重庆	2006	1016	2.9
四川	2477	1571	3.7
贵州	921	413	1.6
云南	622	409	3.7
西藏	36	28	3.9
陕西	2522	1553	2.3
甘肃	1467	633	1.8
青海	279	110	2.5
宁夏	444	219	2.2
新疆	407	248	5.0
新疆生产建设兵团	228	101	2.6

第三章　众创空间

本章对2022年全国众创空间的总体概况、孵化绩效、运营活力进行统计分析。其中，总体概况包括众创空间数量、场地面积、服务企业（团队）等；孵化绩效包括新注册企业情况、初创企业（团队）类型、技术创新、获得投融资、财政支持、创造就业机会等；运营活力包括众创空间性质、专业孵化领域、运营收入和成本等。

2022年，全国众创空间数量保持稳步增长态势，总数达9409家。众创空间总面积达3715.3万平方米。其中，服务场地面积达3117.7万平方米，占比为83.9%。全国众创空间共有服务企业（团队）45.1万家（个），其中，当年服务的团队数量达21.6万个、初创企业达23.5万家。众创空间不断孕育新企业，持续发挥创业带动就业的重要作用，当年服务的初创企业（团队）共吸纳就业人数超过187.6万人，其中应届大学毕业生24.9万人。众创空间不断深化孵化服务，创业导师的数量稳步提高，从业人员的专业素养不断改善，整体运营状况保持良好。2022年，众创空间在促进创新创业、带动社会就业、推动经济社会发展方面继续发挥重要作用。

一、总体概况

（一）数量适度增长

众创空间数量保持适度增长。2022年，全国众创空间数量达9409家，同比增长4.2%。其中，国家备案众创空间数量达2353家，同比增长13.6%（图3－1）。[①]

全国各地区众创空间发展情况整体向好。排名前5位的地区分别是江苏、广东、浙江、河北和山东，众创空间总数占全国总数的44.8%；其中，江苏众创空间数量达1157家，占全国总数的12.3%（表3－1）。

---

① 截至2022年年底，国家备案众创空间数量为2441家，其中上报有效统计数据的众创空间为2353家，本报告国家众创空间各项汇总数据为2353家。

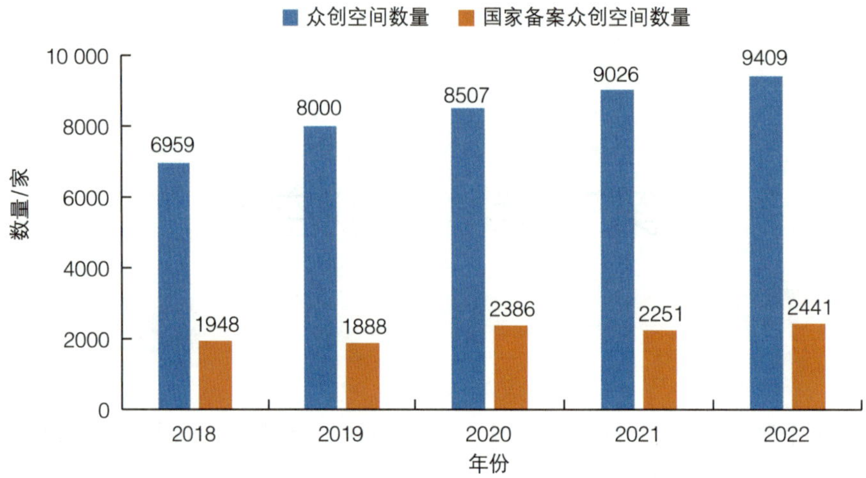

图3-1　2018—2022年全国众创空间数量对比情况

表3-1　全国及各地区众创空间数量统计情况　　单位：家

地区	2021 年		2022 年	
	众创空间数量	全国排名	众创空间数量	全国排名
合计	9026	—	9409	—
北京	250	14	233	16
天津	212	18	223	17
河北	640	4	649	4
山西	322	9	303	12
内蒙古	167	20	154	21
辽宁	261	12	288	13
吉林	101	24	94	24
黑龙江	49	28	56	26
上海	162	21	170	20
江苏	1081	1	1157	1
浙江	796	3	851	3
安徽	255	13	311	11
福建	371	7	389	8
江西	184	19	214	19
山东	527	5	528	5
河南	315	10	332	9
湖北	376	6	429	6
湖南	285	11	313	10
广东	1043	2	1034	2
广西	117	23	126	23
海南	12	32	12	32

续表

地区	2021 年		2022 年	
	众创空间数量	全国排名	众创空间数量	全国排名
重庆	327	8	393	7
四川	242	17	219	18
贵州	82	25	83	25
云南	144	22	146	22
西藏	31	30	33	30
陕西	247	15	234	15
甘肃	243	16	248	14
青海	51	27	52	27
宁夏	55	26	52	27
新疆	49	28	51	29
新疆生产建设兵团	29	31	32	31

从国家备案众创空间数量看，江苏、广东、山东、浙江和北京 5 个地区的数量位居全国前五，合计 1064 家（表 3-2）。

表3-2 全国及各地区国家备案众创空间数量统计情况

地区	2021 年		2022 年	
	国家备案众创空间数量 / 家	全国排名	国家备案众创空间数量 / 家	全国排名
合计	2071	—	2353	—
北京	137	5	141	5
天津	79	7	88	7
河北	97	6	108	6
山西	44	19	45	19
内蒙古	49	17	50	18
辽宁	61	11	69	12
吉林	21	27	24	26
黑龙江	29	23	30	25
上海	58	13	58	17
江苏	211	2	267	1
浙江	148	4	188	4
安徽	47	18	66	13
福建	60	12	66	13
江西	43	20	41	20
山东	189	3	209	3

续表

地区	2021 年		2022 年	
	国家备案众创空间数量 / 家	全国排名	国家备案众创空间数量 / 家	全国排名
河南	53	15	72	10
湖北	74	8	88	7
湖南	55	14	61	16
广东	243	1	259	2
广西	28	24	33	22
海南	3	32	3	32
重庆	53	15	66	13
四川	66	10	72	10
贵州	22	26	23	27
云南	35	21	37	21
西藏	5	31	8	31
陕西	74	8	86	9
甘肃	31	22	31	23
青海	12	28	11	29
宁夏	9	30	9	30
新疆	24	25	31	23
新疆生产建设兵团	11	29	13	28

东部地区、中部地区、西部地区和东北地区的众创空间数量分布结构基本不变。东部地区仍然是众创空间的集聚区域，数量排名居前五的地区均位于东部地区；中部地区增长速度较快，同比增长 9.5%（图 3-2）。

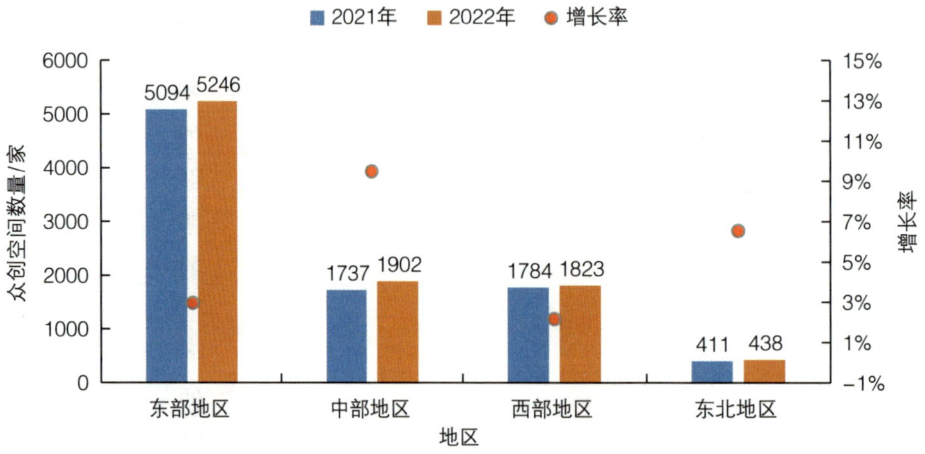

图3-2　各地区众创空间分布情况

（二）面积总体稳定

众创空间场地面积趋于稳定。2022 年，全国众创空间总面积为 3715.3 万平方米，同比略有减少（图 3-3）；众创空间用于常驻企业（团队）使用的面积为 2289.2 万平方米，占比为 61.6%；公共服务面积和运营办公面积合计 1089.4 万平方米（表 3-3）。

众创空间场地的产权结构保持不变。2022 年，众创空间面积与租赁面积数量分别为 1501.8 万平方米和 2213.5 万平方米，比例结构与上年基本一致（表 3-3）。

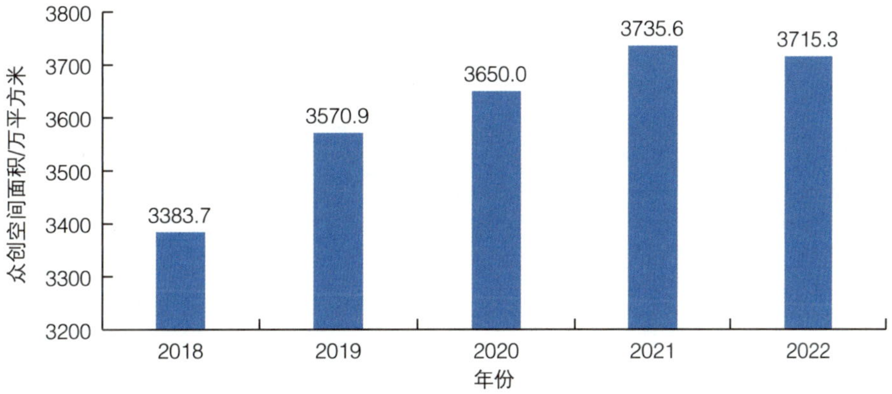

图3-3 2018—2022年全国众创空间面积对比情况

表3-3 众创空间提供场地情况　　单位：万平方米

年份	众创空间总面积	运营办公	常驻企业（团队）使用	公共服务	其他	自有面积	租赁面积	提供工位数/万个
2021	3735.6	257.3	2355.2	815.1	308.1	1455.4	2280.2	150.9
2022	3715.3	261.0	2289.2	828.4	336.6	1501.8	2213.5	151.2

众创空间提供的工位数略有增加。2022 年，众创空间提供工位 151.2 万个。广东、浙江、北京、江苏和重庆提供的工位数量占全国的 40.6%（表 3-4）。

表3-4 全国及各地区众创空间提供工位情况　　单位：万个

地区	2021 年	2022 年
合计	150.9	151.2
北京	13.0	8.7
天津	4.1	4.1
河北	6.5	6.6
山西	5.3	5.1
内蒙古	2.3	2.1

续表

地区	2021 年	2022 年
辽宁	4.7	4.9
吉林	1.2	1.3
黑龙江	0.6	0.7
上海	4.4	4.7
江苏	12.7	12.7
浙江	13.7	15.1
安徽	2.9	3.7
福建	5.5	5.7
江西	5.7	6.8
山东	8.5	7.9
河南	5.9	6.0
湖北	5.6	6.4
湖南	4.6	5.2
广东	16.9	17.0
广西	1.2	1.3
海南	0.3	0.3
重庆	7.7	8.4
四川	4.3	3.5
贵州	1.3	1.2
云南	2.1	2.1
西藏	0.3	0.4
陕西	6.1	5.4
甘肃	2.0	2.0
青海	0.4	0.3
宁夏	0.7	0.6
新疆	0.4	0.5
新疆生产建设兵团	0.3	0.5

浙江、江苏、山东、广东和江西等地的众创空间总面积排名位居前五，占全国众创空间总面积的 38.2%（图 3–4）。

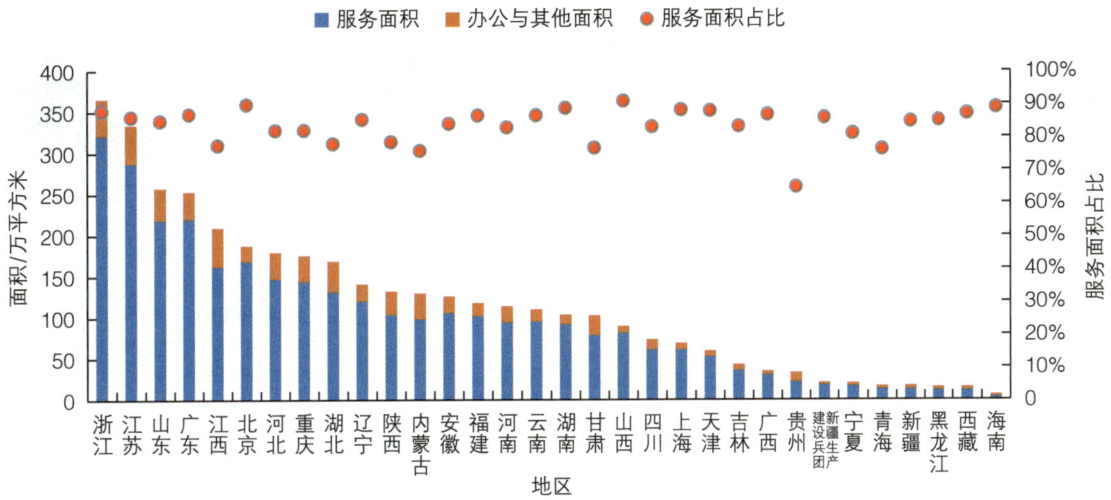

图3-4　各地区众创空间总面积及公共服务面积占比情况

（三）企业数量持平

众创空间服务企业（团队）数量基本持平。2022 年，全国众创空间共服务企业（团队）45.1 万家（个），其中当年服务的创业团队数量达 21.6 万个，当年服务的初创企业达 23.5 万家（表 3-5）。广东、江苏、浙江、北京和湖北等地当年服务的创业团队与初创企业数量排名位居前五，占到全国总数的 40.0%（表 3-6）。

表3-5　全国众创空间服务企业（团队）情况　　单位：万家（个）

年份	合计	当年服务的创业团队数量	当年服务的初创企业数量
2021	45.4	21.8	23.6
2022	45.1	21.6	23.5

表3-6　各地区众创空间服务的创业团队与初创企业情况　　单位：家（个）

地区	2021 年		2022 年	
	当年服务的创业团队与初创企业数量	全国排名	当年服务的创业团队与初创企业数量	全国排名
北京	38 518	3	24 803	4
天津	13 755	13	12 036	15
河北	21 560	7	21 874	7
山西	19 804	9	18 088	10
内蒙古	6956	22	6240	22
辽宁	15 086	12	16 204	12
吉林	4511	25	4052	25

续表

地区	2021 年		2022 年	
	当年服务的创业团队与初创企业数量	全国排名	当年服务的创业团队与初创企业数量	全国排名
黑龙江	3407	26	3271	26
上海	10 150	18	9784	20
江苏	38 733	2	44 982	2
浙江	36 581	4	38 900	3
安徽	9298	20	11 184	18
福建	11 969	17	12 168	14
江西	15 308	11	17 467	11
山东	21 874	6	20 351	8
河南	21 442	8	22 275	6
湖北	22 968	5	23 357	5
湖南	12 458	14	14 151	13
广东	46 707	1	48 289	1
广西	4634	24	4803	23
海南	1317	32	1347	32
重庆	18 828	10	19 413	9
四川	12 220	16	11 325	16
贵州	2928	27	3017	27
云南	7760	21	9843	19
西藏	2267	28	1576	31
陕西	12 386	15	11 267	17
甘肃	9927	19	8917	21
青海	1951	29	1685	30
宁夏	1948	30	1906	29
新疆	5090	23	4428	24
新疆生产建设兵团	1752	31	1934	28

众创空间服务的常驻创业团队呈现出上升趋势。2022 年，全国众创空间共服务常驻创业团队 13.1 万个、非常驻创业团队 8.5 万个；常驻创业团队占比为 60.6%，呈小幅增长（表 3-7）。

表3-7　全国众创空间服务创业团队情况　　单位：万个

年份	当年服务的创业团队数量	当年服务的创业团队数量明细	
		常驻创业团队数量	非常驻创业团队数量
2021	21.8	12.8	9.0
2022	21.6	13.1	8.5

2022 年，全国众创空间服务创业团队 21.6 万个，各地区平均数为 6738 个。从单位众创空间服务的创业团队数量看，江西、海南和北京三地较为突出，分别为 57.3 个、47.3 个和 45.6 个，居全国前三（表 3-8）。

表3-8　各地区众创空间服务创业团队情况　　单位：个

地区	当年服务的创业团队数量	当年服务的创业团队数量明细	
		常驻创业团队数量	平均每家众创空间服务创业团队数量
北京	10 630	4712	45.6
天津	5582	2790	25.0
河北	11 396	7764	17.6
山西	8242	5107	27.2
内蒙古	3103	2004	20.1
辽宁	8743	5114	30.4
吉林	2376	1328	25.3
黑龙江	1405	650	25.1
上海	2842	1411	16.7
江苏	17 806	14 650	15.4
浙江	17 915	11 702	21.1
安徽	5206	3429	16.7
福建	6460	4571	16.6
江西	12 268	6074	57.3
山东	9835	6892	18.6
河南	13 026	7384	39.2
湖北	11 211	6241	26.1
湖南	6893	3659	22.0
广东	20 467	12 673	19.8
广西	2659	1696	21.1
海南	567	166	47.3
重庆	8648	5378	22.0

续表

地区	当年服务的创业团队数量	当年服务的创业团队数量明细	
		常驻创业团队数量	平均每家众创空间服务创业团队数量
四川	5429	3109	24.8
贵州	1861	971	22.4
云南	5577	2747	38.2
西藏	275	222	8.3
陕西	4571	2558	19.5
甘肃	5430	3105	21.9
青海	756	521	14.5
宁夏	966	650	18.6
新疆	2266	834	44.4
新疆生产建设兵团	1219	596	38.1

2022 年，全国众创空间服务初创企业 23.5 万家，同比下降 0.4%。广东、江苏、浙江三省服务的初创企业数量达 7.6 万家，占全国总数的 1/3。其中，广东省众创空间服务初创企业的数量超过 2.8 万家，仍领先全国其他地区（表 3–9、表 3–10）。

众创空间对常驻初创企业的吸引力进一步提升。2022 年，全国众创空间服务常驻初创企业数量为 16 万家，占比达到 68.1%，增长 2.5 个百分点（表 3–9）。

表3–9　全国众创空间服务初创企业情况

单位：万家

年份	当年服务的初创企业数量	当年服务的初创企业数量明细	
		常驻初创企业数量	非常驻初创企业数量
2021	23.6	15.5	8.1
2022	23.5	16.0	7.5

表3–10　各地区众创空间服务初创企业情况

单位：家

地区	当年服务的初创企业数量	常驻初创企业数量	地区	当年服务的初创企业数量	常驻初创企业数量
北京	14 173	7863	湖北	12 146	7614
天津	6454	3650	湖南	7258	4698
河北	10 478	8519	广东	27 822	17 718
山西	9846	5910	广西	2144	1503
内蒙古	3137	1989	海南	780	493

续表

地区	当年服务的初创企业数量	常驻初创企业数量	地区	当年服务的初创企业数量	常驻初创企业数量
辽宁	7461	4508	重庆	10 765	6862
吉林	1676	1217	四川	5896	3555
黑龙江	1866	1109	贵州	1156	728
上海	6942	4052	云南	4266	2670
江苏	27 176	23 703	西藏	1301	804
浙江	20 985	14 678	陕西	6696	4206
安徽	5978	4330	甘肃	3487	2393
福建	5708	4305	青海	929	684
江西	5199	3780	宁夏	940	652
山东	10 516	7693	新疆	2162	1290
河南	9249	6340	新疆生产建设兵团	715	452

二、孵化绩效

（一）积极实施疏难解困工程

2022 年，全国众创空间累计服务企业（团队）45.1 万家（个），略有减少。各地区平均服务企业（团队）1.4 万家（个）。其中，服务初创企业（团队）数量排名居前五的地区分别是广东、江苏、浙江、北京和湖北（图 3–5）。

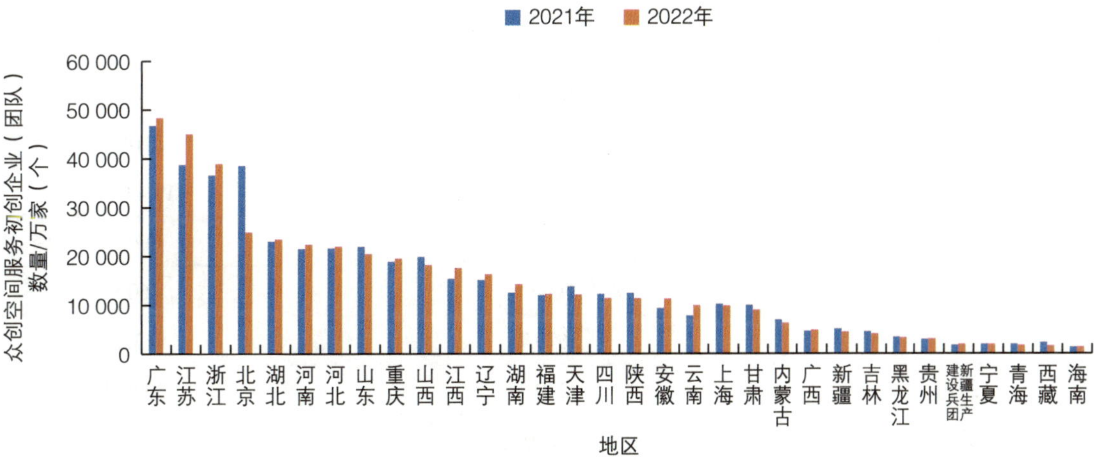

图3–5　各地区众创空间服务初创企业（团队）情况

众创空间积极为创业团队和初创企业疏难解困。2022 年，为了应对疫情造成的不利影响，全国众创空间当年为创业团队和初创企业减免房租总额达到 14.2 亿元，同比增长 37.0%。其中，北京、广东、江苏、浙江和山东 5 个地区为初创企业（团队）减免的房租最多，总数占全国的 40.1%（表 3－11）。租金减免措施有效缓解了初创企业（团队）的现金流困境，大大提高了其存活率。

表3－11　各地区众创空间为创业团队和初创企业（团队）减免房租情况　　单位：万元

地区	2021 年	2022 年
北京	2340.8	16 353.4
天津	3104.8	3677.9
河北	4136.1	5702.6
山西	3279.0	4641.4
内蒙古	9293.0	2927.9
辽宁	2961.1	3668.9
吉林	158.7	1479.4
黑龙江	233.4	651.5
上海	6500.2	7215.6
江苏	8211.4	11 163.0
浙江	7155.8	10 016.7
安徽	1858.0	4324.4
福建	2534.2	3138.2
江西	2314.6	4239.0
山东	9973.7	7855.9
河南	3534.1	5456.0
湖北	6288.4	7275.3
湖南	5887.2	7314.4
广东	4175.9	11 443.9
广西	579.1	600.8
海南	504.9	460.8
重庆	3670.7	5132.7
四川	3279.2	3998.7
贵州	769.0	380.5
云南	1335.1	938.1
西藏	652.1	672.2
陕西	4123.5	5900.2

续表

地区	2021 年	2022 年
甘肃	2316.3	2406.0
青海	817.8	1047.6
宁夏	820.3	546.4
新疆	236.6	611.6
新疆生产建设兵团	429.5	493.5

（二）不断吸纳新注册企业

众创空间不断孕育新企业。2022 年，全国众创空间内当年新注册企业 8.4 万家，各地区平均新注册企业数达 2609 家。其中，广东、浙江、江苏、重庆等 4 个地区新注册企业数量均超过 5000 家，总数占全国的 37.5%（图 3－6）。新注册企业的入驻为众创空间提供了大量的新鲜血液，增强了众创空间的创新活力。

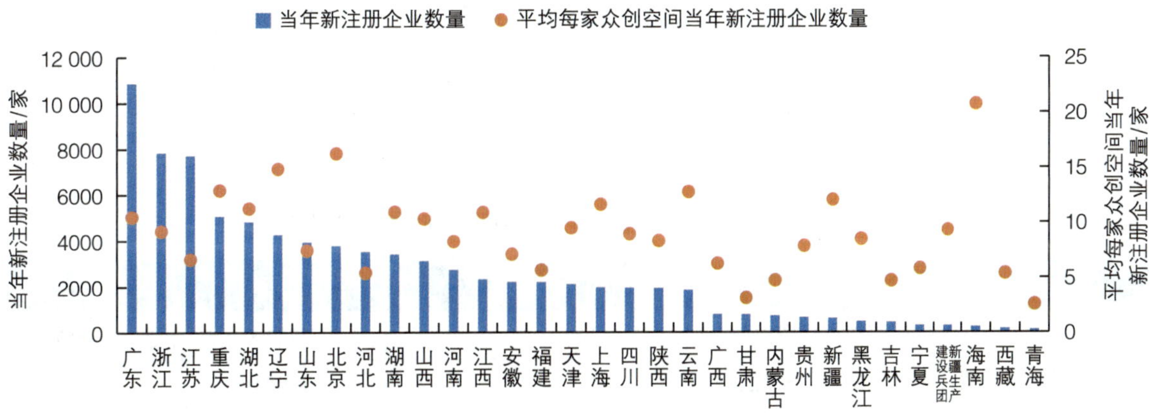

图3－6　各地区众创空间孵化当年新注册企业情况

（三）高层次人才成为创业者主力军

众创空间是高层次人才创业的天然土壤，不仅有良好的氛围，更有优质的服务。大学生和科技人员是创新创业主力军。2022 年，全国大学生初创企业（团队）数量达 11.8 万家（个）、科技人员初创企业（团队）数量达 8.5 万家（个）（图 3－7）。

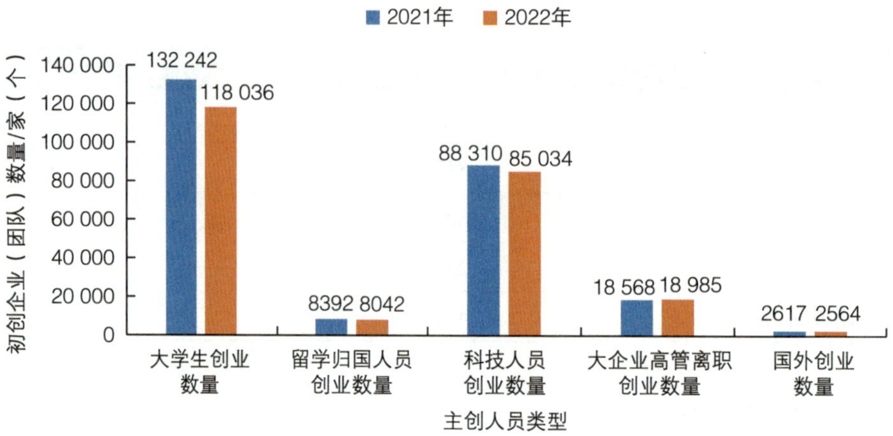

图3-7　全国众创空间不同创业类型主体分布情况

（四）重点解决融资困难问题

资金是企业的血液，对初创企业（团队）来说更是性命攸关。众创空间一直以来都把投融资作为运营工作的重点，切实解决优质企业（团队）的融资难问题。2022 年，众创空间内企业（团队）累计获得投融资总额达 8857.0 亿元，同比增长 14.7%。其中，国家备案众创空间内企业（团队）累计获得投融资总额达 6843.5 亿元，占比为 77.3%；国家备案众创空间内累计获得投融资的初创企业（团队）数量首次超过 5 万家（表 3-12）。

表3-12　全国众创空间初创企业（团队）获得投融资情况

指标	2021 年	2022 年
众创空间内企业（团队）累计获得投融资总额/亿元	7722.8	8857.0
其中：创业团队累计获得投融资总额/亿元	1392.0	1457.7
初创企业累计获得投融资总额/亿元	6330.8	7399.3
众创空间内企业（团队）当年获得投融资总额/亿元	897.9	608.6
其中：创业团队当年获得投融资总额/亿元	199.9	152.7
初创企业当年获得投融资总额/亿元	698.0	455.9
当年获得投融资的企业（团队）数量/家（个）	20 072	20 341
其中：当年获得投融资的创业团队数量/个	10 126	10 491
当年获得投融资的初创企业数量/家	9946	9850
国家备案众创空间内企业（团队）累计获得投融资总额/亿元	5667.4	6843.5
国家备案众创空间内企业（团队）当年获得投融资总额/亿元	400.9	289.7
国家备案众创空间内当年获得投融资的企业（团队）数量/家（个）	6172	7185
国家备案众创空间内累计获得投融资的初创企业（团队）数量/家（个）	43 983	51 424

2022年，全国众创空间内获得投融资的创业团队超过1万个，各地区平均数为327.8个。其中，河南、广东、湖南和江苏4个地区均超过700个，合计数量占到全国的40.1%（表3–13）。

2022年，全国众创空间内获得投融资的初创企业数为9850家，各地区的平均数为307.8家。其中，广东、江苏和浙江3个地区均超过800家，合计数量占到全国的34.7%（表3–13）。

表3–13　各地区众创空间帮助初创企业（团队）获得投融资数量情况

地区	当年获得投融资的创业企业（团队）数量合计/家（个）	当年获得投融资的创业团队数量/个	当年获得投融资的初创企业数量/家
北京	831	286	545
天津	308	119	189
河北	706	373	333
山西	424	206	218
内蒙古	164	108	56
辽宁	580	406	174
吉林	111	50	61
黑龙江	46	16	30
上海	406	65	341
江苏	2009	741	1268
浙江	1548	692	856
安徽	619	293	326
福建	727	412	315
江西	1025	611	414
山东	676	332	344
河南	1994	1430	564
湖北	996	457	539
湖南	1414	898	516
广东	2436	1139	1297
广西	399	284	115
海南	21	5	16
重庆	682	303	379
四川	472	252	220
贵州	106	55	51
云南	240	160	80
西藏	82	11	71
陕西	540	303	237

续表

地区	当年获得投融资的创业企业（团队）数量合计 / 家（个）	当年获得投融资的创业团队数量 / 个	当年获得投融资的初创企业数量 / 家
甘肃	355	237	118
青海	88	53	35
宁夏	56	34	22
新疆	233	123	110
新疆生产建设兵团	47	37	10

（五）帮助落地财政资金支持

2022 年，全国众创空间共帮助初创企业（团队）落实财政资金支持总额达 27.3 亿元。江苏和浙江 2 个地区的众创空间帮助初创企业（团队）获得财政资金支持均超过 3 亿元，合计金额占全国的 30.8%（图 3-8）。众创空间始终主动帮助初创企业（团队）落实财政资金支持，打通政策落地的“最后一公里”。

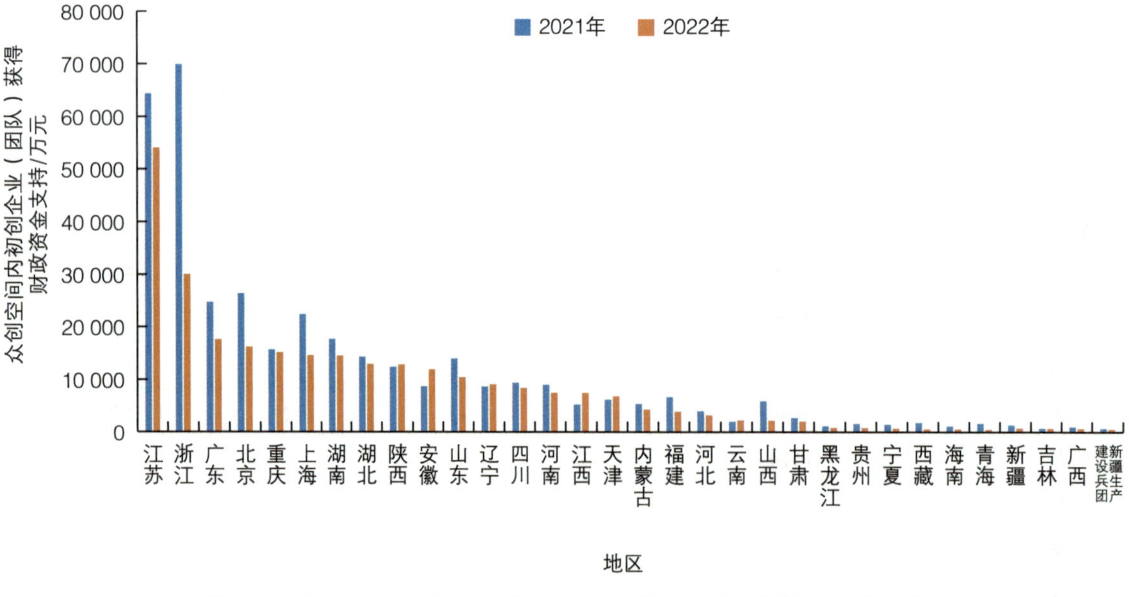

图3-8　各地区众创空间帮助初创企业（团队）获得财政资金支持情况

（六）有效发挥带动就业作用

众创空间继续发挥创业带动就业作用。2022 年，全国众创空间内初创企业（团队）共吸纳就业人数为 187.6 万人，其中应届大学毕业生为 24.9 万人（图 3-9）。初创企业（团队）不仅解决了自身的就业问题，而且通过众创空间提供的孵化服务，实现快速成长，从而吸纳更多的人员就业。

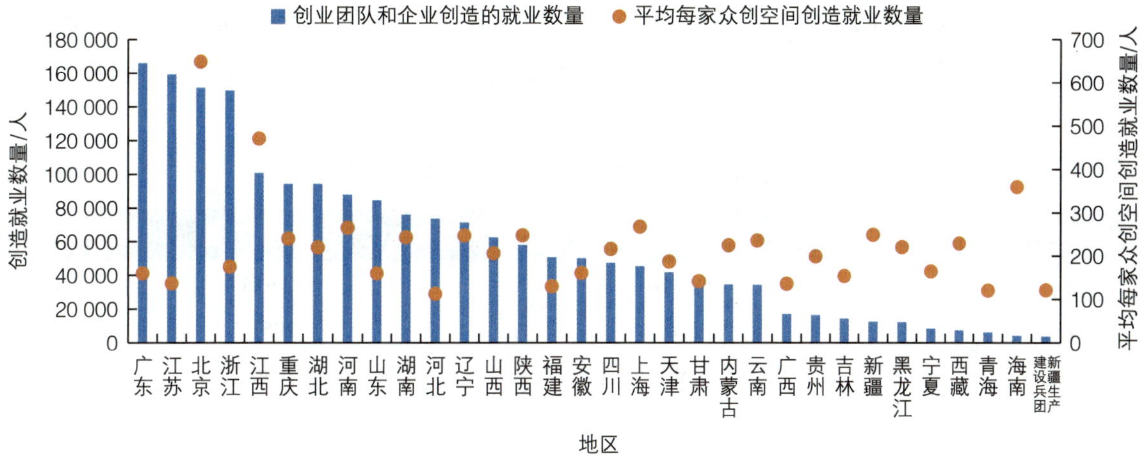

图3-9　各地区众创空间内初创企业（团队）吸纳就业情况

（七）鼓励服务企业技术创新

初创企业（团队）的技术创新能力不断增强。2022 年，全国众创空间内初创企业（团队）拥有有效知识产权数达 51.8 万件，同比增长 5.0%。其中，北京众创空间内初创企业（团队）拥有有效知识产权数达 9 万件，占到全国总数的 17.4%（图 3-10）。

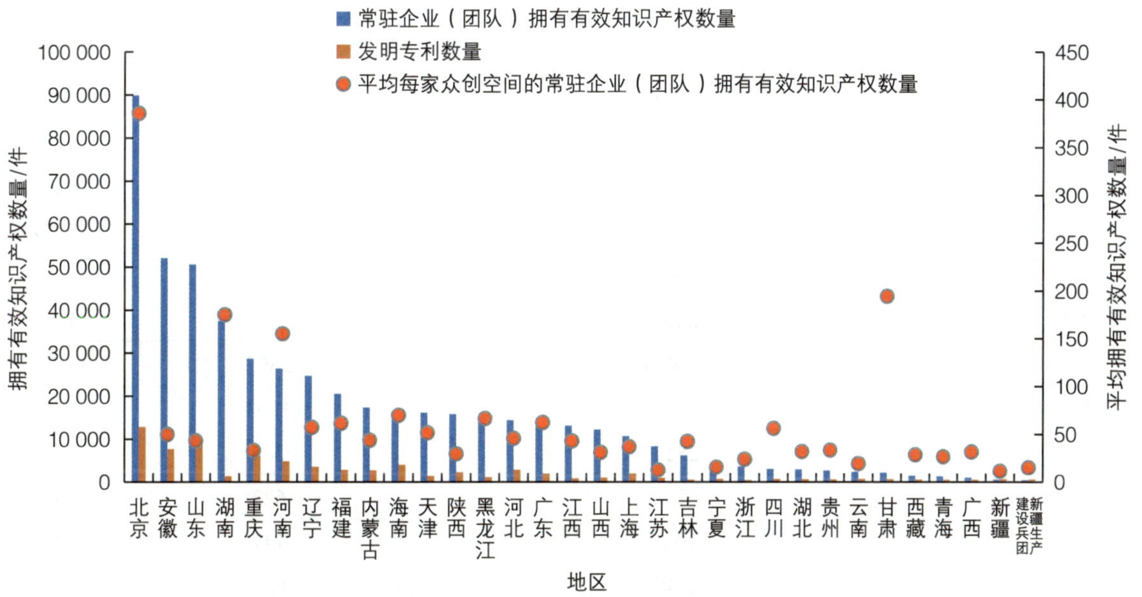

图3-10　各地区众创空间常驻企业（团队）知识产权情况

初创企业（团队）的知识产权中发明专利占比稳定。2022 年，众创空间内初创企业（团队）拥有发明专利 7.6 万件，占全部知识产权数的 14.6%（表 3-14）。

技术创新是企业发展的生命，对初创企业（团队）来说也是如此。众创空间通过提供前期指导、全程服务，帮助初创企业（团队）前瞻布局知识产权，深度对接专业服务，有效提高创新活力。

表3-14　各地区众创空间常驻企业（团队）知识产权情况　　单位：件

地区	众创空间内常驻企业（团队）拥有有效知识产权数量	发明专利数量	发明专利占比
北京	89 976	12 955	14.4%
天津	13 989	2051	14.7%
河北	8381	1020	12.2%
山西	13 197	918	7.0%
内蒙古	3762	539	14.3%
辽宁	10 789	2047	19.0%
吉林	3053	247	8.1%
黑龙江	3171	313	9.9%
上海	26 455	4990	18.9%
江苏	50 673	9302	18.4%
浙江	28 732	6306	21.9%
安徽	16 207	1505	9.3%
福建	12 313	1116	9.1%
江西	37 582	1429	3.8%
山东	15 896	2327	14.6%
河南	20 608	2906	14.1%
湖北	24 784	3715	15.0%
湖南	14 494	2924	20.2%
广东	52 169	7816	15.0%
广西	2505	321	12.8%
海南	2338	268	11.5%
重庆	17 425	2807	16.1%
四川	14 655	1203	8.2%
贵州	2817	205	7.3%
云南	6282	622	9.9%
西藏	1061	147	13.9%
陕西	16 461	4165	25.3%
甘肃	3998	805	20.1%
青海	619	230	37.2%
宁夏	1515	153	10.1%
新疆	1381	147	10.6%
新疆生产建设兵团	501	181	36.1%

三、运营活力

（一）市场化运营成为主流

2022 年，以企业法人为主体运营的众创空间数量为 8036 家，占比高达 85.4%，同比增长 0.2 个百分点（图 3-11），市场化运作众创空间成为主流。

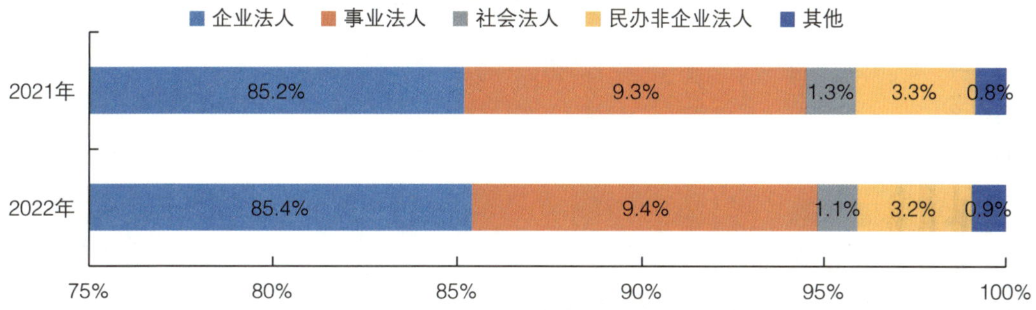

图3-11　全国众创空间不同性质运营主体分布情况

（二）专业领域得到拓展

2022 年，全国众创空间聚焦专业孵化领域，包括电子信息、文化创意、先进制造等，合计占比为 59.2%（图 3-12），初创企业（团队）的技术含量不断提升。

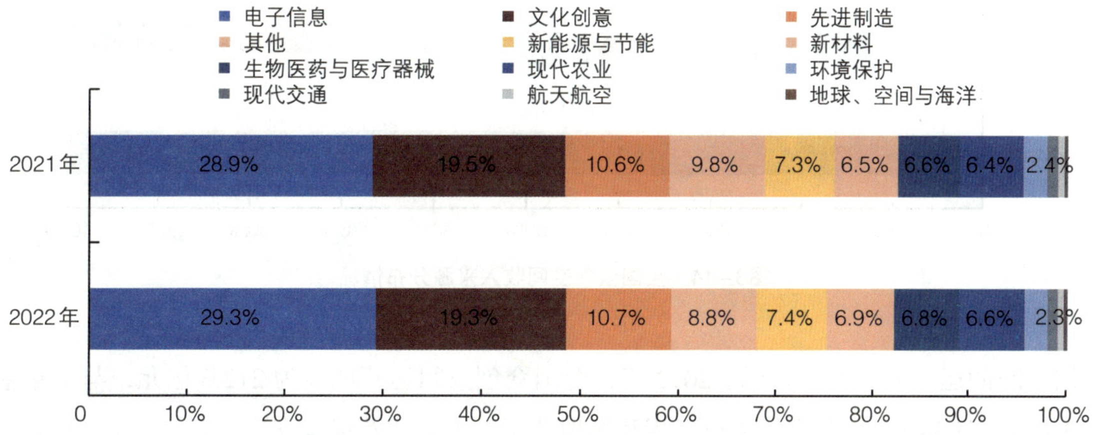

图3-12　全国众创空间专业孵化领域分布情况

（三）收入成本结构优化

2022 年，全国众创空间运营总收入为 229.0 亿元，受疫情影响同比略有减少，其中，北京以 32 亿元继续高居榜首，江苏、广东、浙江和湖北等地区紧随其后，这 5 个地区运营收入合计占比达 47.9%（表 3-15、图 3-13）。收入结构稳定，服务收入超过房租和物业收入（图 3-14）。

表3-15　全国众创空间收入情况　　单位：亿元

年份	众创空间运营总收入	众创空间运营总收入明细				
		服务收入	投资收入	房租及物业收入	财政补贴	其他
2021	229.8	84.2	14.6	73.4	31.4	26.2
2022	229.0	83.7	13.5	72.2	28.5	31.1

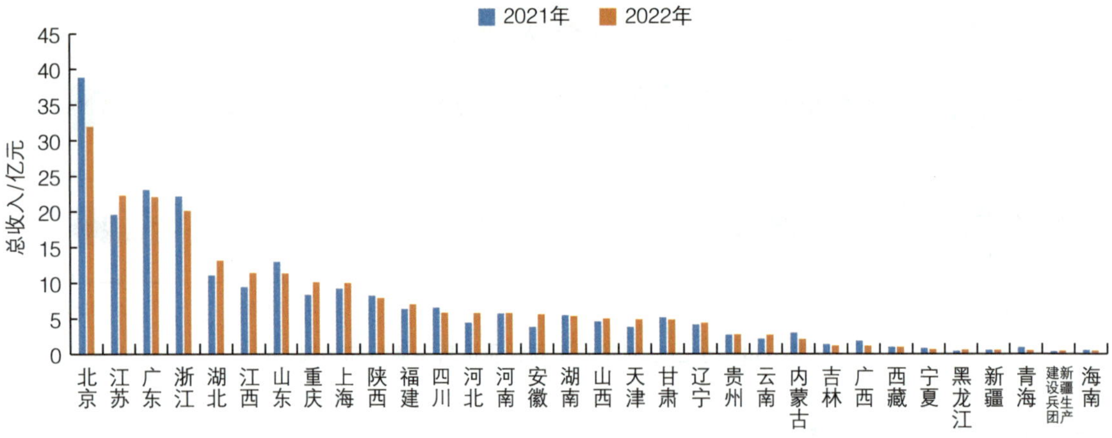

图3-13　全国各地区众创空间运营收入情况

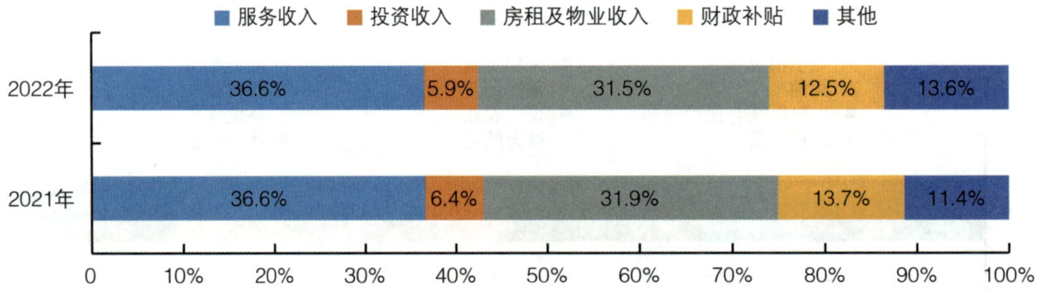

图3-14　全国众创空间收入来源分布情况

众创空间的运营成本有所降低。2022 年，全国众创空间运营成本为 212.6 亿元，与上年基本持平（表 3-16、图 3-15）。其中，人员费用和场地费用是主要运营成本支出，合计 116.1 亿元，占比为 54.6%（表 3-16、图 3-16）。众创空间的降本增效还有较大空间。

表3-16　全国众创空间运营成本情况　　单位：亿元

年份	众创空间运营成本	众创空间运营成本明细				
		人员费用	场地费用	管理费用	其他费用	纳税额
2021	214.6	56.6	60.3	49.2	40.4	8.1
2022	212.6	58.8	57.3	46.8	42.0	7.6

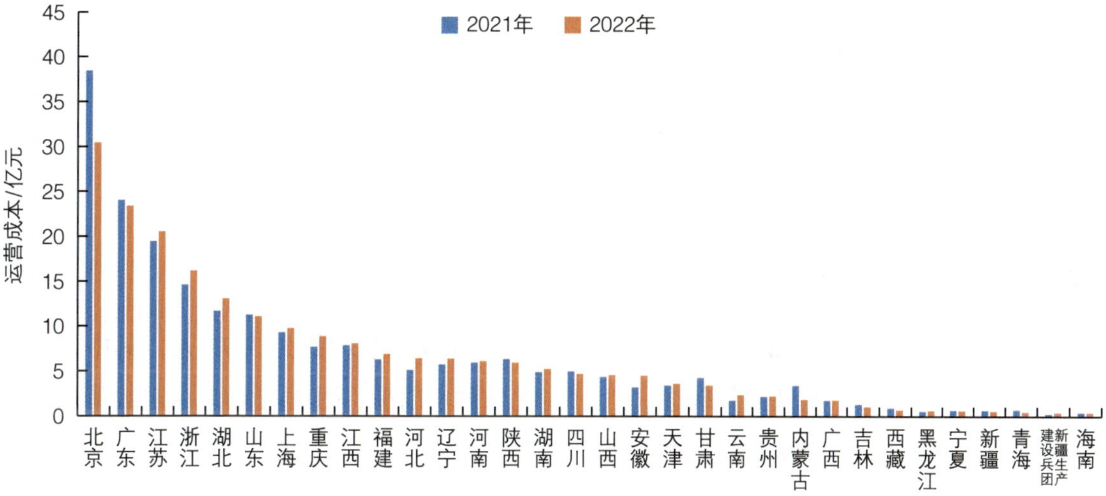

图3-15　全国各地区众创空间运营成本情况

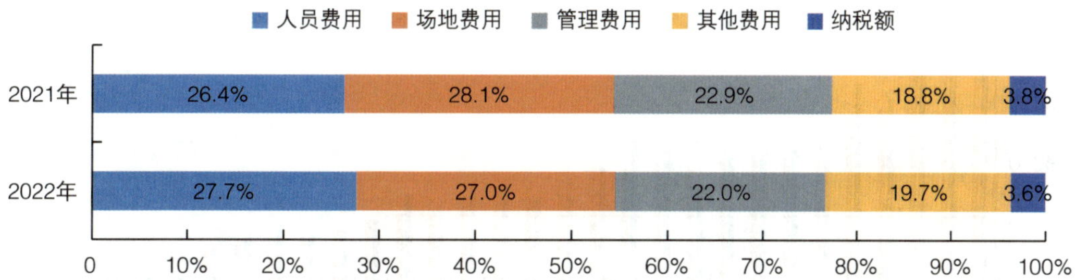

图3-16　全国众创空间运营成分布情况

2022 年，全国众创空间享受税收优惠政策的免税金额达 2.1 亿元。其中，北京、湖北、陕西、江西和广东 5 个地区免税金额较大，合计占总量的 56.2%（图 3-17）。

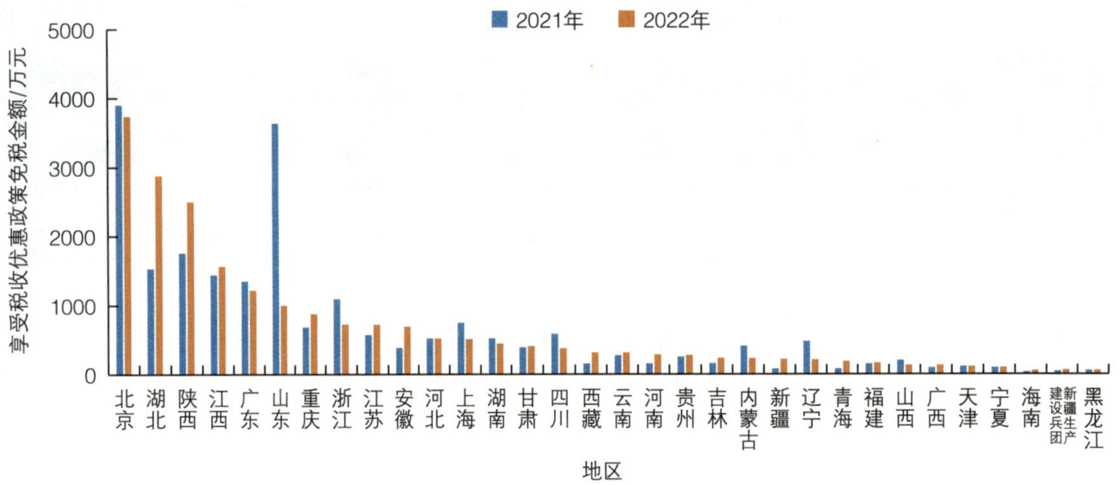

图3－17　全国各地区众创空间税收优惠情况

（四）专业人员有力保障

2022 年，全国众创空间专业服务人员为 9.8 万人，各地区平均数为 3272 人，其中，江苏、广东、浙江、山东和河北 5 个地区数量较多，合计占总数的 37.1%（图 3－18）。一定数量的专业服务人员是众创空间健康运营和持续发展的重要保障。

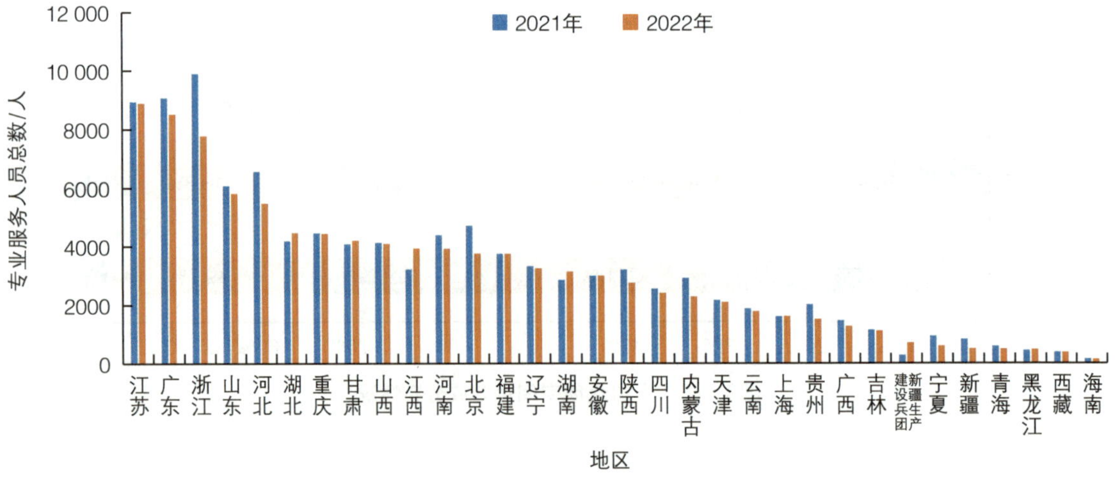

图3－18　全国各地区众创空间专业服务人员情况

（五）孵化服务不断深化

众创空间不断深化孵化服务。2022 年，全国众创空间举办创新创业活动 13.1 万次，开展创业教育培训 9.5 万次、国际合作交流活动 0.44 万次，为 9.5 万家（个）企业（团队）提供了技术支撑服务，为 2.1 万家（个）企业（团队）争取了财政资金支持（表 3－17）。

表3-17　全国众创空间主要服务项目情况

年份	当年举办创新创业活动/万次	当年开展创业教育培训/万次	创业导师数量/万个	当年获得技术支撑服务的企业（团队）数量/万家（个）	当年开展国际合作交流活动的数量/万次	当年众创空间内获得财政资金支持的企业（团队）数量/万家（个）
2021	13.7	10.2	16.3	9.2	0.48	2.2
2022	13.1	9.5	16.6	9.5	0.44	2.1

众创空间重视创业导师服务。2022 年，全国众创空间创业导师队伍达到 16.6 万人，同比增长 2.1%；其中，浙江、广东、江苏、山东和河北 5 个地区创业导师数量较多，合计占比为 36.4%（图 3-19、表 3-17）。众多的创业导师正持续为初创企业（团队）的成长保驾护航。

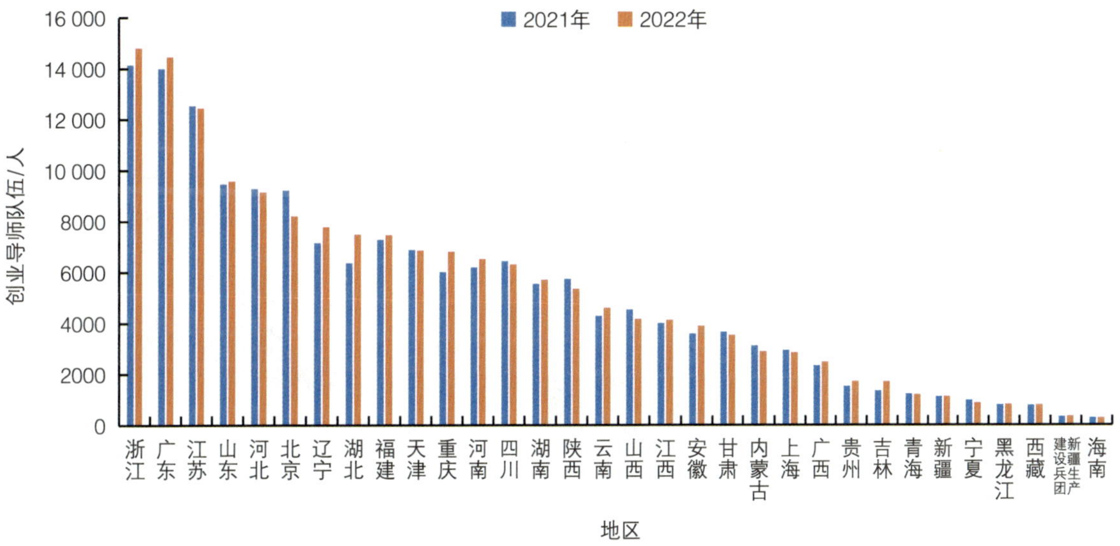

图3-19　全国各地区众创空间创业导师队伍情况

（六）资本市场有效对接

众创空间在服务初创企业（团队）投融资方面成效显著。2022 年，全国众创空间当年获得投融资的初创企业（团队）数量继续超过 2 万家（个），同比增长 1.3%。初创企业（团队）当年获得投融资总额 608.6 亿元，累计获得投融资的初创企业（团队）数量接近 10 万家（个），累计获得投融资总额达 8857.0 亿元；当年上市（挂牌）企业 223 家（表 3-18）。精准有效的投融资服务为初创企业发展带来无限生机。

表3-18　全国众创空间服务企业（团队）获得投融资情况

指标	2021 年	2022 年
累计获得投融资的初创企业（团队）数量/家（个）	92 271	99 454
初创企业（团队）累计获得投融资总额/亿元	7722.8	8857.0
当年获得投融资的初创企业（团队）数量/家（个）	20 072	20 341
初创企业（团队）当年获得投融资总额/亿元	897.9	608.6
当年上市（挂牌）企业/家	285	223

第四章　大学科技园

本章对 2022 年全国大学科技园的总体概况、孵化绩效、运营活力进行统计分析。其中，总体概况包括大学科技园数量、场地面积、服务在孵（园）企业情况等；孵化绩效包括大学科技园在孵企业收入情况、在孵企业类型、在孵（园）企业获得投融资情况、在孵（园）企业创造就业机会、在孵（园）企业技术创新情况；运营活力包括运营收入和享受税收优惠情况、大学科技园链接资源情况、管理机构从业人员情况、吸纳创业导师情况、毕业企业情况等。

2022 年，全国大学科技园整体发展情况稳定，大学科技园使用总面积达 607.2 万平方米。其中，孵化用房面积达 294.4 万平方米，占总面积比例达 48.5%；研发用房和用房面积达 149.1 万平方米，占总面积比例达 24.6%。大学科技园在孵企业盈利状况向好，毕业企业中上市公司和收入过亿元企业有 575 家，同比增长 15.7%；大学科技园积极整合创业导师助力企业发展，继续发挥高质量促就业的社会效应。

一、总体概况

（一）数量分布东高西低

2022 年，全国共有 139 家大学科技园，整体发展情况向好。排名前 3 位的地区是江苏、北京和上海，三地大学科技园数量均超过 10 家，合计占比为 36.0%；其中，江苏有 20 家大学科技园，占全国总数的 14.4%（图 4–1）。

（二）场地缩减精耕细作

全国大学科技园使用总面积为 607.2 万平方米，同比减少 1.8%。2022 年，大学科技园提供在孵（在园）企业使用的面积为 443.5 万平方米，占比为 73.0%；办公用房和其他用房面积为 163.7 万平方米；科技园可自主支配场地面积达 422.4 万平方米（表 4–1）。

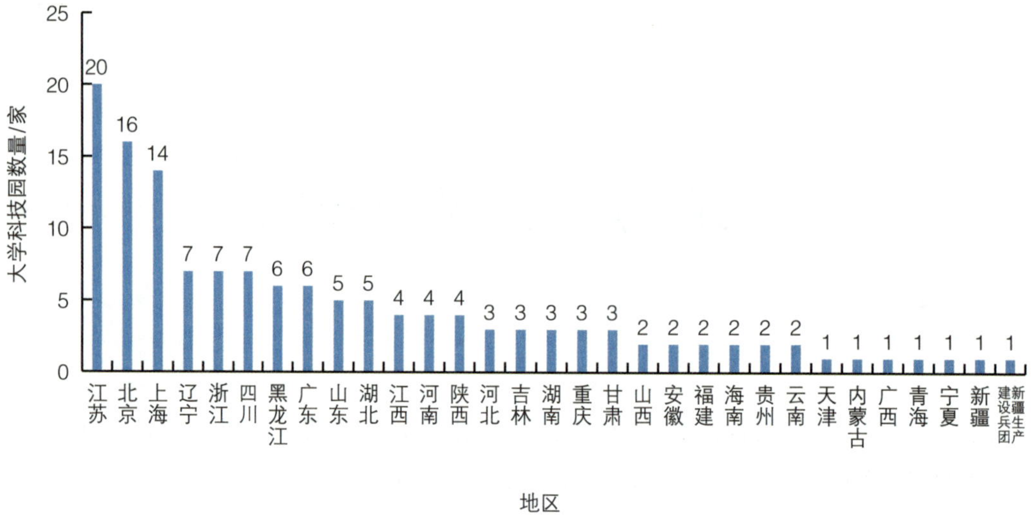

图4-1 各地区大学科技园分布情况

表4-1 大学科技园提供场地情况 单位：万平方米

年份	大学科技园使用总面积	其中：科技园可自主支配场地面积	其中：办公用房	孵化用房	研发用房	生产用房	其他用房
2021	618.4	437.5	23.5	313.6	88.1	64.7	128.4
2022	607.2	422.4	21.3	294.4	92.0	57.1	142.4

从全国来看，北京、江苏、河南、上海和四川 5 个省（市）大学科技园面积位居全国前五，合计占比为 49.9%（图 4-2）。

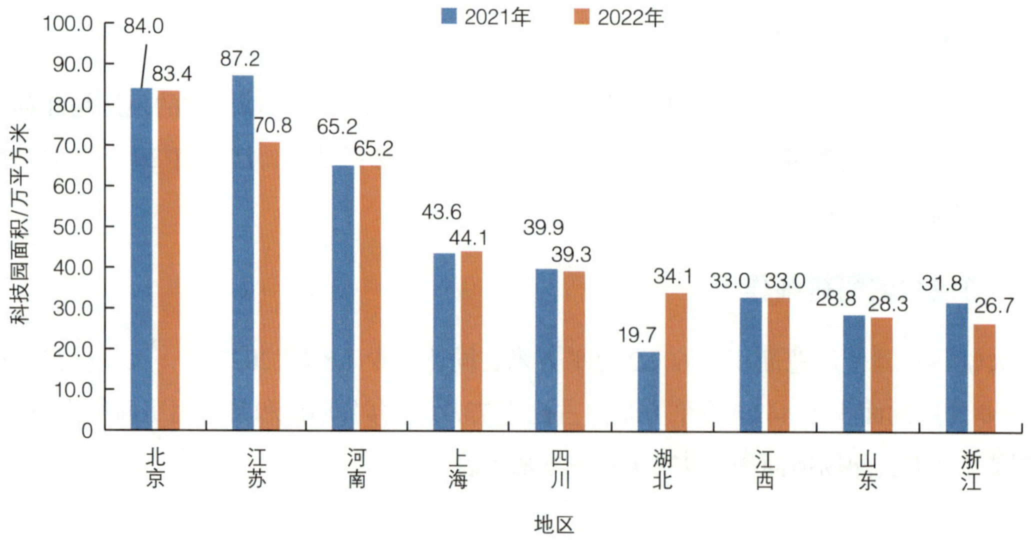

图4-2 大学科技园面积超过20万平方米的地区

（三）在孵企业趋少向好

2022 年，全国大学科技园共服务在孵（园）企业约 1.6 万家。其中，在孵企业数量约 1.1 万家，在园企业约 0.6 万家。江苏、北京、上海、湖北和浙江 5 个省（市）当年在孵（园）企业数量排名居前 5 位，合计占比为 49.6%（表 4–2、表 4–3）。

表4–2　全国大学科技园服务在孵（园）企业情况

单位：家

年份	合计	当年在孵企业数	当年在园企业数
2021	17 023	10 844	6179
2022	16 145	10 621	5524

表4–3　各地区大学科技园在孵（园）企业情况

单位：家

地区	2021 年		2022 年	
	当年在孵（园）企业数量	全国排名	当年在孵（园）企业数量	全国排名
北京	1999	3	2006	2
天津	74	30	127	25
河北	315	15	314	15
山西	153	23	144	23
内蒙古	128	26	68	30
辽宁	631	9	663	9
吉林	171	22	184	22
黑龙江	883	5	809	7
上海	2215	2	1860	3
江苏	2479	1	2236	1
浙江	850	6	887	5
安徽	252	19	247	18
福建	135	25	143	24
江西	469	12	486	12
山东	529	11	549	10
河南	803	8	772	8
湖北	1124	4	1022	4
湖南	244	20	257	17
广东	538	10	534	11
广西	105	28	94	26
海南	253	18	200	21

续表

地区	2021 年		2022 年	
	当年在孵（园）企业数量	全国排名	当年在孵（园）企业数量	全国排名
重庆	316	14	347	14
四川	839	7	850	6
贵州	202	21	201	19
云南	257	17	201	19
陕西	435	13	379	13
甘肃	265	16	262	16
青海	82	29	87	27
宁夏	13	31	50	31
新疆	115	27	85	28
新疆生产建设兵团	149	24	81	29

2022 年，全国大学科技园在孵企业约 1.1 万家，同比减少 2.1%。江苏、北京、上海、浙江和四川 5 个省（市）当年在孵企业数量排名居前 5 位，合计占比为 48.3%（表 4-4）。

表4-4 各地区大学科技园当年在孵企业数量情况

单位：家

地区	2021 年		2022 年	
	当年在孵企业数量	全国排名	当年在孵企业数量	全国排名
北京	1313	2	1232	2
天津	71	28	121	23
河北	228	15	233	15
山西	109	24	107	24
内蒙古	91	25	62	28
辽宁	467	8	480	7
吉林	145	21	154	20
黑龙江	476	7	424	8
上海	1068	3	1104	3
江苏	1700	1	1591	1
浙江	631	4	614	4
安徽	174	20	172	18
福建	119	23	125	22
江西	313	12	328	12
山东	340	11	342	11

续表

地区	2021 年		2022 年	
	当年在孵企业数量	全国排名	当年在孵企业数量	全国排名
河南	424	9	382	10
湖北	499	6	502	6
湖南	195	17	208	16
广东	404	10	404	9
广西	81	27	71	26
海南	132	22	106	25
重庆	259	13	277	13
四川	586	5	585	5
贵州	179	19	171	19
云南	200	16	153	21
陕西	255	14	268	14
甘肃	180	18	178	17
青海	55	29	57	29
宁夏	13	31	44	31
新疆	87	26	70	27
新疆生产建设兵团	50	30	56	30

2022 年，全国大学科技园在园企业共 5524 家，同比减少 10.6%。北京、上海、江苏、湖北和河南 5 个省（市）当年在园企业数量排名居前 5 位，合计占比为 55.8%（表 4-5）。

表4-5　各地区大学科技园当年在园企业数量情况　　单位：家

地区	2021 年		2022 年	
	当年在园企业数量	全国排名	当年在园企业数量	全国排名
北京	686	3	774	1
天津	3	30	6	29
河北	87	16	81	16
山西	44	22	37	21
内蒙古	37	23	6	29
辽宁	164	11	183	10
吉林	26	26	30	22
黑龙江	407	5	385	6
上海	1147	1	756	2

续表

地区	2021 年		2022 年	
	当年在园企业数量	全国排名	当年在园企业数量	全国排名
江苏	779	2	645	3
浙江	219	8	273	7
安徽	78	18	75	17
福建	16	29	18	27
江西	156	12	158	11
山东	189	9	207	9
河南	379	6	390	5
湖北	625	4	520	4
湖南	49	21	49	19
广东	134	13	130	12
广西	24	27	23	26
海南	121	14	94	14
重庆	57	19	70	18
四川	253	7	265	8
贵州	23	28	30	22
云南	57	19	48	20
陕西	180	10	111	13
甘肃	85	17	84	15
青海	27	25	30	22
宁夏	0	31	6	29
新疆	28	24	15	28
新疆生产建设兵团	99	15	25	25

二、孵化绩效

（一）孵化企业利润上升

在孵企业盈利状况上升。2022 年，全国大学科技园内在孵企业收入达 374.0 亿元，同比减少 8.2%。在孵企业净利润达 25.2 亿元，同比增长 3.8%（表 4-6）。

表4-6　大学科技园内在孵企业产生经济效益情况　　单位：亿元

年份	在孵企业总收入	在孵企业工业总产值	在孵企业净利润	在孵企业上缴税费	在孵企业出口总额
2021	407.5	171.6	24.2	17.5	11.2
2022	374.0	157.8	25.2	16.2	8.2

（二）在孵企业科技特征显著

师生自办企业是大学科技园中主要的在孵企业类型。2022 年，师生自办企业数量达 4549 家，占比为 42.8%（图 4-3）。高新技术企业 1386 家，科技型中小企业 2647 家。

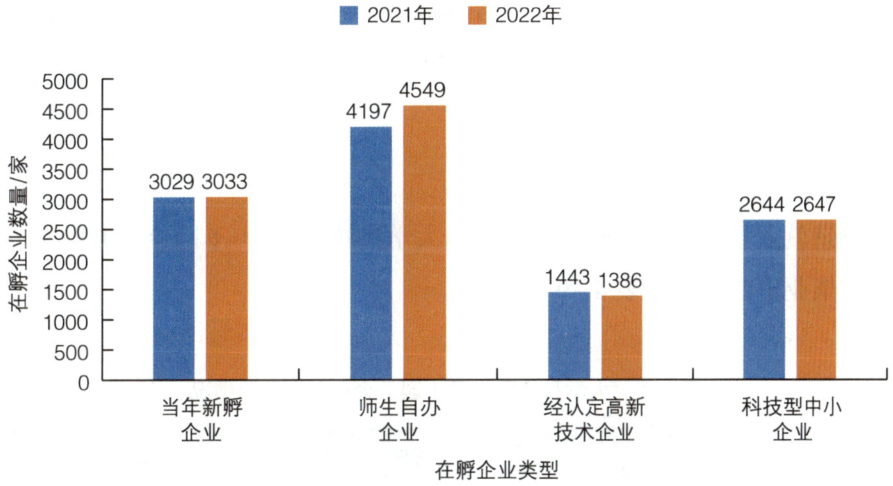

图4-3　全国大学科技园在孵企业类型分布情况

（三）基金总额增幅跃升

孵化基金额度增长明显。2022 年，全国大学科技园孵化基金总额达 58.8 亿元，同比增长 39.9%；当年完成投资额达 4.7 亿元（表 4-7）。

表 4-7　全国大学科技园创业在孵（园）企业获得投融资情况　　单位：亿元

年份	孵化基金总额	累计完成投资额	其中：当年完成投资额
2021	42.0	149.8	8.5
2022	58.8	128.0	4.7

2022 年，全国有 10 个地区的大学科技园具有较强的投资服务能力。其中，江苏、浙江、河南和内蒙古 4 个地区大学科技园当年完成投资额超过 5000 万元，合计占比为 73.2%（表 4-8）。

表4-8　2022年大学科技园当年完成投资排名前十地区　　单位：万元

地区	2021 年	2022 年
江苏	12 010.0	13 557.0
浙江	7810.7	8494.9
河南	16 890.5	6928.1
内蒙古	0.0	5646.3
上海	30 867.6	3943.6
北京	4006.9	3198.8
安徽	1000.0	2100.0
辽宁	5764.6	1373.8
四川	1840.0	568.4
江西	1527.5	423.0

（四）在孵企业岗位增多

大学科技园创造就业情况显著。2022 年，全国大学科技园在孵（园）企业共吸纳就业达 26 万人，其中吸纳应届大学毕业生 2 万人（表 4-9）。

表4-9　大学科技园在孵（园）企业创造就业情况　　单位：人

年份	合计	当年在孵企业从业人员	当年在园企业从业人员	吸纳应届大学毕业生
2021	263 849	125 009	138 840	21 503
2022	260 216	115 007	145 209	19 908

2022 年，全国大学科技园服务的在孵企业共吸纳本科及以上学历人员就业 8.6 万人，占比为 74.7%，比上年提高了 3.5 个百分点（表 4-10）。

表4-10　大学科技园在孵企业从业者学历分布情况　　单位：人

年份	在孵企业从业人员	其中：研究生学历	本科学历	大专学历	中专学历
2021	125 009	19 283	69 684	24 296	4283
2022	115 007	18 847	67 104	20 195	3709

2022 年，全国大学科技园服务的在孵企业共吸纳科研人员 7 万人，占在孵企业从业人员总数的 60.5%，比上年提高了 5 个百分点（表 4-11）。

表4－11　大学科技园在孵企业从业者类型分布情况　　单位：人

年份	科技活动人员	研究与试验发展（R&D）人员	留学回国人员	接纳大学生、研究生实习人员	接纳应届大学毕业生就业人员
2021	41 059	28 329	2765	23 436	12 518
2022	41 197	28 368	2719	21 828	11 463

（五）成果转化效果持续加强

2022 年，全国大学科技园在孵企业 R&D 经费总支出为 28.3 亿元，平均研发投入强度为 7.6%；在孵企业 R&D 经费支出排名前 5 位的地区分别为江苏、上海、北京、浙江和广东，合计占比为 67.1%（图 4－4）。

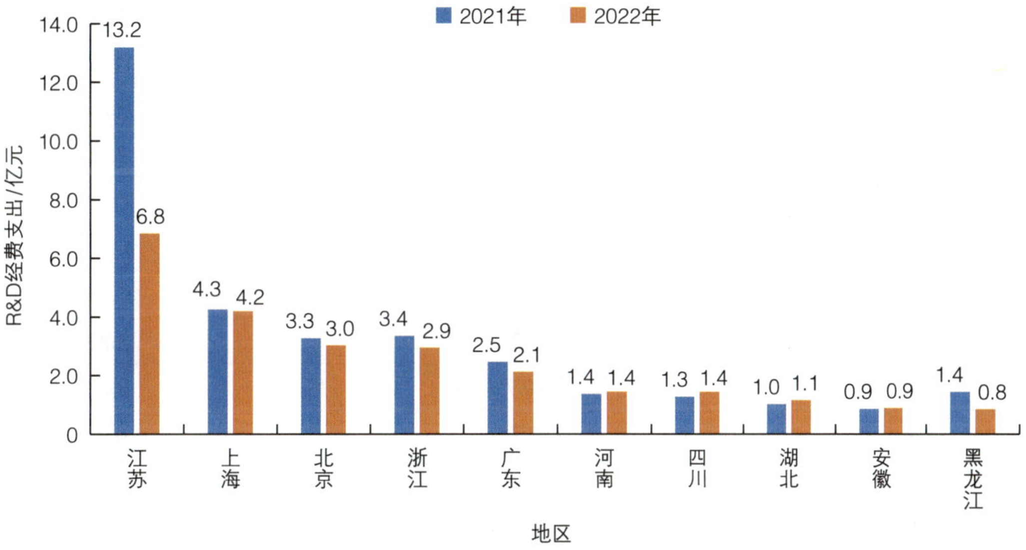

图4－4　大学科技园在孵企业R&D经费支出排名前十地区

各地区大学科技园在孵企业研发投入强度排名前 5 位的地区分别为安徽、广东、黑龙江、广西和浙江，全国有 10 个地区研发投入强度高于全国平均研发投入强度（表 4－12）。

表4－12　各地区大学科技园在孵企业研发投入强度情况

地区	2021 年	2022 年
北京	6.5%	6.0%
天津	10.7%	2.6%
河北	3.7%	2.9%
山西	5.2%	3.8%

续表

地区	2021 年	2022 年
内蒙古	2.2%	2.1%
辽宁	5.7%	5.4%
吉林	7.8%	3.3%
黑龙江	21.5%	14.3%
上海	8.0%	8.5%
江苏	12.9%	9.1%
浙江	13.4%	12.3%
安徽	25.7%	22.6%
福建	7.4%	5.2%
江西	5.9%	6.4%
山东	2.2%	1.3%
河南	11.4%	10.7%
湖北	4.4%	5.5%
湖南	1.0%	2.3%
广东	19.8%	17.0%
广西	15.6%	14.1%
海南	7.6%	3.6%
重庆	5.3%	4.3%
四川	10.7%	10.0%
贵州	2.7%	0.9%
云南	7.2%	4.2%
陕西	17.1%	11.1%
甘肃	2.9%	2.3%
青海	4.7%	1.3%
宁夏	0	3.8%
新疆生产建设兵团	1.5%	1.3%

2022 年，全国大学科技园在孵（园）企业申请专利数为 1.7 万件；授权专利数为 1.42 万件，其中，发明专利授权数为 4268 件，占比为 30.0%，与上年基本持平（表 4-13）。

表4－13　全国大学科技园在孵（园）企业知识产权情况　　单位：件

年份	在孵企业专利申请数	其中：发明专利申请数	在孵企业专利授权数	其中：发明专利授权数	在园企业产生的授权专利
2021	17 973	6169	15 375	4691	14 190
2022	17 029	5696	14 234	4268	16 021

2022 年，湖北、北京、江苏、上海和浙江在孵（园）企业专利授权数量排名居全国前 5 位，5 个地区拥有有效知识产权数量占全国的 69.8%（表 4－14）。

表4－14　大学科技园在孵（园）企业专利授权数量排名前十地区　　单位：件

地区	2021 年			2022 年		
	合计	在孵企业专利授权数	在园企业产生的授权专利	合计	在孵企业专利授权数	在园企业产生的授权专利
湖北	6303	1123	5180	6735	1075	5660
北京	5587	2678	2909	5925	2788	3137
江苏	5049	3911	1138	4149	2952	1197
上海	3109	1759	1350	2832	1146	1686
浙江	1282	620	662	1469	727	742
四川	1263	631	632	1422	699	723
广东	1384	884	500	1381	741	640
河南	1015	836	179	1055	894	161
湖南	430	347	83	770	725	45
黑龙江	830	611	219	769	535	234

高校科技成果转化表现亮眼。2022 年，全国大学科技园建设研发机构 2222 家，当年转化科技成果 8867 项，同比增长 3.5%；其中，依托高校转化科技成果 4517 项，占比为 50.9%（表 4－15）。

表4－15　各地区大学科技园在孵（园）企业专利授权情况

年份	研发机构数 / 家	成果转化总数 / 项	其中：依托高校转化数量 / 项
2021	2442	8565	3920
2022	2222	8867	4517

三、运营活力

（一）税收减免创新高

2022 年，全国大学科技园运营总收入达 37.8 亿元。运营收入排名前 5 位的地区分别为山东、北京、上海、江苏和四川，合计占比为 68.5%（表 4－16、图 4－5）。

表4－16　全国大学科技园收入情况　　单位：亿元

年份	大学科技园运营总收入	大学科技园运营总收入明细					
		其中：房租与物业收入	服务培训收入	技术转移成果转化收入	政府补贴	投资收入	其他收入
2022	37.8	15.2	2.7	1.7	3.5	0.6	14.2

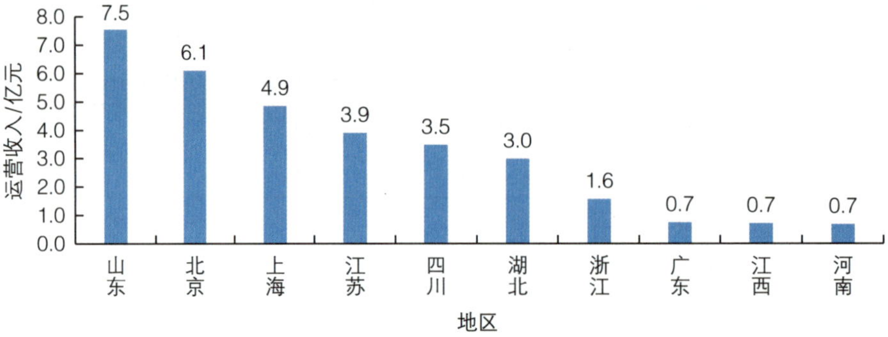

图4－5　大学科技园运营收入排名前十地区

大学科技园享受税收优惠政策情况良好。2022 年，全国大学科技园因税收优惠政策免税金额为 6250 万元。其中，浙江、山东、湖北、上海和湖南 5 个地区免税金额较高，合计占比为 67.1%（表 4－17、表 4－18）。

表4－17　全国大学科技园享受税收优惠政策情况　　单位：万元

指标	2021 年	2022 年
当年享受大学科技园税收优惠政策免税金额总计	6262.6	6250.0
其中：房产税	2910.9	3715.2
其中：城镇土地使用税	1443.8	856.2
其中：增值税	1907.9	1678.7

表4－18　各地区大学科技园享受税收优惠政策情况

单位：万元

地区	2021 年	2022 年
北京	203.5	208.0
河北	6.7	6.8
山西	32.0	17.0
辽宁	54.1	34.0
吉林	890.7	87.3
黑龙江	150.9	119.0
上海	660.5	493.1
江苏	284.8	376.6
浙江	986.7	1409.7
安徽	49.0	73.0
福建	84.6	52.4
江西	109.4	91.5
山东	677.4	1282.8
河南	389.7	179.3
湖北	616.8	620.2
湖南	548.6	388.9
广东	14.6	10.6
海南	101.2	79.0
重庆	175.4	299.3
四川	43.4	69.1
贵州	24.7	53.6
云南	13.5	9.2
陕西	71.2	130.0
甘肃	37.7	27.3
青海	22.7	116.8
新疆	12.8	11.5
新疆生产建设兵团	0.0	4.0

（二）资源链接布局多

大学科技园整合优质服务资源助力企业创新发展。2022 年，全国大学科技园链接创业公共服务机构 3390 家，同比增长 2.8%；其中，中介服务机构数量为 1866 家，占比为 55.0%（表 4－19）。

表4-19　全国大学科技园链接资源情况　　　单位：家

年份	创业公共服务机构总数	其中：中介服务机构	金融服务机构	风险投资机构	产业化支撑服务平台 / 个
2021	3299	1838	746	701	861
2022	3390	1866	816	708	887

（三）管理人员素质高

2022 年，全国大学科技园共有管理机构从业人员 3013 人，同比增长 0.4%。其中，北京、江苏、上海、四川和黑龙江 5 个地区服务人员数量较多，合计占比为 50.0%（表 4-20、图 4-6）。

表4-20　全国大学科技园管理机构从业人员情况　　　单位：人

年份	管理机构从业人员	其中：研究生学历	其中：博士	硕士	本科学历	大专学历	其中：留学回国人员
2021	3000	978	189	862	1661	251	116
2022	3013	1054	185	903	1628	232	115

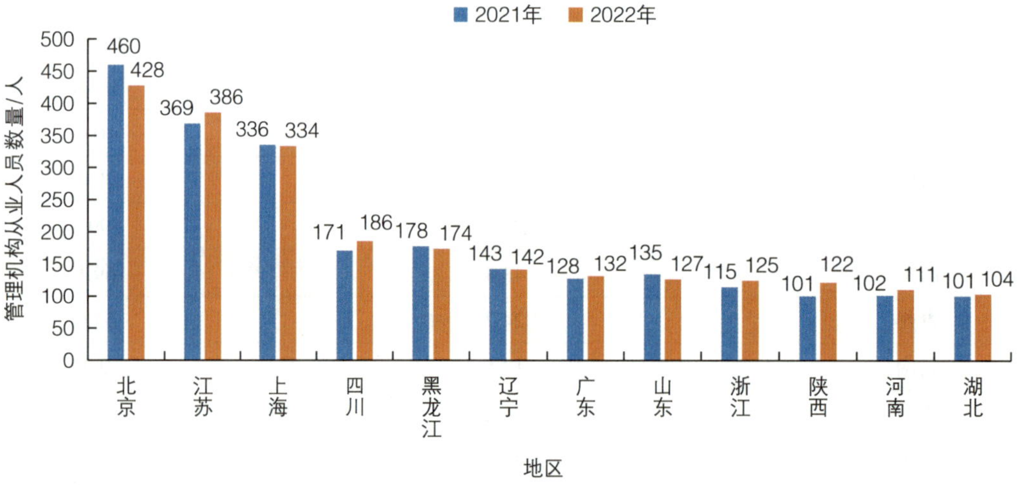

图4-6　大学科技园管理机构从业人员超过100人的地区

（四）创业导师吸纳广

创业导师持续发挥作用。2022 年，全国大学科技园共聘请创业导师 5600 人，同比增长 11.3%。北京、江苏、浙江、上海和广东的创业导师数量位居全国前五，合计占比为 41.0%（图 4-7）。

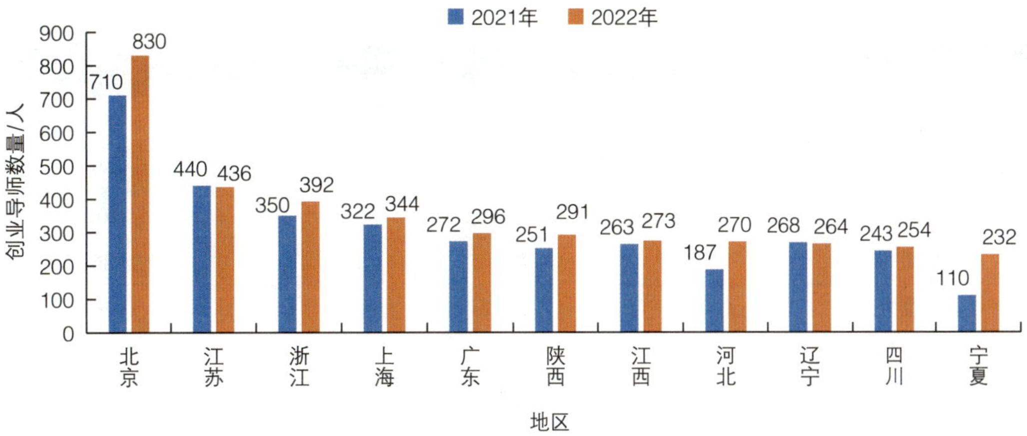

图4-7　大学科技园拥有创业导师超过200人的地区

（五）毕业企业增长快

毕业企业中上市公司和收入过亿元企业数量增长明显。2022 年，全国大学科技园当年毕业企业达 1121 家，其中，当年上市企业（不含挂牌）284 家，同比增长 33.3%；收入过亿元企业共 291 家，同比增长 2.5%（表 4-21）。另外，江苏、北京、浙江、上海、黑龙江、河北、湖北、广东、四川和重庆 10 个省（市）当年毕业企业数量排名前十，合计占比为 71.6%（表 4-22）。

表4-21　全国大学科技园毕业企业情况　　单位：家

指标	2021 年	2022 年
累计毕业企业	14 845	16 020
其中：当年毕业企业	1168	1121
上市企业（不含挂牌）	213	284
收入过亿元企业	284	291

表4-22　各地区大学科技园当年毕业企业情况　　单位：家

地区	2021 年	2022 年
北京	215	137
天津	0	9
河北	38	55
山西	14	13
内蒙古	2	5
辽宁	34	31
吉林	18	13

续表

地区	2021 年	2022 年
黑龙江	56	59
上海	72	69
江苏	185	201
浙江	84	86
安徽	25	26
福建	2	6
江西	33	28
山东	17	33
河南	43	25
湖北	36	55
湖南	22	15
广东	73	52
广西	1	1
海南	10	8
重庆	20	41
四川	75	48
贵州	8	6
云南	10	31
陕西	41	40
甘肃	13	13
青海	3	4
新疆生产建设兵团	18	11

中国创业孵化发展报告2023

专题篇

第五章　专业孵化器发展

本章对2022年全国专业孵化器的总体概况、孵化绩效、运营活力3个方面分别进行分析和阐述。其中，总体概况包括专业孵化器数量、专业孵化器场地面积；孵化绩效包括在孵企业经营效益、技术创新；运营活力包括孵化器收入、细分领域、投融资和从业人员。

2022年，全国专业孵化器建设规模稳步增长，占全国孵化器整体的31.6%，相比2021年占比增长了2.3个百分点，而综合孵化器整体占比相较于2021年下降了1.2个百分点，由此可见，专业孵化器保持了较好的发展势头。孵化面积不断扩大，使用总面积为4220.8万平方米，同比增长7.2%。专业孵化器在孵企业研发投入费用持续增长，在孵企业R&D经费支出为386.7亿元，同比增长16.2%。专业孵化器孵化基金总额达1357.3亿元，同比增长28%。

一、总体概况

（一）总体数量持续增长

2022年，全国专业孵化器数量持续增长，总数达到2104家，同比增长15.2%。其中，国家级专业孵化器548家，同比增长14.2%（图5-1）。

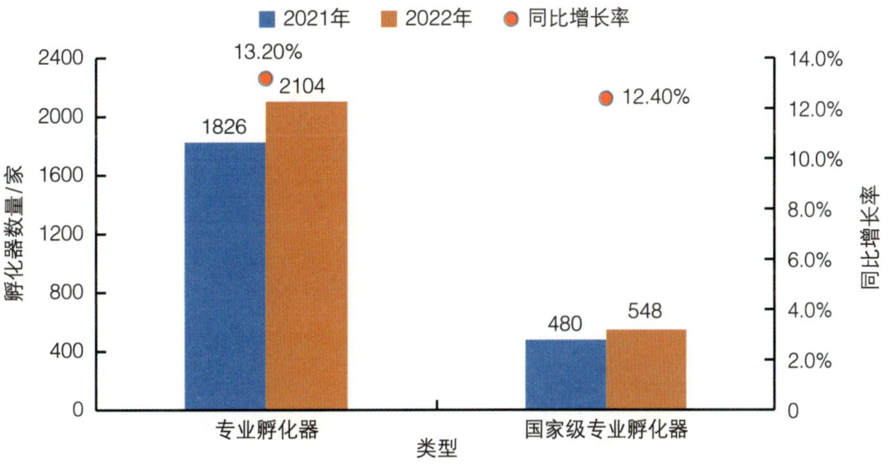

图5-1　2021年、2022年专业孵化器、国家级专业孵化器数量和同比增长率情况

主要地区的专业孵化器保持增长态势。2022 年，在 31 个有专业孵化器分布的地区中，25 个地区的专业孵化器数量增加。其中，宁夏、云南、湖南、江苏、湖北等 5 个地区的专业孵化器数量增长率位列全国前五。17 个地区的国家级专业孵化器数量在增加。其中，云南、黑龙江、广西、河南、福建等 5 个地区的国家级专业孵化器增长率位列全国前五（表 5–1）。

表5–1　2022年全国各地区专业孵化器、国家级专业孵化器数量和同比增长率情况　单位：家

地区	专业孵化器	同比增长率	国家级专业孵化器	同比增长率
江苏	411	30.5%	74	23.3%
广东	381	9.8%	126	22.3%
浙江	162	8.7%	31	10.7%
上海	153	18.6%	47	6.8%
山东	112	2.8%	45	7.1%
湖北	103	24.1%	26	23.8%
北京	99	5.3%	35	2.9%
安徽	68	13.3%	12	20.0%
河北	59	22.9%	5	0.0%
重庆	58	20.8%	16	23.1%
陕西	56	9.8%	20	0.0%
河南	46	12.2%	17	30.8%
江西	45	21.6%	3	–25.0%
广西	40	5.3%	4	33.3%
天津	39	18.2%	11	22.2%
福建	36	5.9%	9	28.6%
四川	36	0.0%	12	0.0%
吉林	35	12.9%	9	0.0%
黑龙江	30	15.4%	4	33.3%
湖南	28	33.3%	7	16.7%
辽宁	27	3.8%	12	9.1%
内蒙古	18	5.9%	4	–20.0%
贵州	17	21.4%	3	0.0%
山西	12	20.0%	3	0.0%
甘肃	11	0.0%	3	0.0%
云南	8	33.3%	4	33.3%
新疆	7	0.0%	4	0.0%
宁夏	4	300.0%	1	0.0%

续表

地区	专业孵化器	同比增长率	国家级专业孵化器	同比增长率
海南	1	-50.0%	0	-100.0%
青海	1	0.0%	0	0.0%
新疆生产建设兵团	1	0.0%	0	0.0%

（二）地域分布差异较大

从地域分布来看，全国专业孵化器主要分布在东部省份。其中，东部地区、中部地区、西部地区和东北地区专业孵化器数量分别为 1453 家、302 家、257 家、92 家，分别占全国数量的 69.06%、14.35%、12.21%、4.37%。从主要地区来看，江苏、广东、浙江、上海、山东、湖北等 6 个地区的专业孵化器数量均超过 100 家，数量位列全国前六，合计占比为 62.8%。广东、江苏、上海、山东、北京等 5 个地区的国家级专业孵化器数量位列全国前五，合计占比为 59.7%（表 5-1）。

（三）孵化面积不断增大

各类场地面积均有不同程度扩大。2022 年，全国专业孵化器使用总面积为 4220.8 万平方米，同比增长 7.8%；国家级专业孵化器面积为 1398.2 万平方米，同比增长 5.8%。其中，在孵企业用房面积为 2950.4 万平方米，公共服务用房面积为 592.2 万平方米，办公用房面积为 241.3 万平方米，其他面积为 437.0 万平方米，占专业孵化器使用总面积的比例分别为 69.9%、14%、5.7%、10.4%，同比增长率分别为 5.1%、14.3%、11.2%、16.8%（图 5-2、图 5-3）。

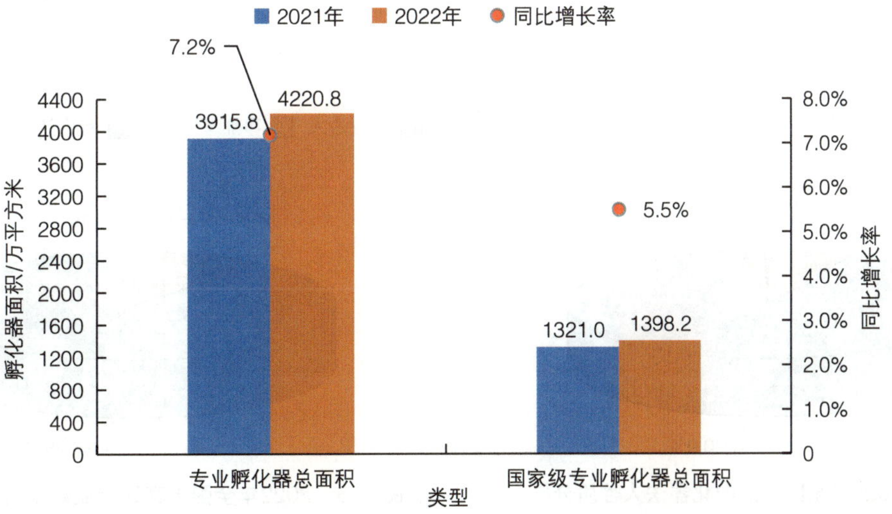

图5-2　2021年、2022年专业孵化器总面积、国家级专业孵化器总面积和同比增长率对比

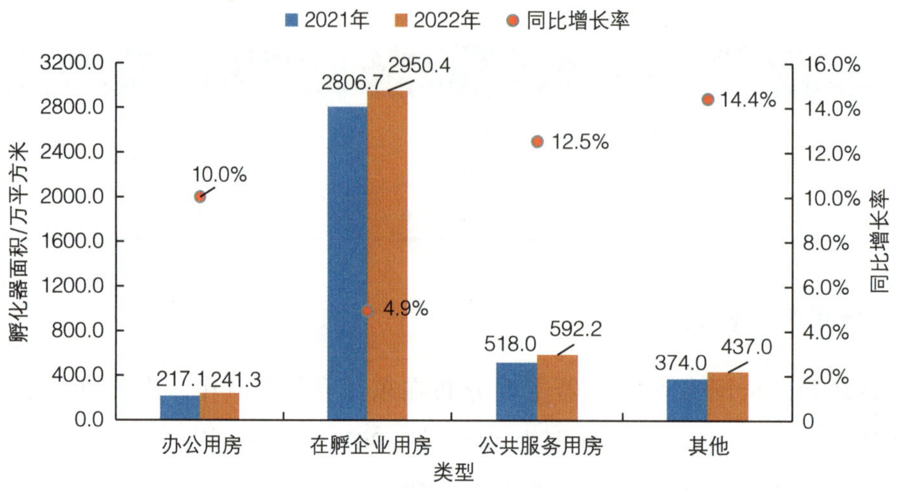

图5-3　2021年、2022年专业孵化器使用面积分布和同比增长率对比

（四）运营主体以企业为主

2022 年，全国专业孵化器中高达 90.9% 的孵化器法人性质为企业法人，与 2021 年持平，企业在孵化器建设中持续发挥着重要作用。多种类型企业参与运营专业孵化器，如央企国家电网旗下国网联研院材料及半导体器件科技孵化平台、高校背景的北京科方创业科技企业孵化器和民营上市公司九州通的九州通科技孵化器（图 5-4）。

其中，国家级专业孵化器中企业法人占比为 87.2%，事业单位法人占比为 11.1%，国家级专业孵化器已从最早期的政府主导向企业主导转型。在企业主导建设的孵化器中，涌现出苏州工业园生物医药、武汉光电工业、上海张江药谷、广州金发等一批极具产业竞争力的国家级专业孵化器（图 5-5）。

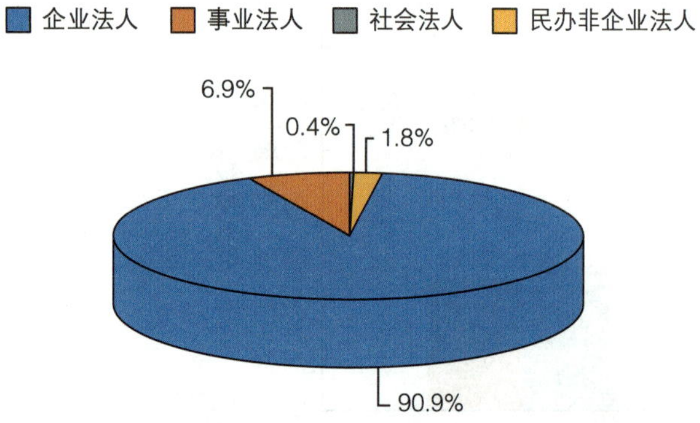

图5-4　2022年全国专业孵化器法人性质分类

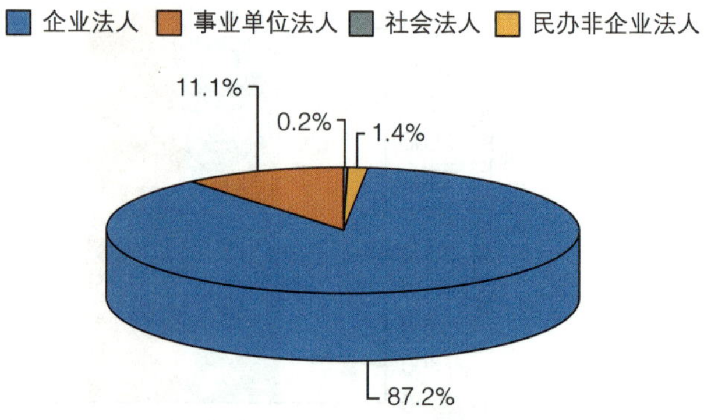

图5-5　2022年全国国家级专业孵化器法人性质分类

（五）以国家高新区为集聚地

国家高新区成为高质量国家级专业孵化器的重要集聚地。2022 年年底，国家高新区内的专业孵化器共有 887 家，占全国专业孵化器数量比重上升至 42.2%；其中，国家级专业孵化器 323 家，占全国专业孵化器数量比重上升至 58.9%。国家高新区充分发挥了创新驱动发展示范区和高质量发展先行区的核心作用，培育了一大批高质量专业孵化器（表 5－2）。

表5－2　国家高新区内专业孵化器情况　　单位：家

类别	国家高新区内专业孵化器数量	国家高新区内国家级专业孵化器数量
2022 年	887	323
占比	42.2%	58.9%
同比增长率	15.2%	14.5%

（六）在孵企业数量持续增长

随着孵化载体建设工作的推进及创业服务体系的逐步完善，专业孵化器在孵企业数量持续增长，2022 年为 70 062 家，相比 2021 年增长 8.7%（图 5－6）。

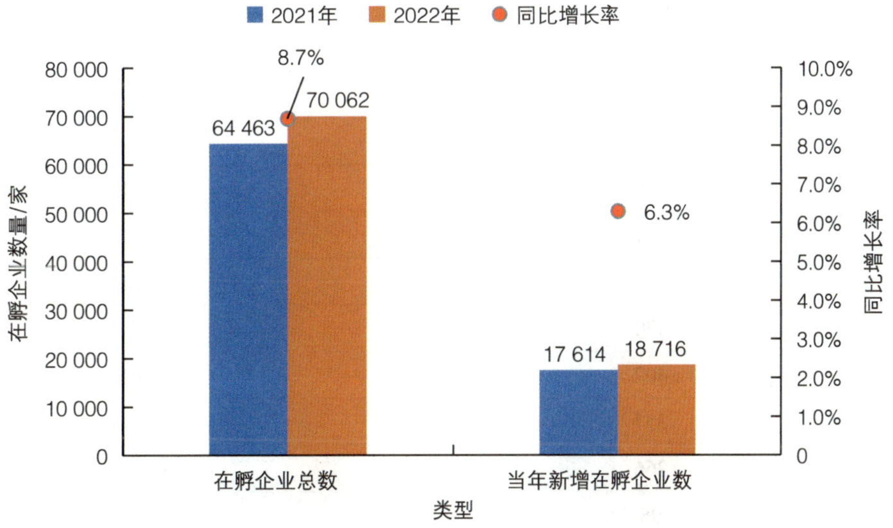

图5－6　2021年、2022年专业孵化器在孵企业总数、当年新增在孵企业数和同比增长率对比

分地区来看，2022 年专业孵化器在孵企业数量排在前 10 位的地区分别是广东、江苏、上海、浙江、山东、北京、湖北、陕西、重庆、河南，其中广东 12 511 家、江苏 11 971 家、上海 5988 家、浙江 4878 家、山东 4588 家，分别占全国专业孵化器在孵企业总数的 17.9%、17.1%、8.5%、7.0%、6.5%，排在前 5 位的地区占全国专业孵化器在孵企业总数的比例为 57%（表 5－3）。

表5-3　2022年各地区专业孵化器在孵企业数量分布及占比情况　　单位：家

地区	专业孵化器在孵企业总数	占全国专业孵化器在孵企业总数的比例
广东	12 511	17.9%
江苏	11 971	17.1%
上海	5988	8.5%
浙江	4878	7.0%
山东	4558	6.5%
北京	4327	6.2%
湖北	3827	5.5%
陕西	2214	3.2%
重庆	2095	3.0%
河南	1934	2.8%
安徽	1672	2.4%
四川	1585	2.3%
天津	1369	2.0%
河北	1298	1.9%
吉林	1111	1.6%
福建	1070	1.5%
湖南	1039	1.5%
辽宁	985	1.4%
江西	984	1.4%
广西	885	1.3%
黑龙江	790	1.1%
新疆	771	1.1%
内蒙古	528	0.8%
山西	470	0.7%
贵州	407	0.6%
甘肃	357	0.5%
云南	266	0.4%
宁夏	98	0.1%
海南	32	0.0%
青海	30	0.0%
新疆生产建设兵团	12	0.0%

在政府和市场双重力量的推动下，全国专业孵化器的毕业企业数量再创新高，截至 2022 年年底，毕业企业总数为 58 994 家，同比增长 22.7%；当年毕业企业总数为 9500 家，同比增长 20.2%（图 5-7）。

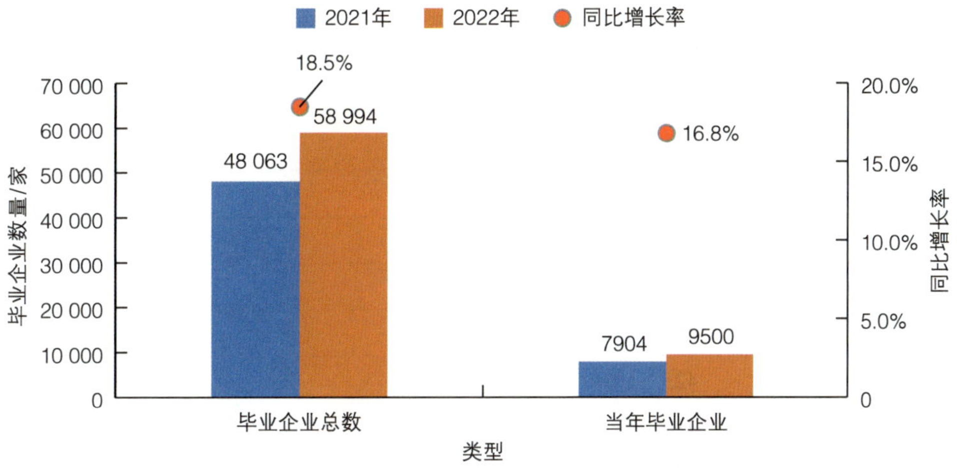

图5-7　2021年、2022年专业孵化器毕业企业总数、当年毕业企业数和同比增长率对比

分地区来看，2022 年全国专业孵化器毕业企业总数排在前 10 位的地区分别是广东、江苏、北京、浙江、山东、上海、湖北、陕西、四川、重庆。其中，广东 10 360 家、江苏 9538 家、北京 7014 家、浙江 3907 家、山东 3807 家，分别占全国专业孵化器在孵企业总数的 17.6%、16.2%、11.9%、6.6%、6.5%，排在前 5 位的地区占全国专业孵化器毕业企业总数的比例为 58.8%（表 5-4）。

表5-4　2022年各地区专业孵化器毕业企业总数分布及占比情况　　单位：家

地区	毕业企业总数	占全国专业孵化器毕业企业总数的比例
广东	10 360	17.6%
江苏	9538	16.2%
北京	7014	11.9%
浙江	3907	6.6%
山东	3807	6.5%
上海	3013	5.1%
湖北	2901	4.9%
陕西	2401	4.1%
四川	1925	3.3%
重庆	1660	2.8%
福建	1583	2.7%

续表

地区	毕业企业总数	占全国专业孵化器毕业企业总数的比例
河南	1473	2.5%
辽宁	1178	2.0%
安徽	977	1.7%
河北	951	1.6%
江西	851	1.4%
湖南	832	1.4%
天津	826	1.4%
吉林	662	1.1%
内蒙古	511	0.9%
新疆	454	0.8%
黑龙江	423	0.7%
山西	410	0.7%
云南	354	0.6%
广西	300	0.5%
贵州	248	0.4%
甘肃	211	0.4%
宁夏	116	0.2%
海南	55	0.1%
青海	51	0.1%
新疆生产建设兵团	2	0.0%

二、孵化绩效

（一）在孵企业发展态势良好

从在孵企业类型来看，2022 年，专业孵化器在孵企业中有留学人员企业 3322 家、大学生创业企业 7083 家、高新技术企业 4887 家、科技型中小企业 10 145 家，同比增长率分别为 7.3%、0.1%、19.7%、25.7%。其中，科技型中小企业、高新技术企业占比分别达 14.5%、7.0%。由此可以看到，科技型中小企业、高新技术企业的增长速度明显高出其他类型企业（图 5–8）。

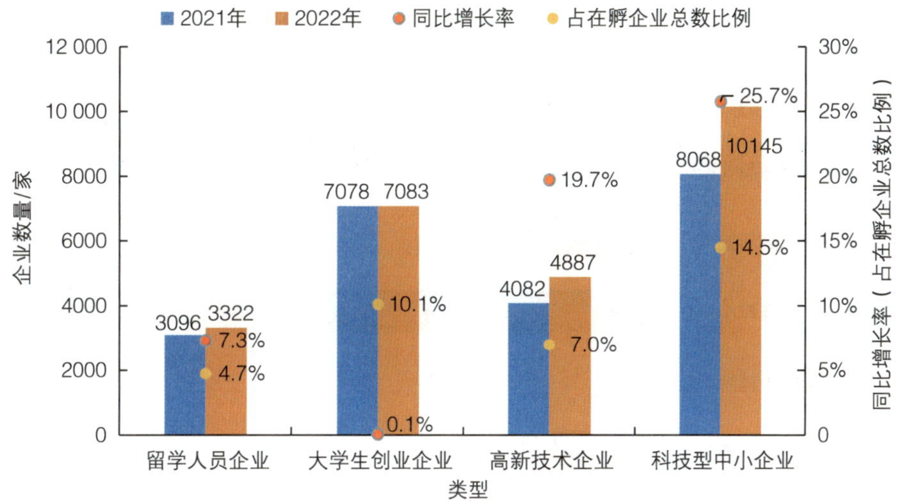

图5-8　2021年、2022年全国专业孵化器在孵企业培育情况

从细分领域专业孵化器的在孵企业来看，专业孵化器中共有7.0万家在孵企业，电子信息领域孵化器集中分布有40.8%的在孵企业，其次，分别有14.9%、14.7%、5.1%的在孵企业分布在生物医药与医疗器械、先进制造、新材料领域的孵化器中（图5-9）。

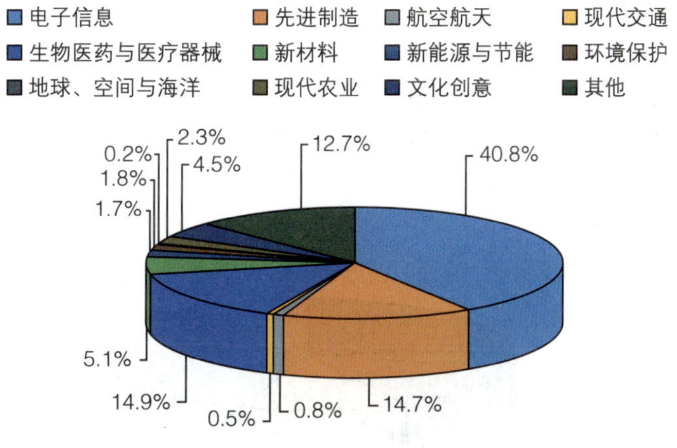

图5-9　2022年全国细分领域的专业孵化器在孵企业分布情况

从毕业企业类型来看，2022年，全国专业孵化器当年培育毕业企业9500家，其中高新技术企业2473家，占当年毕业企业的比例达26%，累计上市（挂牌）企业1413家，当年营业收入超过5000万元企业1568家（图5-10）。

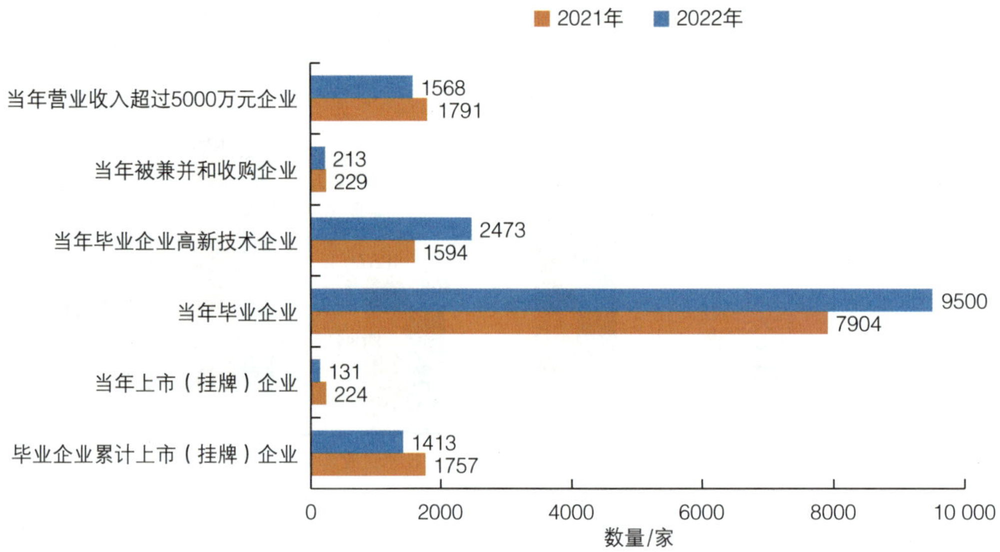

图5-10　2021年、2022年全国专业孵化器培育毕业企业情况

从细分领域专业孵化器的毕业企业来看，专业孵化器共培育 5.9 万家毕业企业，电子信息领域孵化器集中分布有 44.6% 的毕业企业，其次，分别有 13.3%、12.0%、6.5% 的毕业企业分布在生物医药与医疗器械、先进制造、文化创意领域（图 5-11）。

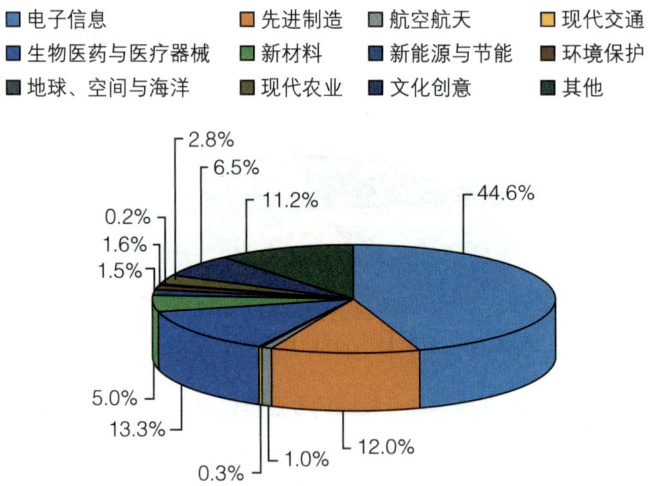

图5-11　全国细分领域的专业孵化器毕业企业分布情况

（二）企业研发投入强度大，创新成果产出显著

截至 2022 年年底，全国专业孵化器在孵企业总收入为 3430.3 亿元，同比下降 10.0%；在孵企业累计获得财政资助额为 121.4 亿元，同比增长 9.8%（表 5-5）。

表5-5　2021年、2022年全国专业孵化器在孵企业研发投入、总收入、财政资助、研发投入强度情况

单位：亿元

类别	研发投入	总收入	累计获得财政资助	研发投入强度
2021 年	332.8	3810.5	110.6	8.7%
2022 年	386.7	3430.3	121.4	11.2%
同比增长率	16.2%	-10.0%	9.8%	2.5%

专业孵化器在孵企业研发投入费用持续增长。2022 年，在孵企业研发投入 386.7 亿元，同比增长 16.2%。企业研发投入强度为 11.2%，较上年增加 2.5 个百分点。其中，企业研发投入超过 20 亿元的地区有 5 个，较上年增加 1 个，从高到低分别为江苏、广东、北京、上海、山东，占全国专业孵化器企业研发总投入的 73.7%（表 5-6）。

表5-6　2022年各地区专业孵化器企业研发投入及占比分布情况

单位：亿元

地区	专业孵化器企业研发投入	占全国专业孵化器企业研发总投入的比例
江苏	95.4	24.7%
广东	63.3	16.4%
北京	56.3	14.6%
上海	49.2	12.7%
山东	20.4	5.3%
浙江	16.0	4.1%
四川	13.0	3.4%
陕西	11.3	2.9%
湖北	10.4	2.7%
湖南	6.3	1.6%
安徽	6.2	1.6%
福建	5.8	1.5%
天津	5.5	1.4%
河南	4.9	1.3%
吉林	4.3	1.1%
重庆	3.8	1.0%
内蒙古	3.0	0.8%
辽宁	2.8	0.7%
江西	2.5	0.7%
河北	2.5	0.7%
广西	1.1	0.3%
贵州	0.9	0.2%
黑龙江	0.5	0.1%

续表

地区	专业孵化器企业研发投入	占全国专业孵化器企业研发总投入的比例
山西	0.5	0.1%
甘肃	0.3	0.1%
云南	0.3	0.1%
新疆	0.1	0.0%

专业孵化器大力推动在孵企业自主创新，组织和引导企业积极申报专利申请，创新成果显著。2022 年，在孵企业专利成果总量持续快速增长，企业当年申请专利 13.7 万件，同比增长 31.2%。其中，申请发明专利 1.2 万件，同比增长 14.2%；授权专利 6.9 万件，较上年下降 4.3%；拥有有效专利达 34.3 万件，同比增长 11.6%；拥有发明专利 5.1 万件，同比增长 19.2%（表 5-7）。

表5-7　2021年、2022年专业孵化器在孵企业专利数量情况　　单位：万件

类别	当年专利申请 / 件	当年知识产权授权 / 件	申请发明专利 / 件	拥有有效专利 / 件	拥有发明专利 / 件
2021 年	104 065	71 701	10 560	307 013	42 905
2022 年	136 516	68 600	12 058	342 568	51 157
同比增长率	31.2%	-4.3%	14.2%	11.6%	19.2%

除专利成果外，专业孵化器在孵企业其他各类型知识产权也实现较快增长。截至 2022 年年底，在孵企业拥有软件著作权 149 586 件、植物新品种 254 件、集成电路布图 2074 件，分别同比增长 12.6%、98.4%、34.6%（表 5-8）。

表5-8　2021年、2022年专业孵化器在孵企业各类型知识产权数量情况　　单位：件

类型	2021 年	2022 年	同比增长率
软件著作权	132 799	149 586	12.6%
植物新品种	128	254	98.4%
集成电路布图	1541	2074	34.6%

三、运营活力

（一）各项收入均衡增长，财税支持力度加大

2022 年，全国专业孵化器总收入为 228.3 亿元，同比增长 7.8%。其中，综合服务收入、房租及物业收入、投资收入、其他收入分别为 64.4 亿元、102.7 亿元、11.9 亿元、49.4 亿元，投资收入较 2021 年有所下降，其他 3 项均有增长（表 5-9）。

表5-9　2021年、2022年全国专业孵化器收入及细分指标情况　　单位：亿元

年份	孵化器总收入	综合服务收入	房租及物业收入	投资收入	其他收入
2021	211.8	61.4	95.7	18.0	36.5
2022	228.3	64.4	102.7	11.9	49.4
同比增长率	7.8%	4.9%	7.3%	-33.9%	35.3%

具体来看，2022 年，全国专业孵化器房租及物业收入占孵化器总收入的比重最高，为 45.0%，但较 2021 年略有下降，下降 0.2 个百分点；综合服务收入占孵化器总收入的比例为 28.2%，较 2021 年下降 0.8 个百分点；投资收入占孵化器总收入的比例为 5.2%，较 2021 年下降 3.3 个百分点（图 5-12）。

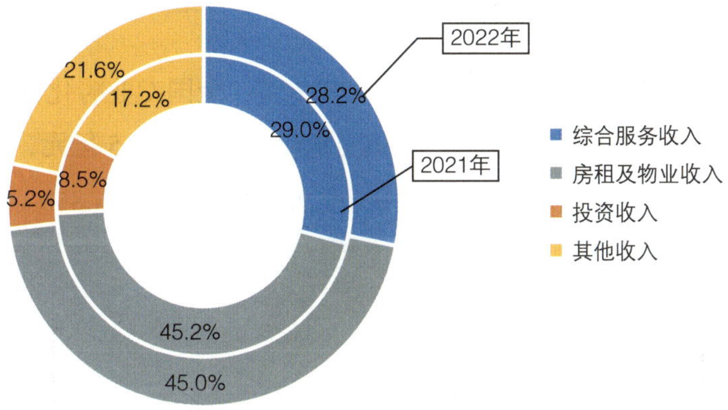

图5-12　2021年、2022年全国专业孵化器收入构成情况

直接的财政资助拨款和间接的财税政策是国家释放支持孵化载体的信号。国家各级政府及财政部门通过加大孵化支持资金投入力度，充分发挥财政资金的引导和杠杆作用，调动更多社会资金投入创新孵化中来。

2022 年，全国 1080 家专业孵化器获得各级财政资助总额和国家财政资助总额分别达 26.0 亿元、5.5 亿元，同比增长分别为 4.8%、44.7%（图 5-13）。在孵企业累计获得财政资助额为 121.4 亿元，

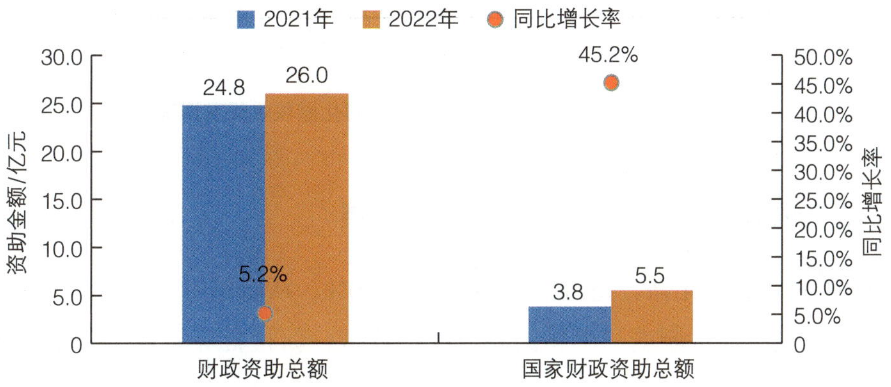

图5-13　2021年、2022年全国专业孵化器各级财政资助总额和国家财政资助总额、同比增长率情况

同比增长 9.8%。其中，有 5 个地区获得各级财政资助总额在 2 亿元及以上，分别为江苏、北京、广东、浙江、上海，占整体比例达 65.3%（表 5-10）。

表5-10　2022年全国专业孵化器各级财政资助总额在2亿元以上的地区　　单位：亿元

地区	各级财政资助总额	占整体比重
江苏	5.0	19.2%
北京	4.1	15.8%
广东	3.5	13.5%
浙江	2.2	8.4%
上海	2.2	8.4%

从享受孵化器专项税收优惠的具体情况来看，2022 年，全国专业孵化器享受税收优惠政策免税金额总计 3.3 亿元，同比增长 11.9%。其中，城镇土地使用税减免 0.5 亿元，同比增长 21.3%；增值税减免 0.9 亿元，同比增长 15.8%；房产税减免 1.6 亿元，同比增长 14.8%（图 5-14）。

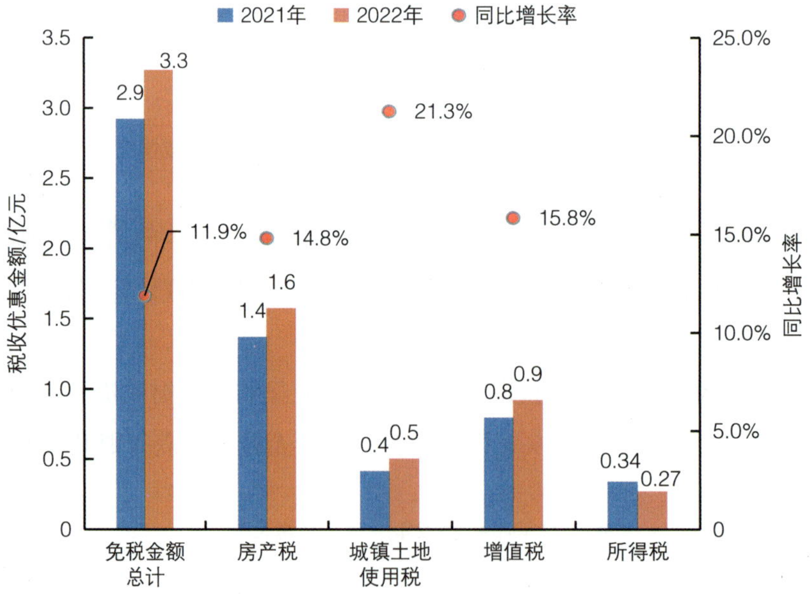

图5-14　2021年、2022年全国专业孵化器税收优惠情况

（二）电子信息规模领先，重点服务地方产业发展

全国共有 2104 家专业孵化器，超过孵化器总数的 30%，从全国专业孵化器的分布领域来看，超七成分布在电子信息、先进制造、生物医药与医疗器械、新材料等领域，分布比例与 2021 年基本保持一致，与战略性新兴产业的主导方向紧密吻合；另有航空航天，现代交通，地球、空间与海

洋等产业领域的孵化器逐渐涌现。从增速来看，现代交通、新材料、航空航天、现代农业、生物医药与医疗器械、先进制造、环境保护、电子信息领域专业孵化器数量实现较快增长（表 5-11）。

表5-11　2021年、2022年细分领域专业孵化器数量、占比、同比增长率情况　单位：家

专业领域	2021 年	2021 年占比	2022 年	2022 年占比	同比增长率
电子信息	659	36.1%	755	35.9%	14.6%
先进制造	291	15.9%	340	16.2%	16.8%
航空航天	16	0.9%	20	1.0%	25.0%
现代交通	9	0.5%	14	0.7%	55.6%
生物医药与医疗器械	257	14.1%	312	14.8%	21.4%
新材料	96	5.3%	124	5.9%	29.2%
新能源与节能	42	2.3%	45	2.1%	7.1%
环境保护	33	1.8%	38	1.8%	15.2%
地球、空间与海洋	8	0.4%	8	0.4%	0.0%
核应用技术	0	0.0%	0	0.0%	0.0%
现代农业	53	2.9%	65	3.1%	22.6%
文化创意	94	5.1%	97	4.6%	3.2%
其他	268	14.7%	284	13.5%	6.0%

从各地区专注孵化领域来看，大部分专注于电子信息、先进制造、生物医药与医疗器械领域，江苏、广东、山东等地专注于新材料领域，陕西则专注于航空航天领域，浙江、上海、北京等地专注于文化创意领域，河北聚焦于新能源与节能领域，这与当地战略性支柱产业布局基本吻合，如表 5-12 所示，大部分地区的专业孵化器围绕地方主导产业领域实现有序发展，继续为支撑本地区战略性支柱产业转型升级与推进新经济增长添砖加瓦。

表5-12　部分地区专业孵化器专注孵化领域情况

地区	专注孵化领域分布（按数量从高到低排序）
江苏	电子信息、先进制造、生物医药与医疗器械、新材料
广东	电子信息、先进制造、生物医药与医疗器械、新材料
浙江	电子信息、先进制造、生物医药与医疗器械、文化创意
上海	电子信息、生物医药与医疗器械、先进制造、新材料、文化创意
山东	电子信息、生物医药与医疗器械、先进制造、新材料
湖北	电子信息、生物医药与医疗器械、文化创意、先进制造
北京	电子信息、生物医药与医疗器械、文化创意、先进制造

续表

地区	专注孵化领域分布（按数量从高到低排序）
安徽	电子信息、先进制造、生物医药与医疗器械、新材料
河北	电子信息、先进制造、生物医药与医疗器械、新能源与节能
重庆	电子信息、先进制造、生物医药与医疗器械、文化创意
陕西	电子信息、先进制造、航空航天、新材料

（三）孵化基金规模前列，在孵企业获投迅速扩大

2022 年，全国专业孵化器孵化基金总额达 1357.3 亿元，同比增长 28%，从全国各个地区专业孵化器的孵化基金建设情况来看，北京、江苏、广东具有明显领先优势，2022 年孵化基金总额分别达到 323.3 亿元、240.7 亿元、223.7 亿元，3 个地区占全国比例高达 58%，其次为浙江（197.9 亿元）、上海（118.8 亿元），占全国比例分别为 14.6%、8.8%（图 5－15）。

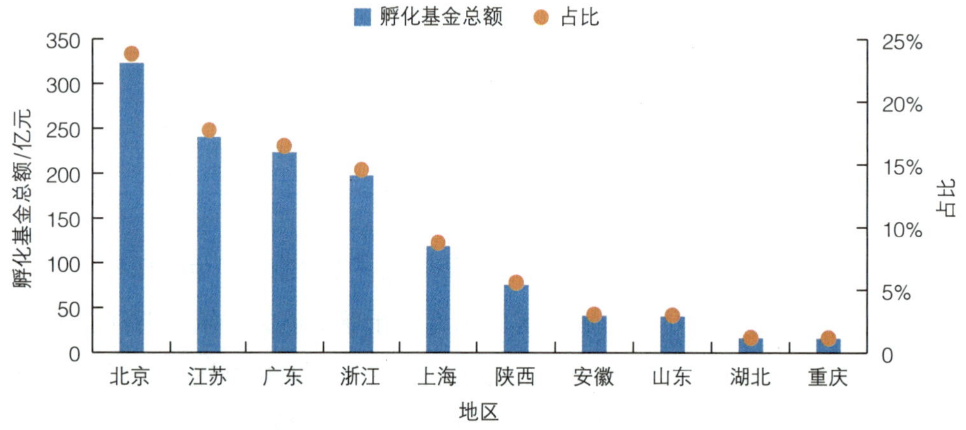

图5－15　2022年全国位居前十的地区专业孵化器孵化基金总额情况

2022 年，全国专业孵化器共有 70 062 家在孵企业获得投融资 2852.0 亿元，同比增长 32.0%。平均每家在孵企业获得投融资 407.1 万元。从在孵企业平均获得投融资情况来看，北京位居全国首位，在孵企业平均获得投融资为 621.6 万元，江苏 409.6 万元，高于全国平均水平（407.1 万元）；大部分地区在孵企业平均获得投融资金额低于全国平均水平，其中，上海、广东、福建等地区表现较为突出（图 5－16）。

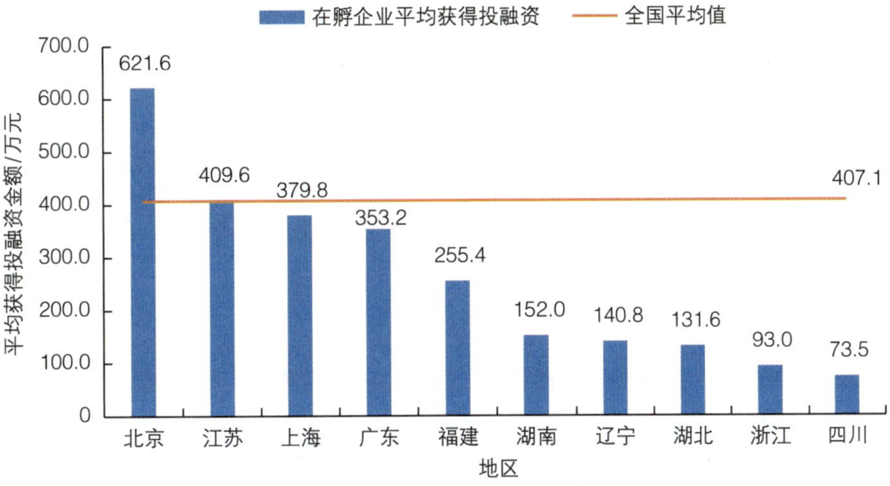

图5－16 2022年全国各地区在孵企业平均获得投融资情况

（四）从业人员数量稳增，专业技术服务趋势明显

2022年，全国专业孵化器内管理机构从业人员、大专以上人员、接受专业培训人员数量均比上年有所增长。其中，接受专业培训人员占比由52.8%提升到55.8%，平均每名专职人员需服务5家企业，专业孵化器平均配置从业人员约12人（表5－13）。

表5－13 2021年、2022年全国专业孵化器内人员结构及数量情况　　单位：人

年份	管理机构从业人员	大专以上人员	接受专业培训人员	平均每名专职人员需服务企业数/家	平均载体配置从业人员数量
2021	24 310	22 820	12 823	5	13
2022	26 217	24 440	14 623	5	12

全国越来越多的专业孵化器聚焦在垂直细分产业领域，以推进孵化服务的创新升级，通过搭建公共技术服务平台建设，面向科技型中小企业开放服务接口，帮助企业实现新产品新技术市场化的“最后一公里”。一方面，随着公共技术服务平台自建或共建的投入加大，构建全链条的公共技术服务能力，技术服务也从低数字化走向数字化与智能化；另一方面，公共技术服务平台的专业化是对产业创新集群的支撑关键，以产业源头创新挖掘能力和产业资源链接能力为核心，帮助科技型中小企业成长为专精特新，技术服务要主动顺应企业发展需求和产业技术变革趋势，坚持公益与有效市场更好地结合、加强供需对接，引导在孵企业与高校院所、技术型龙头企业加强技术合作。此外，未来专业孵化器的公共技术服务平台的规模及质量将与中小企业公共服务体系同步提升。

全国专业孵化器开展技术服务非常活跃，2022年，公共技术服务平台投资额为51.3亿元，同比增长29.7%；公共技术服务平台总收入为37.4亿元，同比增长28.9%，2022年全国专业孵化器完

成的公共技术服务平台总收入占全国孵化器公共技术服务平台总收入的比重为 58.6%，足以体现公共技术服务主要由专业孵化器来承担。

从位居前十的地区来看，2022 年完成的公共技术服务平台总收入在 3 亿元以上的地区有江苏、广东、北京，占全国整体比例达 62%，其中江苏高达 10.8 亿元，占全国整体比例达 29.0%；上海、重庆、河南、陕西 4 个地区专业孵化器公共技术服务平台总收入规模较小，均不足 1 亿元（表 5–14）。

表5–14　2022年位居前十的地区专业孵化器当年完成的公共技术服务平台投资及收入情况　　单位：亿元

地区	孵化器对公共技术服务平台投资额	占全国整体比例	公共技术服务平台总收入	占全国整体比例
江苏	12.8	24.9%	10.8	29.0%
北京	7.9	15.4%	3.7	9.9%
广东	5.5	10.6%	8.6	23.1%
浙江	3.9	7.6%	1.7	4.7%
山东	2.5	4.9%	2.0	5.4%
上海	2.3	4.5%	0.9	2.4%
河南	2.3	4.5%	0.2	0.6%
四川	2.1	4.0%	1.6	4.4%
陕西	1.4	2.7%	0.05	0.1%
重庆	1.3	2.5%	0.5	1.3%

第六章　高新区孵化载体发展

本章对2022年全国高新区内孵化载体的总体概况、孵化绩效、运营活力进行统计分析。其中，总体概况包括各类载体数量、各类载体面积和各类载体服务等；孵化绩效包括在孵企业经营能力、高新区内在孵企业（团队）获得投融资情况、创造就业机会和技术创新情况等；运营活力包括收支、获得财税支持情况和管理人员情况等。

2022年，高新区内各种创业孵化载体共有5518家，占整体数量的34.3%，占整体面积的37.9%。用35.8%的从业人员服务了全国39.5%的在孵企业（团队），创造了5281.9亿元的在孵企业（孵化器）总收入，占整体的48.8%。吸纳就业215.6万人，占整体的43.7%。帮助在孵企业（团队）累计获得投融资额达12 675.4亿元，占整体的85.1%。拥有有效知识产权90.1万件，占整体的58.4%。

一、总体概况

（一）优质孵化机构集聚，专业孵化建设增长显著

截至2022年年底，高新区内各类创业孵化载体共计5518家，占全国整体的34.3%。高新区内共有孵化器2552家，占高新区各类孵化载体的比例为46.2%，同比增长1.2个百分点；其中，国家级孵化器为782家，占比为30.6%。众创空间为2966家，较上年同比下降4.4%，其中，国家备案众创空间为1104家，占比为37.2%；高新区内国家级创业孵化机构占比显著高于全国平均水平（图6-1）。

具体到各地区的创业孵化载体情况，2022年高新区创业孵化载体数量排名居前5位的地区是江苏、广东、北京、浙江和河南，创业孵化载体共计2739家，占全国高新区内创业孵化载体数量的49.6%。排名居前4位的江苏、广东、浙江和北京高新区孵化器数均在200家以上；江苏高新区孵化器体量最大，为459家（图6-2）。

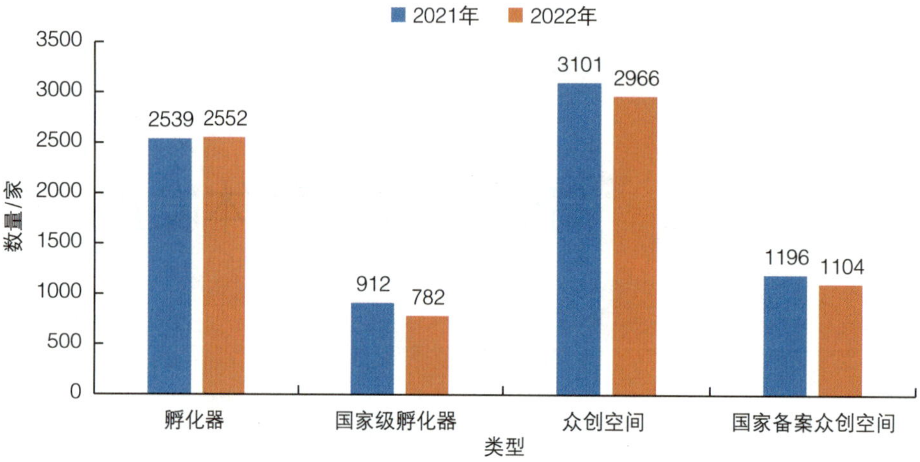

图6-1 2021年、2022年高新区内孵化器、众创空间数量情况

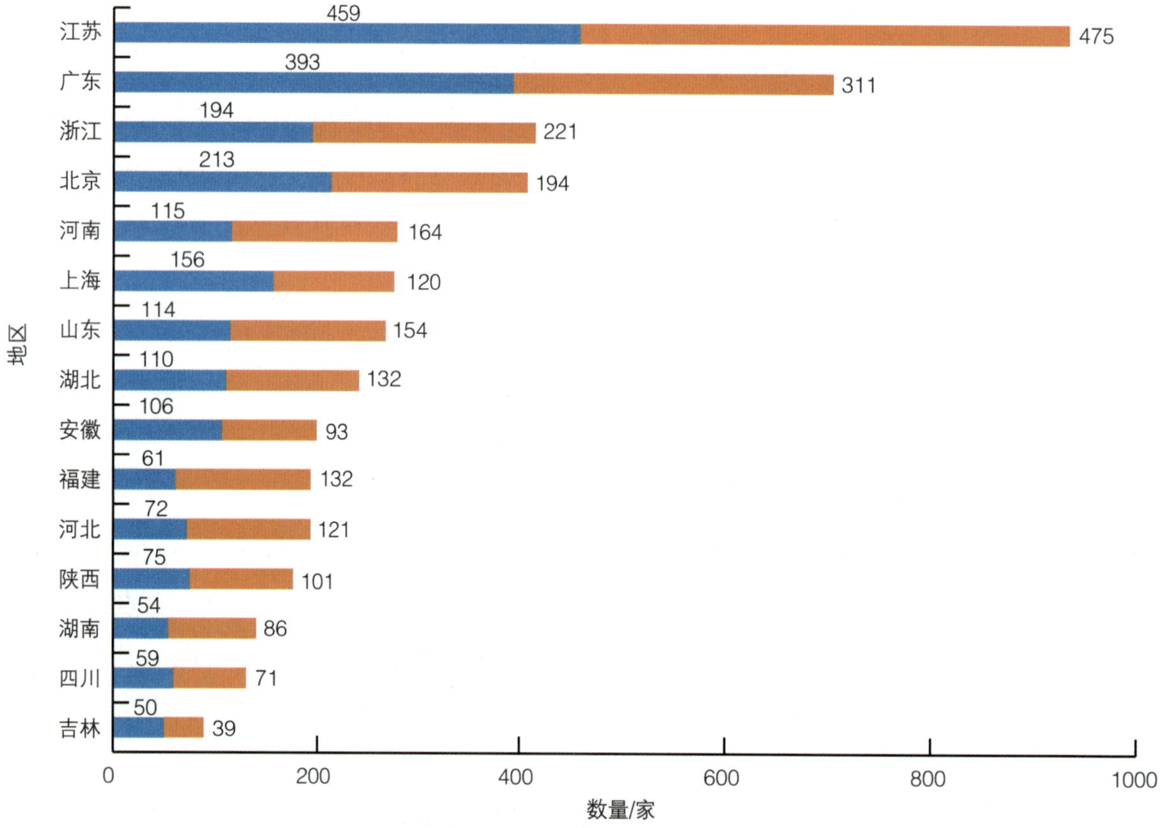

图6-2 2022年高新区孵化载体数量超过50家的地区

具体到单个高新区的孵化器情况，2022 年，孵化器数量超过 30 家的国家高新区共有 20 家，孵化器数量排名居前 3 位的高新区分别是中关村（215 家）、上海张江（155 家）、南京（149 家）。其中，国家级孵化器数量最多的是中关村，达 62 家；其次是上海张江，为 52 家。需要注意的是，

武汉东湖高新区是国家级孵化器占孵化器比重最高的园区，由此可见，武汉东湖高新区对创业孵化的支持力度更大（图 6–3）。

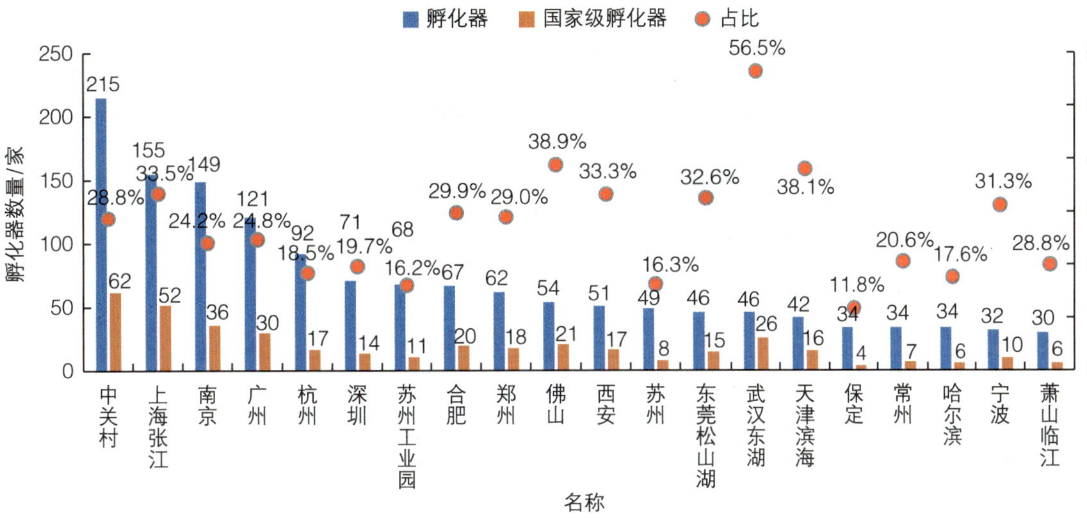

图6–3　2022年孵化器超过30家的高新区数量和占比情况

具体到单个高新区的众创空间情况，2022 年众创空间数量达到 50 家以上的高新区共有 17 家，众创空间数量排名居前 3 位的高新区分别是中关村（195 家）、南京（169 家）、深圳（128 家）。从国家备案众创空间来看，数量最多的是中关村，占众创空间的比例高达 66.7%（图 6–4）。

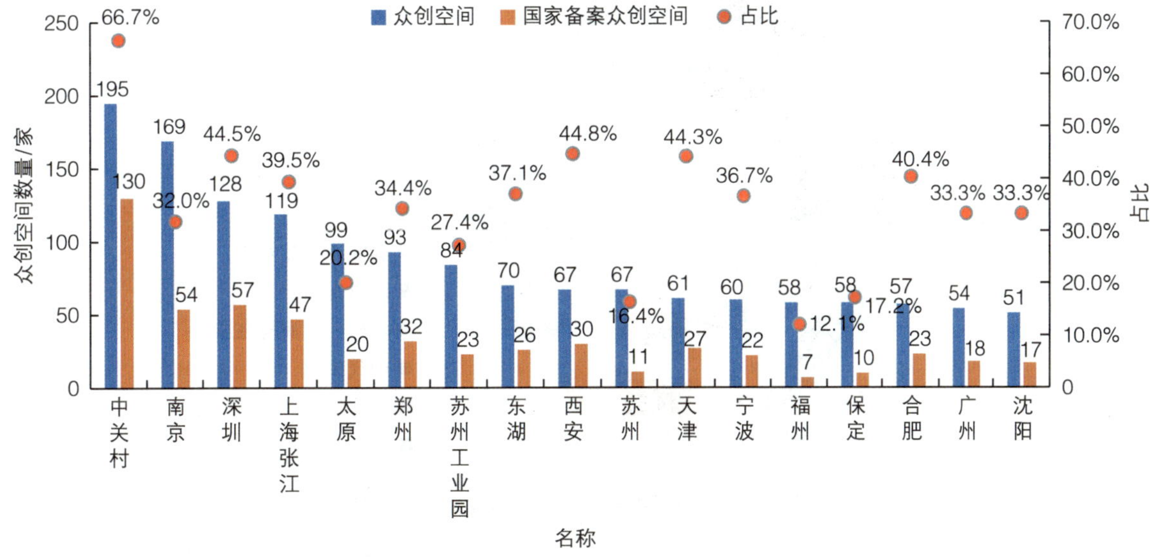

图6–4　2022年众创空间超过50家的高新区数量和占比情况

按单个高新区孵化器的分类布局来看，2022 年，高新区共有专业孵化器数量达 950 家，占高新区整体比例的 37.2%，较上年同比增长 4.6%；综合孵化器为 1602 家，同比下降 1.8%，表明高新区的专业孵化器建设加速推进（图 6–5）。

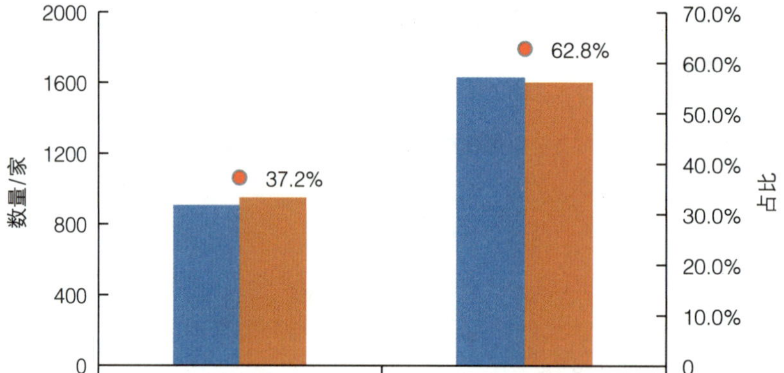

	专业孵化器	综合孵化器
2021年	908	1631
2022年	950	1602
2022年占比	37.2%	62.8%

图6-5　2021年、2022年高新区专业孵化器、综合孵化器的数量和占比分布

2022 年，在高新区 950 家专业孵化器中，电子信息领域孵化器比例达 38.9%，占比最高，其他领域占比超过 10% 的孵化器分布在生物医药与医疗器械（17.2%）、先进制造（14.5%）领域，同比增速较快的领域分别是地球、空间与海洋（1.5%），文化创意（3.7%），现代交通（0.6%），航空航天（0.6%），新材料（4.9%），如图 6-6 所示。

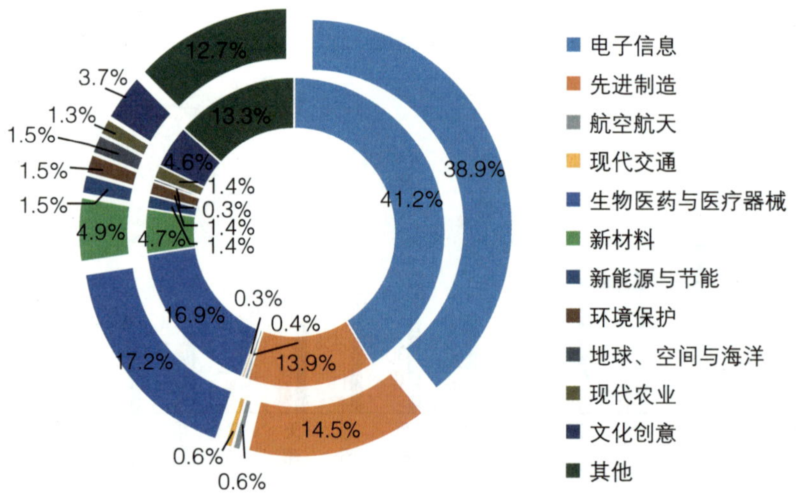

图6-6　2021年、2022年高新区各领域专业孵化器数量分布

2022 年，全国高新区内创业孵化载体使用总面积为 6603.3 万平方米，同比减少 5.9%，占全国整体的 37.9%。其中，孵化器孵化场地面积达 5520.3 万平方米，众创空间使用面积达 1083.0 万平方米（图 6-7）。

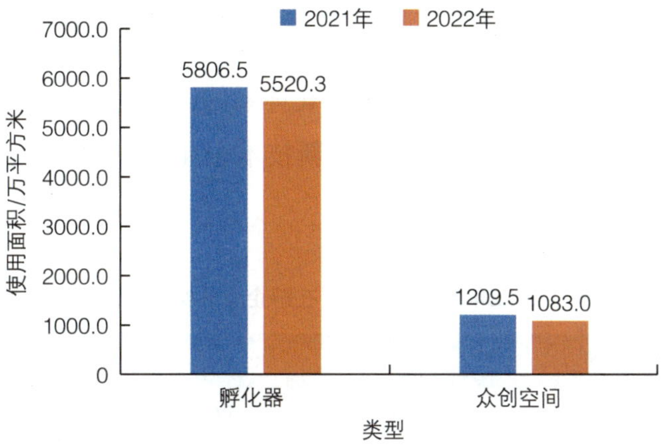

图 6-7　2022年全国高新区各类创业孵化载体使用面积情况

2022 年，高新区创业孵化载体面积排名前 5 位的地区分别是江苏、广东、北京、浙江和山东，合计使用面积达 3379.7 万平方米，占全国高新区内创业孵化载体面积的 51.2%。排名居前 5 位的江苏、广东、北京、浙江、山东高新区孵化器面积均在 300 万平方米以上；同时，江苏高新区孵化器面积最大，为 1023.8 万平方米，足以证明江苏高新区的孵化规模显著（图 6-8）。

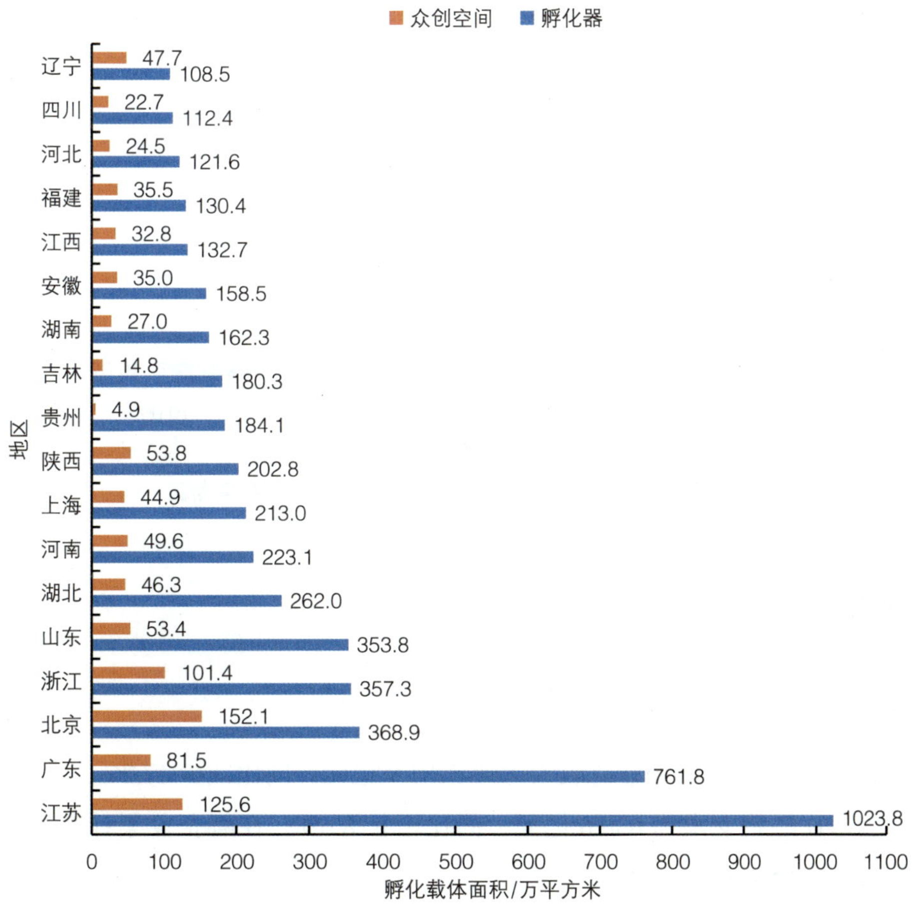

图6-8　2022年高新区内创业孵化载体面积超100万平方米的地区

（二）在孵企业高新技术企业表现突出，头部高新区集聚度高

随着高新区孵化载体建设工作的推进及创业孵化体系的逐步完善，2022 年，全国高新区孵化器在孵企业为 11.3 万家，同比减少 6.3%。其中，高新技术企业为 1.1 万家，同比增长 9.2%；科技型中小企业为 2.0 万家，同比增长 3.0%（表 6–1）。

表6–1　2021年、2022年高新区孵化器在孵企业分类和数量的分布　单位：家

年份	在孵企业	其中：留学人员企业	大学生科技企业	高新技术企业	科技型中小企业	当年新增在孵企业
2021	120 347	6412	14 919	9619	19 452	32 811
2022	112 738	5983	13 648	10 501	20 027	30 551

具体到单个高新区来看，2022 年，孵化器在孵企业数量超过 2000 家的有 12 家高新区，其总和为 48 908 家，占高新区整体的 43.4%；其中，排名居前 3 位的分别是中关村、上海张江、南京；中关村科技园区表现最为突出，为 10 046 家，占高新区整体的 9.0%，远高出其他园区（图 6–9）。

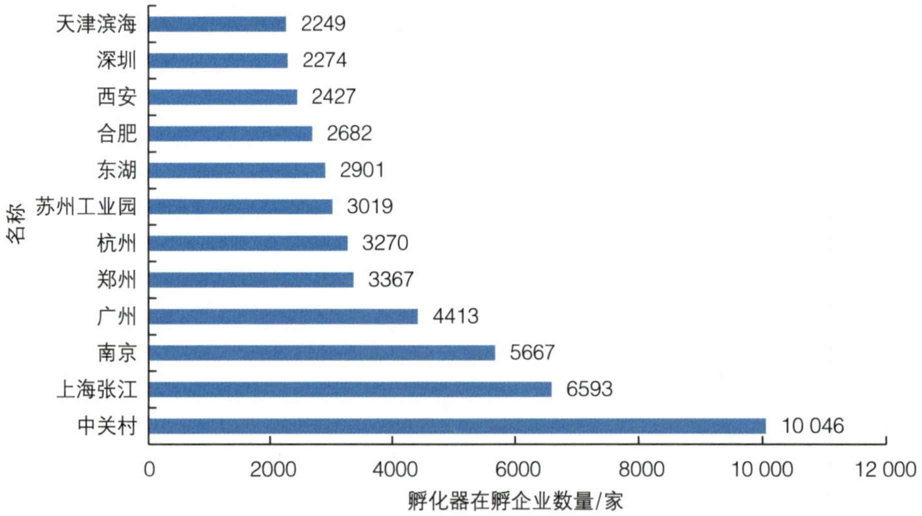

图6–9　2022年孵化器在孵企业数量超过2000家的高新区

二、孵化绩效

（一）研发投入持续提升，财政支持逐年加大

2022 年，高新区孵化器在孵企业总收入达到 5281.9 亿元，同比减少 17.2%，占整体的 48.8%。其中，在孵企业 R&D 经费支出为 636.6 亿元，同比增长 8.6%；在孵企业累计获得财政资助额为 216.8 亿元，同比增长 2.5%（表 6–2）。

表6-2　2022年高新区孵化器在孵企业收入、研发、财政情况　　单位：亿元

年份	孵化器在孵企业总收入	在孵企业研究与试验发展（R&D）经费	在孵企业累计获得财政资助额
2021	6377.7	586.3	211.5
2022	5281.9	636.6	216.8

从单个高新区来看，2022 年，高新区孵化器在孵企业研发投入费用持续增长，孵化器在孵企业 R&D 投入排名居前 3 位的高新区分别为上海张江（57.2 亿元）、南京（56.1 亿元）、苏州工业园（41.7 亿元），合计 155.0 亿元，占整体的 24.3%（图 6-10）。

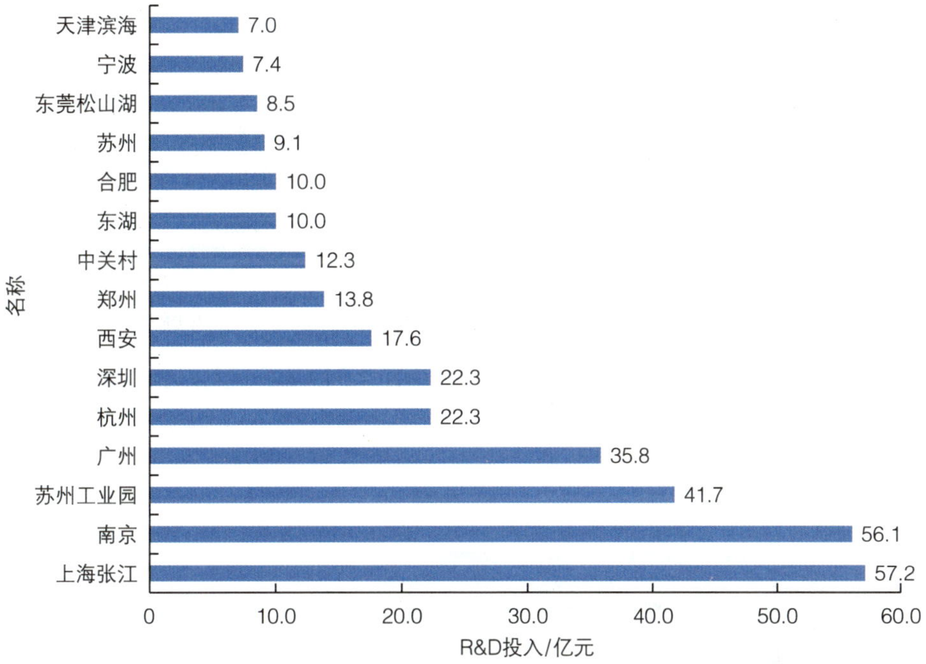

图6-10　孵化器在孵企业R&D投入超7亿元的高新区情况

（二）投资孵化能力凸显，金融保障水平提高

2022 年，全国高新区创业孵化载体（孵化器与众创空间）在孵企业（团队）累计获得投融资额达 12 675.4 亿元，占整体的 85.1%。其中，当年获得投融资额为 1376.6 亿元；高新区创业孵化载体（孵化器与众创空间）当年获得投融资的在孵企业（团队）有 1.6 万家（个）；全国高新区创业孵化载体（孵化器）孵化基金达 1881.5 亿元，同比增长 4.2%（表 6-3）。

表6-3　高新区内创业孵化载体投融资情况

指标	2021 年	2022 年
在孵企业（团队）累计获得投融资额/亿元	10 880.5	12 675.4
其中：孵化器	3809.6	4656.7
众创空间	7070.9	8018.6
在孵企业（团队）当年获得投融资额/亿元	1618.4	1376.6
其中：孵化器	913.6	927.7
众创空间	704.8	448.9
累计获得投融资的企业（团队）数量/家（个）	91 456	90 541
其中：孵化器	48 484	51 195
众创空间	42 972	39 346
当年获得投融资的企业（团队）数量/家（个）	17 804	15 966
其中：孵化器	9183	8936
众创空间	8621	7030
孵化基金总额（孵化器）/亿元	1806.0	1881.5

从单个高新区来看，2022 年，有 21 个高新区的孵化器载体内获得投融资企业数量超过 100 家，其中，企业超过 500 家的高新区为中关村（868 家）、南京（549 家）、上海张江（546 家）和广州（504 家），如图 6-11 所示。

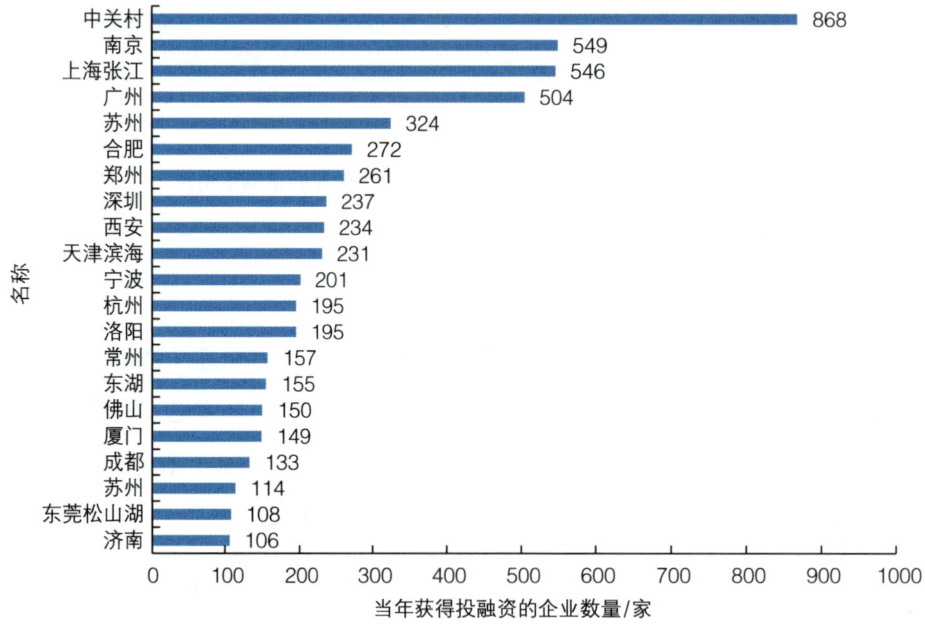

图6-11　孵化器内当年获得投融资企业数量超过100家的高新区

（三）科技含量持续增加，孵化引领创新发展

2022 年，全国高新区创业孵化载体（孵化器与众创空间）内在孵企业（团队）拥有有效知识产权 90.1 万件，占整体的 58.4%。其中，发明专利 12.9 万件，占比为 14.3%；孵化器有效知识产权达 64.1 万件，同比提升 2.2%（表 6–4）。

表6–4　高新区内创业孵化载体拥有有效知识产权情况　　单位：件

年份	有效知识产权合计	孵化器	众创空间	其中：发明专利数量	孵化器	众创空间
2021	911 571	627 034	284 537	133 884	89 729	44 155
2022	901 466	640 880	260 586	129 250	90 761	38 489

2022 年，北京、江苏、广东、上海和陕西 5 个地区的高新区创业孵化载体（孵化器与众创空间）内在孵企业（团队）拥有有效知识产权最多，合计 52.9 万件，占整体的 58.7%（表 6–5）。

表6–5　高新区内创业孵化载体拥有有效知识产权情况　　单位：件

地区	2021 年		2022 年	
	孵化器	众创空间	孵化器	众创空间
北京	101 242	103 337	105 869	78 207
天津	10 792	5106	11 775	4512
河北	11 299	3357	12 991	3414
山西	4444	8953	4530	8337
内蒙古	3443	1143	3020	1072
辽宁	12 621	4586	13 741	5598
吉林	7009	1580	10 260	2255
黑龙江	6039	2357	5531	1936
上海	29 103	20 856	33 203	23 252
江苏	109 723	25 794	111 107	27 532
浙江	21 423	10 015	23 153	10 829
安徽	15 970	5683	14 644	5973
福建	16 501	4999	16 475	6274
江西	6537	2466	6373	3716
山东	30 227	3676	32 857	3644
河南	30 065	14 723	33 592	13 025
湖北	31 060	14 087	29 998	12 336
湖南	14 419	5348	13 775	4503
广东	81 156	22 555	74 046	21 762

续表

地区	2021 年		2022 年	
	孵化器	众创空间	孵化器	众创空间
广西	4280	1524	4186	1888
海南	520	420	329	505
重庆	3858	1919	3572	1547
四川	22 121	10 355	18 699	6239
贵州	5192	938	4575	693
云南	1946	1401	2366	1873
西藏	0	20	50	81
陕西	42 974	5472	46 460	7709
甘肃	1260	794	1560	664
青海	426	145	598	213
宁夏	239	434	135	381
新疆	840	268	1239	433
新疆生产建设兵团	305	226	171	183

2022 年，有 13 个高新区的孵化器载体拥有有效知识产权数量超过 1 万件，其中超过 4 万件的高新区为中关村（10.6 万件）、南京（4.6 万件）、西安（4.3 万件）（图 6－12）。

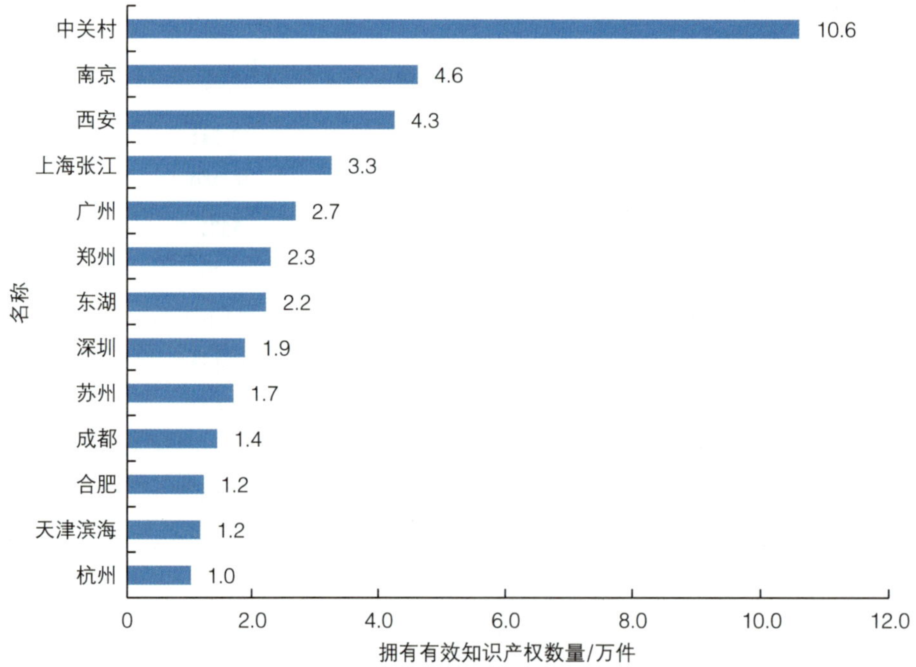

图6－12　孵化器拥有有效知识产权数量超过1万件的高新区情况

在孵企业研究与开发经费投入持续增长。2022 年，全国高新区内在孵企业 R&D 经费为 636.6 亿元，同比增长 8.6%（图 6-13），整体研发投入强度达 12.1%，同比增加 2.9 个百分点。在孵企业 R&D 经费排名居前 5 位的地区分别为江苏（157.3 亿元）、北京（123.4 亿元）、广东（87.3 亿元）、上海（57.6 亿元）和浙江（31.7 亿元），合计占全国高新区在孵企业 R&D 经费比例为 71.8%。上海、四川、江苏、福建 4 地的研发投入强度超过 15%（表 6-6）。

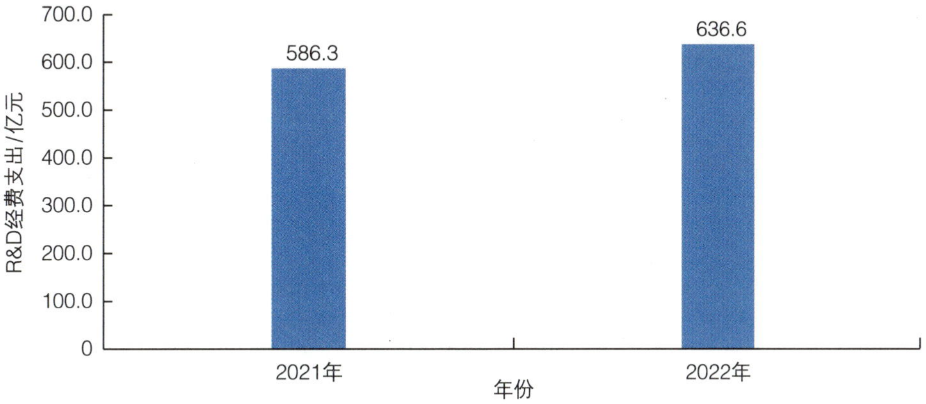

图6-13　高新区内在孵企业R&D经费支出情况

表6-6　各地区高新区研发投入强度情况

地区	2021 年	2022 年
北京	6.6%	11.7%
天津	9.2%	10.5%
河北	6.1%	6.4%
山西	4.2%	3.1%
内蒙古	5.5%	5.2%
辽宁	8.4%	7.3%
吉林	5.1%	3.3%
黑龙江	8.7%	5.8%
上海	16.6%	24.0%
江苏	14.7%	17.5%
浙江	8.9%	12.3%
安徽	7.9%	5.9%
福建	15.4%	15.5%
江西	3.6%	4.9%
山东	8.9%	11.4%
河南	9.2%	7.3%
湖北	8.1%	8.1%
湖南	6.4%	7.7%

续表

地区	2021 年	2022 年
广东	10.5%	13.3%
广西	7.6%	6.3%
海南	0.2%	2.8%
重庆	10.3%	10.2%
四川	13.8%	18.2%
贵州	1.4%	10.1%
云南	3.7%	4.9%
西藏	—	4.8%
陕西	9.0%	9.5%
甘肃	11.4%	13.6%
青海	1.0%	0.5%
宁夏	6.7%	11.0%
新疆	3.3%	7.3%
新疆生产建设兵团	1.6%	1.6%

2022 年，有 17 个高新区孵化器研发投入占比超过 20%。其中，威海高新区研发投入占比达 53.4%、安顺高新区研发投入占比达 43.0%（图 6－14）。

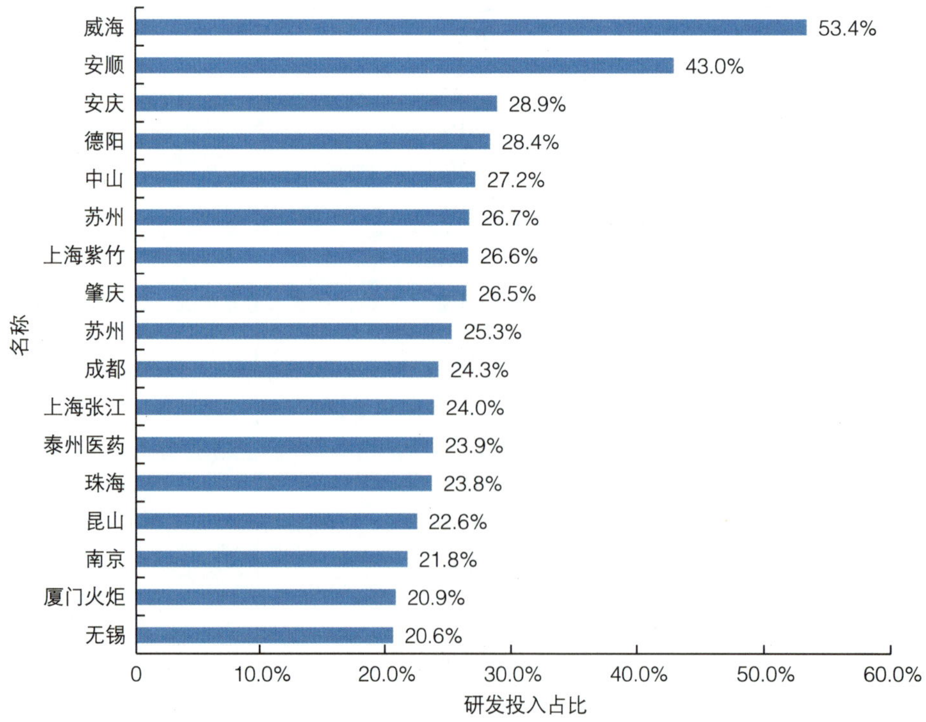

图6－14　孵化器在孵企业研发投入占比超过20%的高新区情况

三、运营活力

（一）载体收入总体平稳，孵化服务能力提升

2022 年，全国高新区内创业孵化载体总收入达到 418.1 亿元，占整体的 52.9%。其中，孵化器总收入达到 324.0 亿元，众创空间总收入达到 94.0 亿元（表 6–7）。

表6–7　高新区内创业孵化载体收入情况　　单位：亿元

年份	创业孵化载体总收入	孵化器	众创空间
2021	441.6	337.1	104.4
2022	418.1	324.0	94.0

从孵化器收入结构来看，主要分为房租及物业收入、综合服务收入、投资收入及其他收入。2022 年，全国高新区内孵化器综合服务收入占比增长 1.3 个百分点，投资收入占比下降 1.5 个百分点，投资服务创收能力有待提高（图 6–15）。

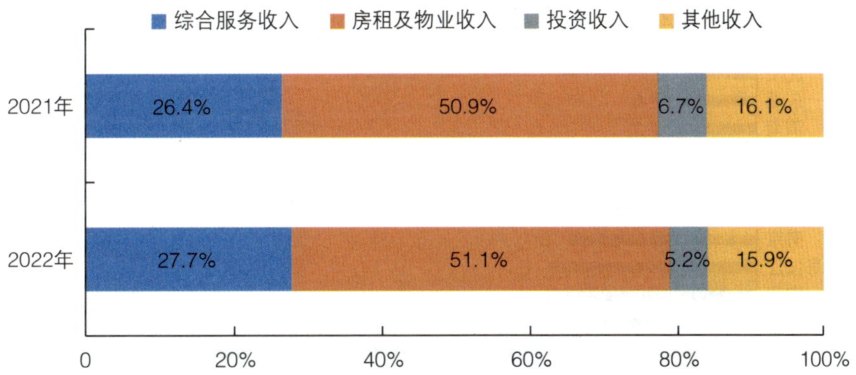

图6–15　2021年、2022年高新区内孵化器收入分布情况

从众创空间收入结构来看，主要分为房租及物业收入、服务收入、财政补贴、投资收入及其他收入。2022 年，全国高新区内众创空间服务收入占比增长 0.2 个百分点，投资收入占比增长 1.1 个百分点，众创空间内服务收入成为占比最高的收入类型（图 6–16）。

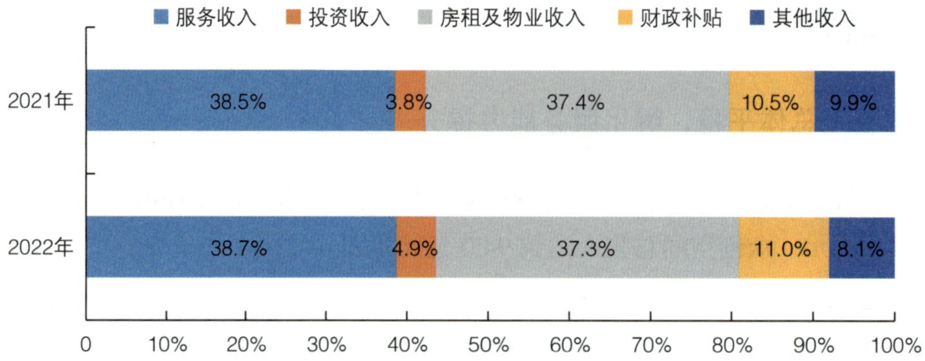

图6-16　2021年、2022年高新区内众创空间收入分布情况

具体到单个高新区创业孵化载体服务收入情况，2022 年创业孵化载体服务收入超过 2 亿元的国家高新区共有 15 家，排名居前 3 位的中关村、深圳和广州高新区创业孵化载体服务收入总和为 39.1 亿元，占国家高新区整体的 31.1%。中关村高新区创业孵化载体孵化服务表现最为突出，占国家高新区整体的 18.3%，远高出其他高新区（图 6–17）。

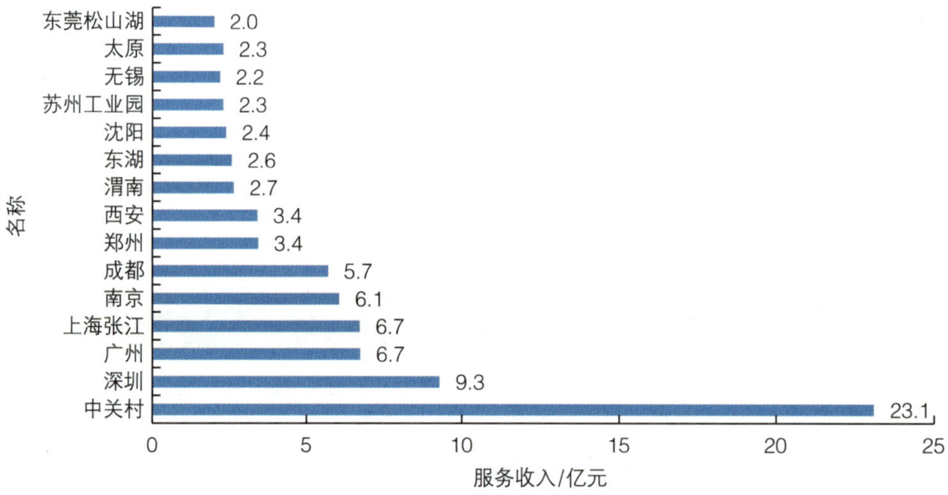

图6-17　2022年创业孵化载体服务收入超过2亿元的国家高新区

具体到单个高新区创业孵化载体投资收入情况，2022 年创业孵化载体投资收入超过 0.8 亿元的国家高新区共有 9 家，包括西安、厦门、杭州、苏州工业园、中关村、深圳、南京、长沙、广州，排名前 7 位的国家高新区创业孵化载体投资收入均在 1 亿元以上，其总和占国家高新区整体的 55.1%（图 6–18）。

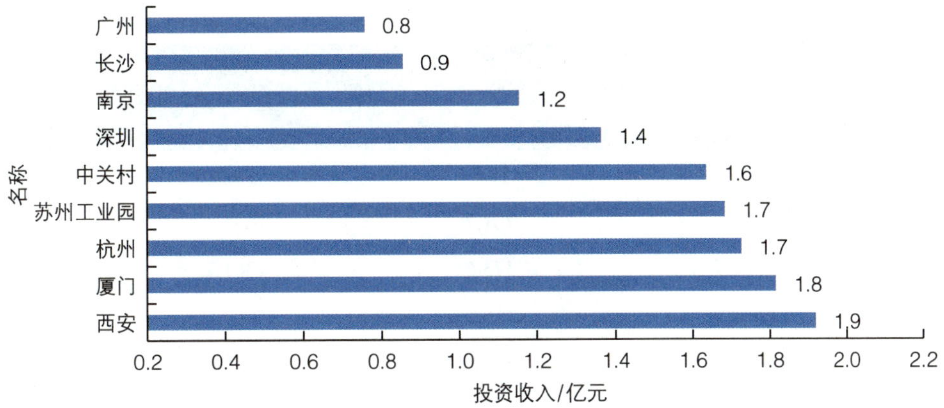

图6-18　2022年创业孵化载体投资收入超过0.8亿元的国家高新区

（二）政策引导不断增强，中关村财税支持最显著

2022 年，全国高新区内创业孵化载体当年享受税收优惠政策免税金额达到 5.4 亿元，占整体的 47.1%。其中，孵化器享受税收优惠政策免税金额达 4.6 亿元、众创空间享受税收优惠政策免税金额达 0.8 亿元（表 6-8）。

表6-8　高新区内创业孵化载体当年享受税收优惠政策免税金情况　　单位：亿元

年份	当年享受创业孵化载体税收优惠政策免税金额	孵化器	众创空间
2021	5.6	4.7	0.9
2022	5.4	4.6	0.8

2022 年，北京、广东、浙江、江苏和陕西 5 个地区的高新区内创业孵化载体当年享受税收优惠政策免税金额最多，合计 2.8 亿元，占整体的 51.9%（表 6-9）。

表6-9　各地区高新区内创业孵化载体当年享受税收优惠政策免税金情况　　单位：万元

地区	2021 年		2022 年	
	孵化器	众创空间	孵化器	众创空间
北京	5948.2	3887.0	5582.1	3581.6
天津	607.7	67.2	574.9	59.3
河北	1219.5	36.9	1382.7	73.8
山西	613.0	95.5	549.6	88.4
内蒙古	2.9	2.3	362.9	0.9
辽宁	413.1	274.8	574.3	71.1
吉林	1398.9	126.7	1193.5	204.3

续表

地区	2021 年		2022 年	
	孵化器	众创空间	孵化器	众创空间
黑龙江	265.5	18.5	58.9	7.2
上海	1791.8	701.7	2635.3	354.0
江苏	5386.7	373.6	4361.7	353.2
浙江	5833.9	316.6	4667.5	197.5
安徽	1115.4	64.7	1115.6	111.3
福建	146.8	105.9	260.0	109.0
江西	547.7	250.7	231.8	126.5
山东	1734.5	211.2	2628.4	92.6
河南	2178.5	102.6	2351.6	232.2
湖北	2819.4	867.8	2952.4	533.2
湖南	2277.0	25.9	1761.5	175.1
广东	6090.5	502.2	5251.8	592.3
广西	492.6	42.9	465.0	89.9
海南	0.0	0.0	21.0	0.0
重庆	373.0	134.7	601.7	179.1
四川	1575.8	252.4	1651.4	107.5
贵州	25.7	3.1	25.1	18.1
云南	64.3	183.9	43.9	18.3
西藏	0.0	0.0	0.0	0.0
陕西	2946.1	188.8	3485.4	167.5
甘肃	568.2	124.6	635.5	127.5
青海	361.0	22.7	498.7	117.6
宁夏	347.5	55.2	341.2	55.8
新疆	211.9	4.5	148.5	41.5
新疆生产建设兵团	0.0	10.5	80.9	5.0

2022 年，有 11 个高新区内孵化器当年享受税收优惠政策免税金超过 1000 万元，其中有 3 个高新区内孵化器当年享受税收优惠政策免税金超过 2000 万元，分别是中关村科技园区（5582.1 万元）、杭州高新区（2754.4 万元）、上海张江高新区（2635.3 万元），如图 6–19 所示。

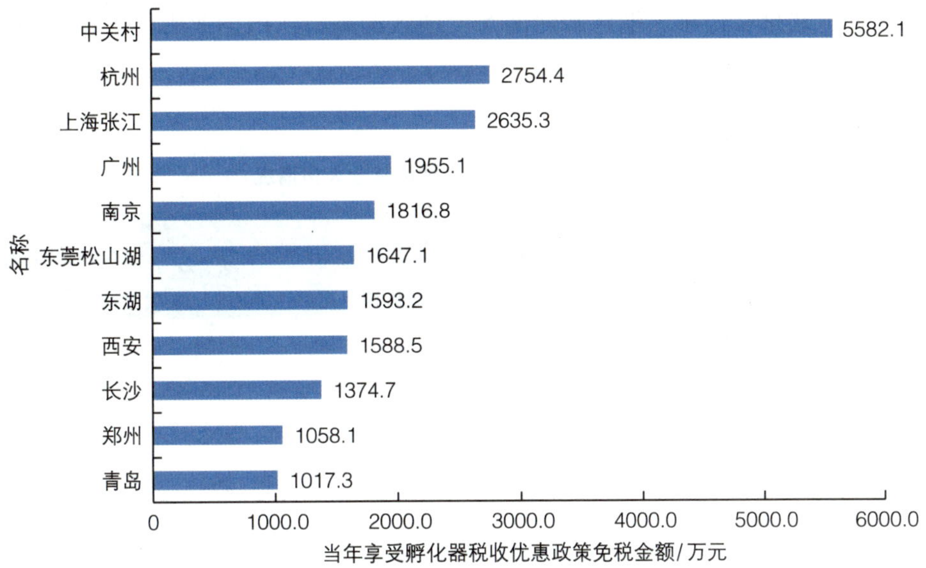

图6-19　孵化器当年享受税收优惠政策免税金超过1000万元的高新区情况

（三）创新服务人才保障，孵化人员专业水平提升

2022 年，全国高新区内创业孵化载体从业人员达 6.4 万人，占整体的 35.8%。其中，孵化器从业人员达 3.5 万人、众创空间从业人员达 3.0 万人（表 6-10）。

表6-10　高新区内创业孵化载体从业人员情况　　单位：人

年份	创业孵化载体从业人员合计	孵化器	众创空间
2021	69 408	35 916	33 492
2022	64 340	34 508	29 832

2022 年，全国高新区内孵化器从业人员达 3.5 万人，其中，接受专业培训人员达 2.1 万人，占比为 60.6%，较 2021 年提高了 3.2 个百分点；大专以上人员达 3.4 万人，占比为 98.7%，较 2021 年提高了 7.4 个百分点（表 6-11）。

表6-11　高新区内孵化器载体从业人员情况　　单位：人

年份	孵化器从业人员	接受专业培训人员	大专以上人员
2021	35 916	20 630	32 800
2022	34 508	20 895	34 059

2022 年，江苏、北京、广东、浙江和河南 5 个地区的高新区内创业孵化载体从业人员最多，合计 3.2 万人，占整体的 47.9%（表 6－12）。

表6－12　各地区高新区内创业孵化载体从业人员情况

单位：人

地区	2021 年		2022 年	
	孵化器	众创空间	孵化器	众创空间
北京	4079	4151	4359	3169
天津	620	656	526	611
河北	849	830	892	877
山西	295	1499	260	1288
内蒙古	355	318	314	240
辽宁	742	1142	708	1250
吉林	1017	523	829	465
黑龙江	863	287	558	217
上海	2001	1188	2089	1156
江苏	5321	3802	5354	3518
浙江	1943	2160	2028	1913
安徽	943	693	981	676
福建	835	1537	805	1498
江西	600	603	547	465
山东	1777	1941	1714	1667
河南	1684	2060	1609	1838
湖北	1658	1726	1490	1436
湖南	1006	815	891	727
广东	4805	3001	4535	2489
广西	540	478	518	443
海南	48	25	33	23
重庆	283	285	208	190
四川	1175	838	909	833
贵州	344	393	261	377
云南	167	383	159	351
西藏	0	7	9	9
陕西	1471	1313	1488	1332
甘肃	257	500	253	449
青海	77	94	76	79

续表

地区	2021 年		2022 年	
	孵化器	众创空间	孵化器	众创空间
宁夏	84	109	32	122
新疆	38	62	43	83
新疆生产建设兵团	39	73	30	41

2022 年，有 13 个高新区内孵化器管理机构从业人员数超过 500 人。其中，有 5 家高新区管理机构从业人员数超过 1000 人，分别是中关村科技园区（4373 人）、上海张江高新区（2080 人）、南京高新区（1793 人）、广州高新区（1305 人）、西安高新区（1012 人），如图 6-20 所示。

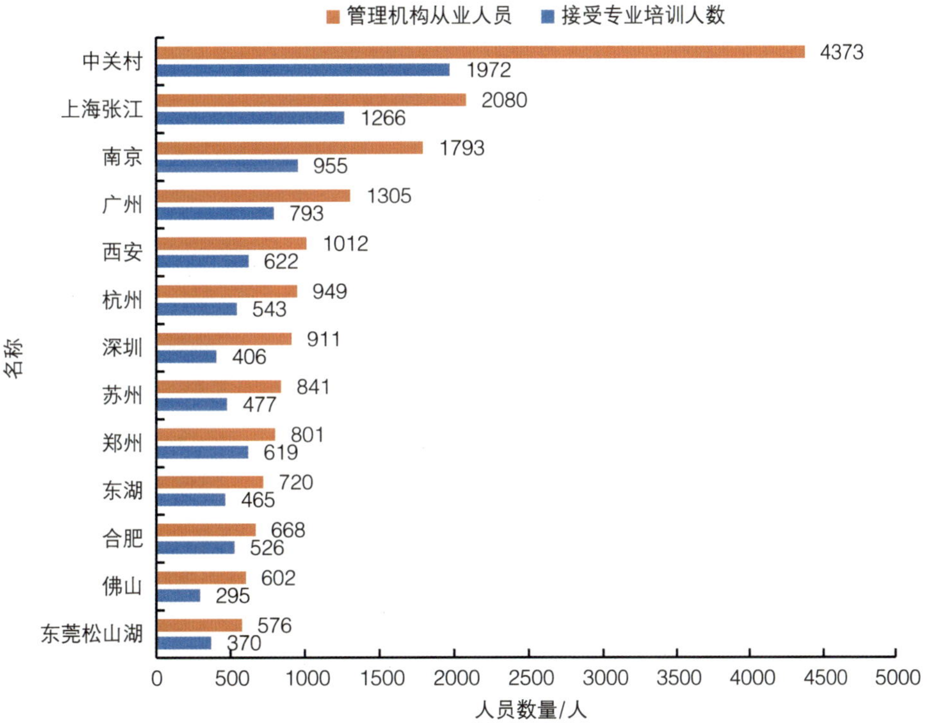

图6-20 孵化器管理机构从业人数超过500人的高新区情况

中国创业孵化发展报告2023

地方篇

第七章　东部地区

一、总体概况

东部地区包括北京、福建、广东、海南、河北、江苏、山东、上海、天津、浙江 10 个省份（图 7-1）。东部地区作为四大地区中创业孵化机构规模最大的地区，拥有 58.8% 的创业孵化机构，服务了全国 54.9% 的在孵企业（团队），并在 2022 年帮助在孵企业（团队）获得了 1612.4 亿元的投融资额，占全国的 86.1%。

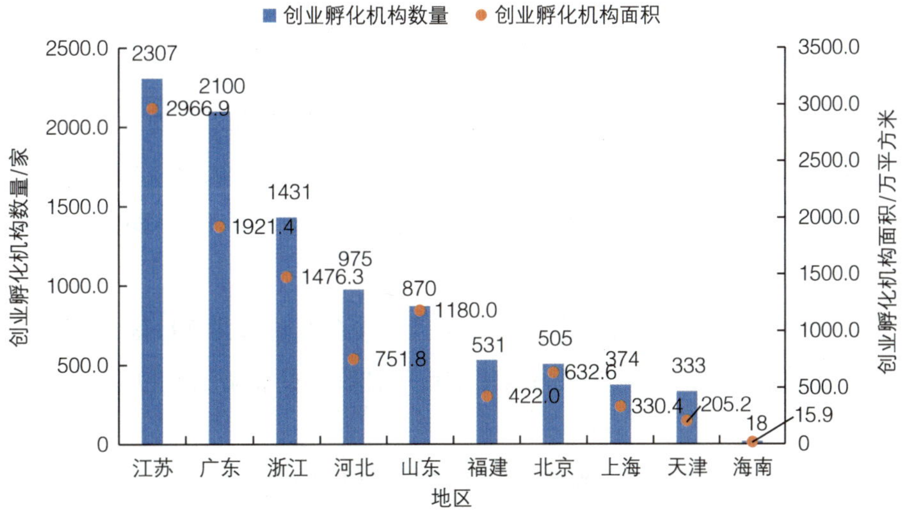

图7-1　东部地区各省份创业孵化机构数量与面积情况

（一）载体规模增速明显

2022 年，东部地区共有创业孵化机构 9444 家，同比增长 4.7%，占全国的 58.8%。其中，孵化器 4198 家，同比增长 7.0%；国家级孵化器 872 家，占比为 20.8%；众创空间 5246 家，同比增长 3.0%，国家备案的众创空间 1387 家，占比为 26.4%（表 7-1）。

东部地区创业孵化机构面积增长较缓。2022 年，东部地区创业孵化机构面积达 9902.6 万平方米，同比增长 0.8%，占全国的 56.9%。其中，孵化器面积为 8074.3 万平方米，同比增长 1.0%；众创空间面积为 1828.4 万平方米，与上年基本持平（表 7－1）。

表7－1　东部地区创业孵化机构数量及面积情况

分类	2021 年	2022 年
创业孵化机构数量 / 家	9016	9444
孵化器数量	3922	4198
其中：国家级孵化器	791	872
众创空间数量	5094	5246
其中：国家备案的众创空间	1225	1387
创业孵化机构面积 / 万平方米	9821.6	9902.6
孵化器面积	7995.4	8074.3
众创空间面积	1826.2	1828.4

（二）在孵企业稳定成长

2022 年，东部地区创业孵化机构内在孵企业（团队）数量为 38.4 万家（个），同比减少 1.3%，仍超全国总数一半，占比为 54.9%。其中，孵化器当年在孵企业（团队）数量为 14.9 万家（个），同比增加 1.1%；众创空间当年服务初创企业（团队）数量 23.5 万家（个），同比减少 2.7%（表 7－2、图 7－2）。

2022 年，东部地区创业孵化机构内当年上市（挂牌）企业总数为 393 家。其中，孵化器内当年上市（挂牌）的企业有 264 家，众创空间内当年上市（挂牌）的企业有 129 家（表 7－2）。

表7－2　东部地区创业孵化机构内在孵企业（团队）情况　　单位：家（个）

年份	在孵企业（团队）数量			当年上市（挂牌）企业数量		
	总数	孵化器	众创空间	总数	孵化器	众创空间
2021	389 026	147 862	241 164	683	506	177
2022	383 952	149 418	234 534	393	264	129

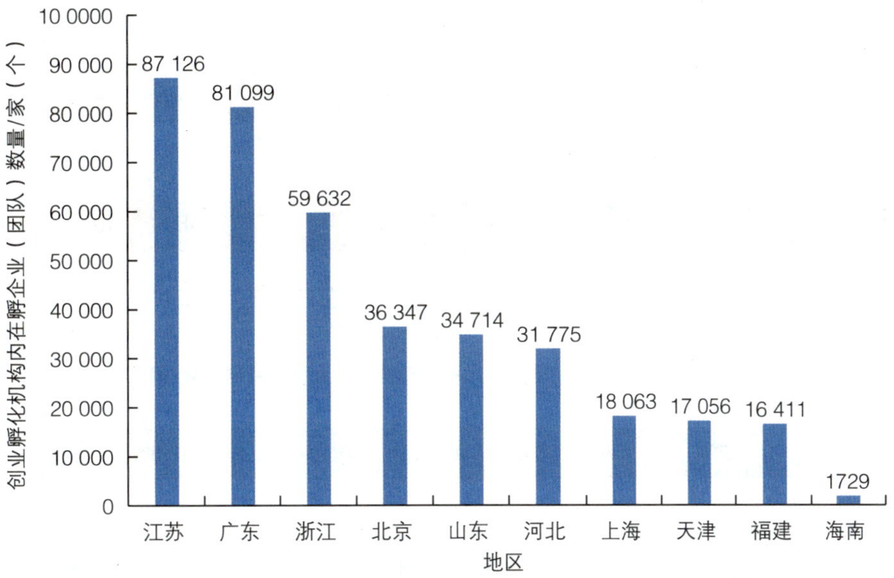

图7-2　东部地区各省份创业孵化机构内在孵企业（团队）情况

（三）服务收入表现突出

2022年，东部地区创业孵化机构总收入为542.8亿元，同比减少0.9%，占全国的67.1%，主要源于众创空间收入同比减少3.8%，拉低了总收入基准。此外，房租及物业收入占比达到51.9%，综合服务收入占比达到27.4%，是创业孵化机构运营收入的主要源头，投资收入占比较少（为4.2%），且呈减少趋势。2022年，东部地区创业孵化机构运营总成本为470.9亿元，同比增长0.8%，占全国的69%。其中，场地费用占比为29.4%、人员费用占比为21.4%、管理费用占比为21.5%（表7-3、图7-3、图7-4）。

表7-3　东部地区创业孵化机构收入和运营成本情况　　单位：亿元

年份	收入			运营成本		
	总收入	孵化器	众创空间	总成本	孵化器	众创空间
2021	547.5	406.4	141.1	467.0	334.3	132.6
2022	542.8	407.0	135.7	470.9	342.2	128.8

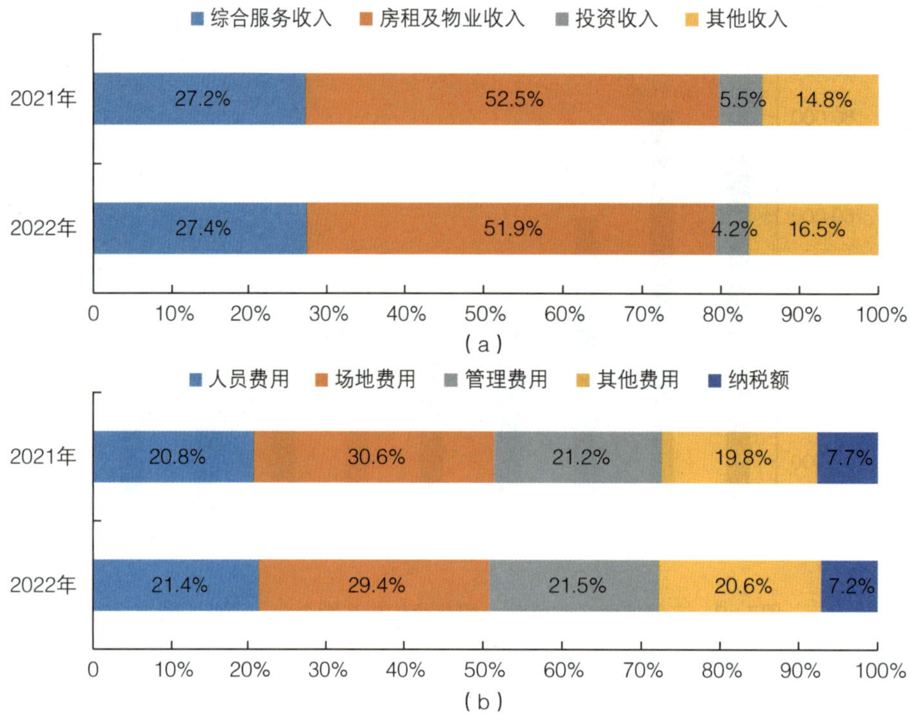

图7-3　东部地区创业孵化机构收入和运营成本分布情况

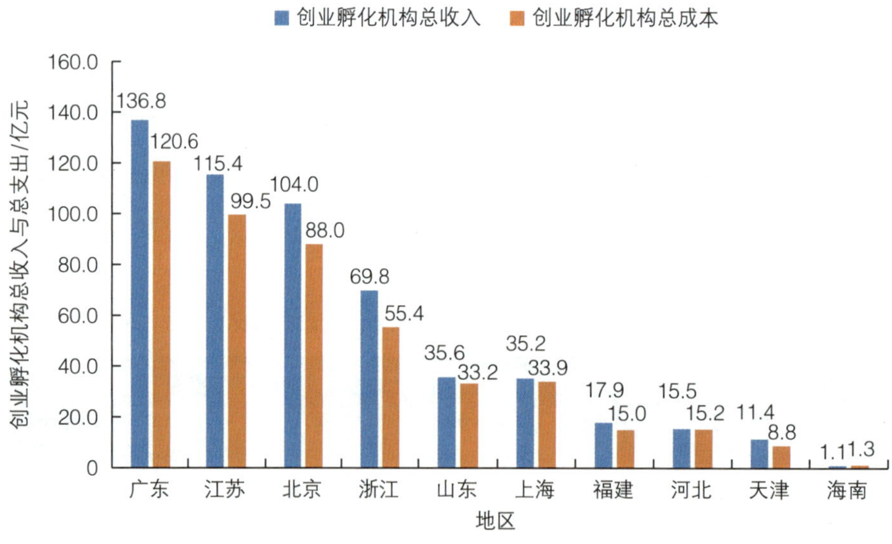

图7-4　东部地区各省份创业孵化机构总收入与总支出情况

（四）从业人员数量略降

2022 年，东部地区创业孵化机构共有管理服务人员 9.6 万人，同比减少 3.9%，占全国的 53.6%；共有创业导师 14.3 万人，同比增长 3.2%（图 7-5、图 7-6）。

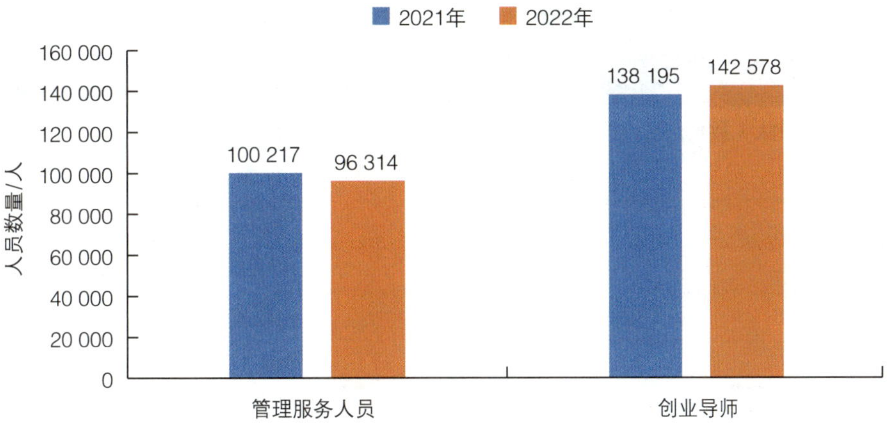

图7-5　东部地区创业孵化机构服务人员情况

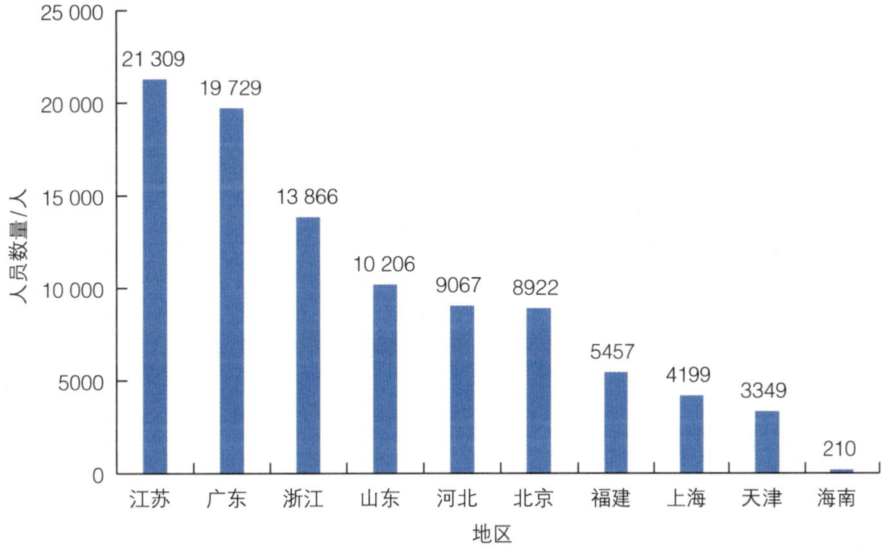

图7-6　东部地区各省份创业孵化机构管理服务人员情况

二、孵化绩效

（一）金融赋能科创孵化

东部地区孵化机构投融资情况整体相对稳定。2022 年，东部地区创业孵化机构内当年获得投融资的企业（团队）数量为 2.1 万家（个），同比增长 0.2%，占全国的 55.8%；当年获得投融资额为 1612.4 亿元，占全国的 86.1%（表 7-4、图 7-7）。

表7-4　东部地区创业孵化机构内获得投融资情况

获得投融资情况	2021 年	2022 年
当年获得投融资的企业（团队）数量/家（个）	20 915	20 961
其中：孵化器	10 699	11 293
众创空间	10 216	9668
当年获得投融资额/亿元	1850.8	1612.4
其中：孵化器	1042.5	1089.3
众创空间	808.3	523.2

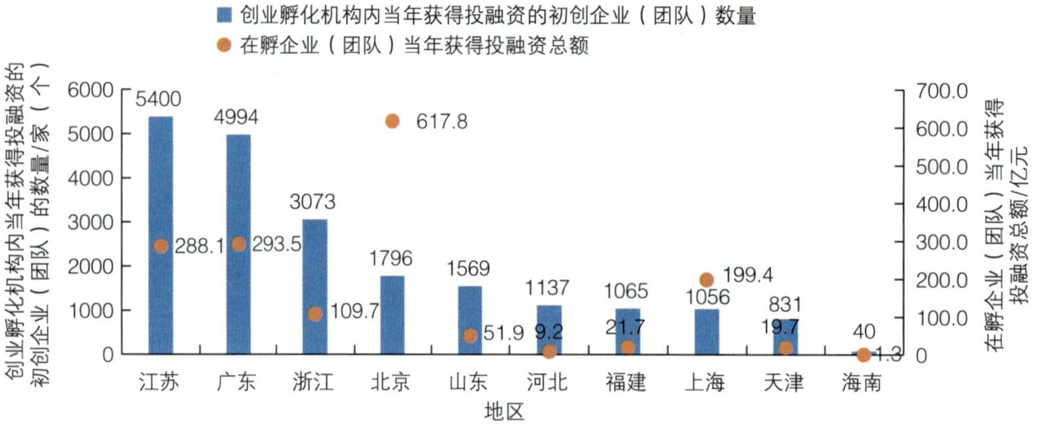

图7-7　东部地区各省份创业孵化机构投融资情况

（二）专利产出持续提升

东部地区孵化器在孵企业知识产权结构更优。2022 年，东部地区创业孵化机构内在孵企业（团队）拥有有效知识产权数达 99.3 万件，同比增加 6.5%，占全国的 64.3%。其中，孵化器在孵企业拥有有效知识产权数达 69.2 万件，同比增加 11.2%；众创空间内企业（团队）拥有有效知识产权数达 30.1 万件，同比减少 3.0%。与此同时，发明专利作为高质量知识产权的主要创新动力，在一定程度上体现了东部地区创业孵化的创新质量和水平。2022 年，东部地区创业孵化机构内在孵企业拥有有效发明专利数约 16.2 万件，同比增长 8.2%，占全国的 69.5%。其中，孵化器在孵企业拥有有效发明专利数 11.4 万件，同比增长 15.1%，成为主要创新主体（表 7-5、图 7-8）。

表7-5　东部地区创业孵化机构内在孵企业（团队）知识产权情况　　单位：件

知识产权情况	2021 年	2022 年
拥有有效知识产权数	932 960	993 401
其中：孵化器	622 799	692 479
众创空间	310 161	300 922

续表

知识产权情况	2021 年	2022 年
拥有有效发明专利数	149 930	162 214
其中：孵化器	99 105	114 063
众创空间	50 825	48 151

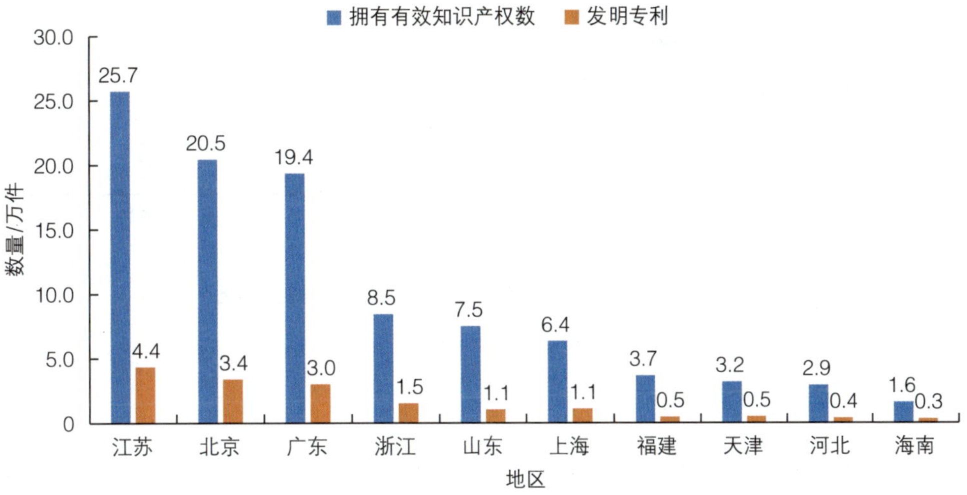

图7-8　东部地区各省份创业孵化机构知识产权情况

（三）孵化指导促进就业

2022 年，东部地区创业孵化机构（包括孵化器和众创空间）内在孵企业共吸纳就业 269.1 万人，占全国的 54.6%；其中，吸纳应届大学毕业生创业就业共 24.9 万人，占全国的 50.8%（表 7-6）。江苏省在孵企业培育了更多的就业增长点，吸纳就业人数为 68.6 万人，占东部整体就业人数的 25.5%；其中，吸纳应届大学毕业生创业就业共 6.3 万人，占东部整体应届大学毕业生人数的 25.4%（图 7-9）。

表7-6　东部地区创业孵化机构内在孵企业吸纳就业情况　　单位：万人

年份	在孵企业吸纳就业情况			应届大学毕业生		
	总数	孵化器	众创空间	总数	孵化器	众创空间
2021	279.2	181.6	97.6	26.1	13.8	12.3
2022	269.1	176.4	92.8	24.9	13.6	11.3

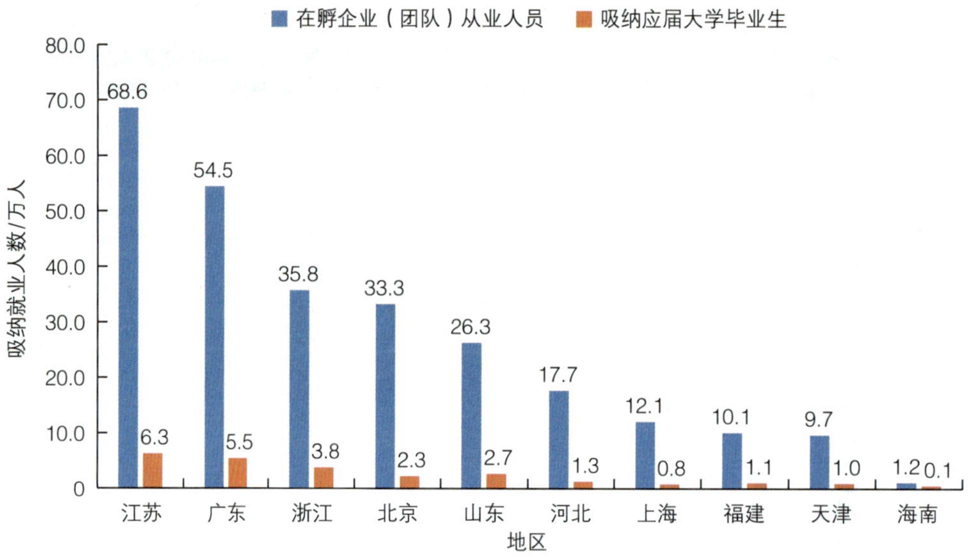

图7-9　东部地区各省份创业孵化机构吸纳就业情况

（四）研发投入强度持续领先

2022年，东部地区孵化器在孵企业研发经费支出727亿元，同比增长14.0%。研发投入强度为10.5%，同比增加了2.9个百分点（图7-10）。东部地区在孵企业的研发力度主要以江苏、广东、北京为主，在孵企业研发经费支出费用合计为504.8亿元，占东部地区整体的69.4%（图7-11）。

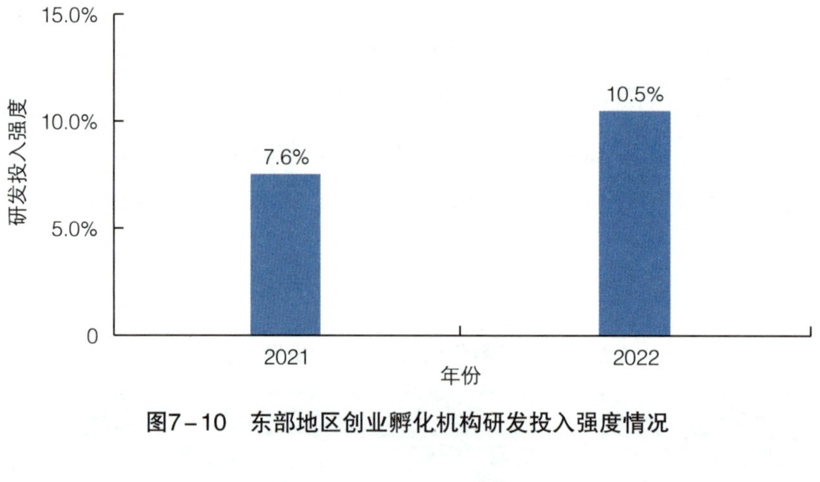

图7-10　东部地区创业孵化机构研发投入强度情况

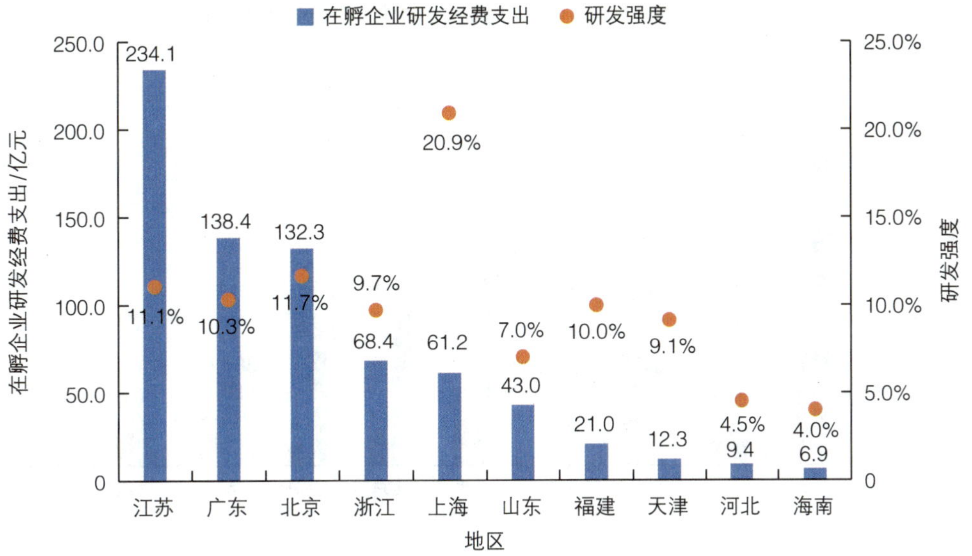

图7-11 东部地区各省份创业孵化机构内在孵企业研发情况

（五）东部“双创”活力显著

2022 年，东部地区创业孵化机构共举办创新创业活动 12.9 万场次，同比减少 5.4%，占全国的 54.6%；开展创业教育培训 4.6 万场次，同比减少 7.7%，占全国的 48.8%（图 7-12）。广东、江苏、浙江主要为东部地区提供优质的创新创业服务，尤其是浙江、广东两地持续支持创业教育培训项目，为创新创业“加码赋能”（图 7-13）。

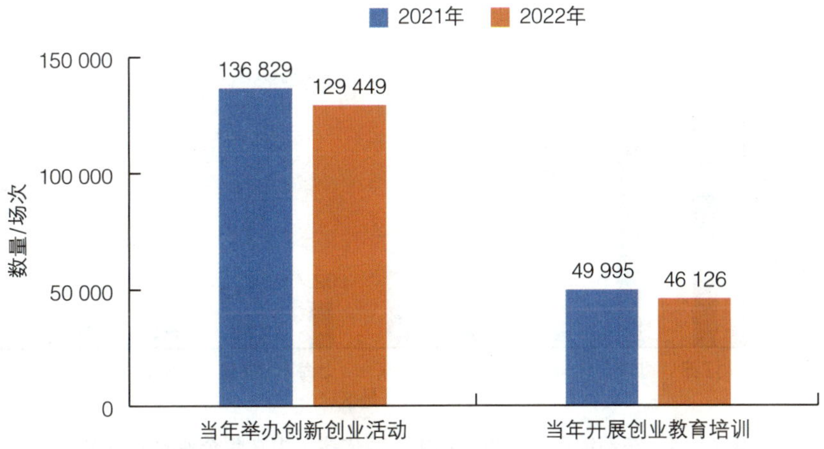

图7-12 东部地区创业孵化机构创业辅导情况

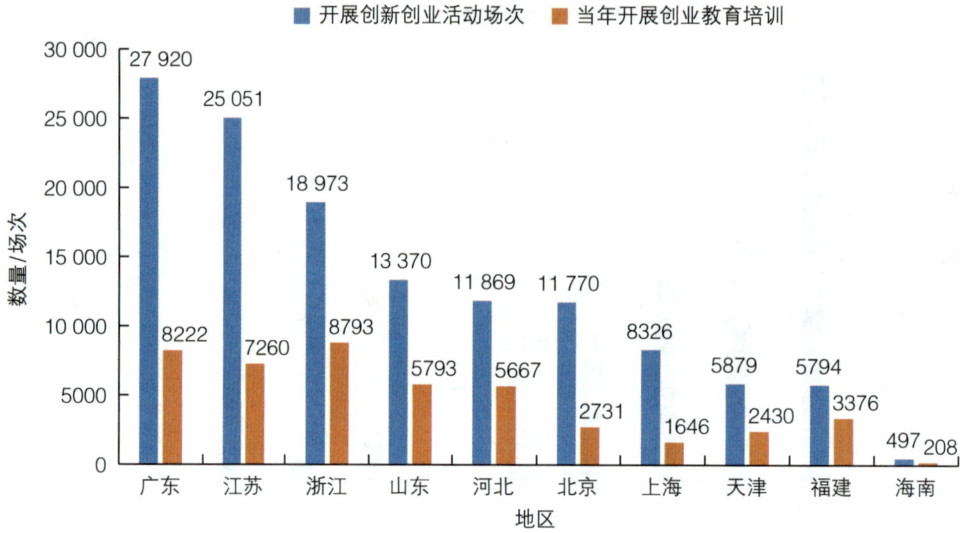

图7-13　东部地区各省份创业孵化机构开展创新创业活动及教育培训情况

（六）企业收入突破千亿元

2022 年，东部地区创业孵化机构（孵化器）内在孵企业收入达到 6913.3 亿元，占全国的 63.9%。其中，江苏（2111.6 亿元）、广东（1339.0 亿元）和北京（1132.8 亿元）的在孵企业收入表现良好，当年收入均超过 1000 亿元，3 个省份的在孵企业收入占东部地区的 66.3%（图 7-14）。

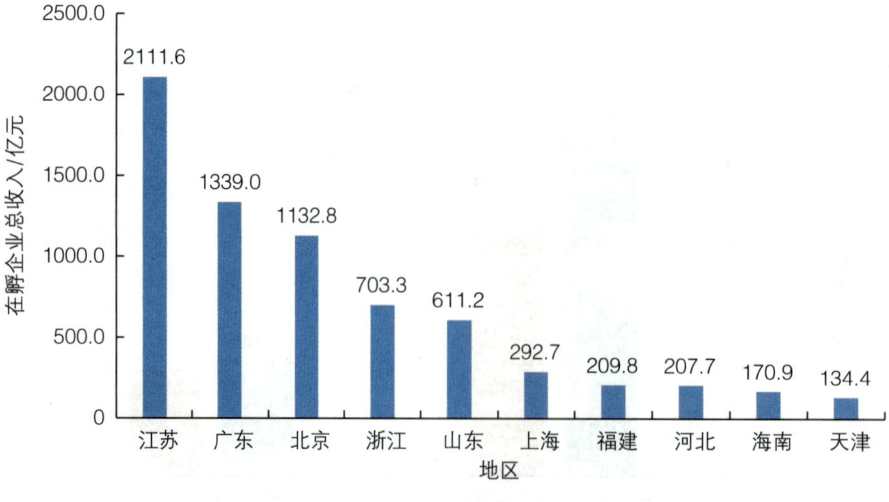

图7-14　东部地区创业孵化机构（孵化器）内在孵企业收入情况

三、突出区域特色做法

（一）广东特色做法

2022年，广东省将孵化育成体系建设作为全省实施创新驱动发展战略的重要抓手和推进粤港澳大湾区国际科技创新中心建设的重要工作之一，高水平推进孵化育成体系高质量发展，全省孵化器、众创空间规模位居全国前列，高校、科研机构自有物业试点、粤港澳孵化载体稳步发展，加快全省布局加速器建设，创业孵化体系建设不断完善，培育新企业催生新模式新业态效益更加明显，持续向产业孵化、专业化、特色化、生态化等高质量方向发展。

强化高质量发展政策保障。广东省搭建“省·市·区 三级联动政策执行体系”，加快落实推进《广东省科技孵化育成体系高质量发展专项行动计划（2021—2025年）》（粤科高字〔2021〕222号），实施产业孵化集群培育、特色孵化载体提升等六大专项行动，推动广东省孵化行业整体发展由规模增长向高质量发展转变。修订《广东省省级以上科技企业孵化载体变更事项办理流程》，并配套制定《广东省级以上孵化载体变更工作指引》，进一步规范对省级科技企业孵化载体的管理，提高服务效能。持续落实《广东省创业导师备案工作指引》，实名组建了超3200人的创业导师数据库，供孵化载体共享使用。

孵化机构支撑实体经济成效凸显。广东省孵化器在孵企业超3.2万家，在孵企业保持较高科技含量，超30%在孵企业拥有有效知识产权，超1/4为科技型中小企业，在孵企业研发投入强度达10.5%；培育毕业企业成效突出，累计培育685家上市（挂牌）企业，675家企业营业收入超5000万元；持续引导孵化机构深耕专业领域实现专业化发展，目前全省超1/3的孵化器为专业孵化器，集中在新一代电子信息、高端装备制造、生物医药与健康等主导产业领域，为广东省孵化培育了一大批研发投入高、知识创造力强的技术创新型后备企业，包括道通科技、金域检验、燃石医学等主板上市企业，以及光峰科技、方邦电子等全省30%的科创板企业，支撑实体经济发展效益突出。

创业孵化延伸成果转化新路径。广东省孵化机构注重与高校、科研机构的联动发展，加速推动以高校、科研机构为主体的科技成果转化。一方面，加速引导省属高校、科研机构结合优势学科、专业科研力量建设专业孵化载体。目前，广东省已建有广东省农科院、广东工业大学等5家单位开展省属高校、科研机构建设专业孵化机构试点，推动一批科研成果在载体内实现成果转化，取得初步孵化成效。另一方面，广东省积极引导民营企业、高校、科研机构、投资机构等多元化主体参与孵化载体建设，培育了政府主导的广州市高新技术创业服务中心，民营企业主导的达安创谷、白云电气，高校主导的中山大学科技园，以产学研为主要模式的东莞松湖华科，以龙头企业撬动产业链资源开展产业孵化为主要模式的佳都汇等一批优秀的孵化载体，相继孵化出百奥泰、小鹏汽车、云从科技、云鲸智能等一大批优秀科技企业。

（二）江苏特色做法

江苏省以打造一批高水平科技企业孵化器为目标，通过强化梯度培育、定期考核评价、加大政策支持等方式，量质并举推动科技企业孵化器建设和服务能力提升，省级以上科技企业孵化器发展质态不断优化，在成果转化、人才引育、企业培育、产业孵化和区域创新创业生态建设中的作用日益突出。

强化梯度培育。建立完善省、市、县（区）三级梯度培育体系，全省 10 余家设区市、县（市、区）及省级以上高新区编制了科技创业载体五年发展规划或三年行动计划，开展本级科技企业孵化器认定，培育了一大批国家级孵化载体的后备梯队。截至 2023 年年底，江苏纳入统计的科技企业孵化器超过 1200 家，其中国家级 280 家，国家级孵化器数量、面积及在孵企业数连续多年保持全国第一。

注重质量提升。聚焦科技企业孵化器质量提升，持续开展省级科技企业孵化器绩效评价和“体检”“会诊”工作，全省国家级科技企业孵化器绩效评价获评优秀（A 类）的总数连续 4 年位居全国第一，A 类国家级孵化器数量占全国的比重由 2016 年的 14% 上升到 2022 年的 23%。全省建有各类专业孵化器 460 家，占比为 37.2%，主要覆盖生物医药、新一代信息技术、“双碳”、新材料、新能源等多个产业细分领域，成为全省新兴产业壮大和未来产业培育的策源地。

推进全链条建设。自 2017 年起，聚焦区域细分产业领域，在全国首创建设集“生产、生活、生态”为一体的众创社区。目前，已在大数据、物联网、石墨烯等领域布局 103 家，其中 47% 建在省级以上高新区，集聚了全省 2/3 的科技创业载体和 1/7 的高新技术企业。全省 1200 余家众创空间与 1200 余家科技企业孵化器及 85 家科技企业加速器，构成了接递有序的创新创业孵化链条，形成了从创意到产业的创新创业服务生态，为区域产业的快速发展提供了强有力支撑。

提升创业服务。全省 80% 以上的科技企业孵化器已设立天使投资基金（资金），组织超百家金融机构面向 500 多家孵化器开展科技金融政策宣讲、银企对接、投融资路演等活动 64 场次。2023 年，在全省举办创业孵化从业人员初级培训班 14 期、培训学员 1326 名，增强行业高素质人才供给。依托多媒体进行宣传推介，发布《江苏科技创业孵化发展报告》，全面反映江苏科技创业载体建设和发展态势；联合中国江苏网、“学习强国”、江苏平台推出科技创业载体大型系列访谈，发挥优秀载体示范引领作用。

加强政策引导。自 2017 年起，实施省科技型创业企业孵育计划，每年安排 6000 万元左右资金对科技企业孵化器进行奖励，7 年来累计下达奖补资金 4.65 亿元，引导各类孵化器补短板、增效益。同时，出台《关于新形势下进一步加大配套督查激励支持力度的通知》，将科技企业孵化器建设情况纳入地方督查激励的范围。

（三）北京特色做法

随着创业企业向5G网络、人工智能、区块链、自动驾驶、物联网、生命科学、医药健康等前沿技术产业发展，孵化器更加注重垂直孵化、项目孵化、深度孵化，向支撑高端产业突破的新型产业孵化平台方向发展。北京始终扎根硬科技创业，并结合最新的国际国内前沿技术竞争新形势，在全国率先启动“未来产业孵育工程”，并结合多年硬科技创业的企业培育基础，加快孵化一批未来产业领域企业，形成未来产业集群，抢占未来发展新高地。

以“硬科技创业”为主线贯穿推动北京孵化高质量发展。早在2020年，北京出台了《北京市科技企业孵化器认定管理办法》，提出专注硬科技企业创业，注重建立早期硬科技创新项目的发现、评价、筛选、培育机制，开展垂直孵化、深度孵化。2022年12月，北京在全国率先发布了《中关村世界领先科技园区·创新创业引领工程——标杆孵化器培育行动方案（2022—2025年）》（简称《标杆孵化器培育行动方案》），方案中53次提到“硬科技”，进一步提升了硬科技创业对加速高精尖产业发展和未来产业培育的重要支撑作用。

以“培育未来产业”为重点布局标杆孵化器发展。北京率先试点建设9家引领类标杆孵化器和14家培育类标杆孵化器，对标国际一流、面向前沿未来、结合各区重点产业方向，聚焦服务科技成果转化和硬科技创业，加速高精尖产业发展和未来产业培育，有力支撑北京国际科技创新中心和中关村世界领先科技园区建设。方案中15次提到“未来产业”，将重点围绕原创新药、基因技术等未来产业领域打造标杆孵化器，支撑硬科技创业，加速未来产业战略布局。通过分园推荐、主动策划等方式，从50多个候选项目中逐步凝练出奇绩创坛、新生巢等9个引领类标杆孵化器项目，覆盖原创新药、细胞基因治疗、智能装备关键材料等高精尖细分领域，给予5900万元支持；通过公开征集和评审，从60余个申报项目中遴选出禾芫、智友、创新工场等14个培育类标杆孵化器项目，涉及医药健康、机器人、新一代信息技术等高精尖领域，给予1989万元支持；同时，鼓励更多孵化器开展硬科技企业培育，对47家孵化绩效突出的机构给予资金补贴支持，带动相关孵化器新增培育国高新、专精特新等336家优质硬科技企业和1422家科技型中小企业。

四、东部地区数据综合表

东部地区孵化器、众创空间数据综合，如表 7–7、表 7–8 所示。

表7–7　东部地区孵化器数据综合

省份	孵化器数量/家	孵化器总收入/千元	获得各级财政资助额/千元	孵化器使用总面积/平方米	管理机构从业人员/人	开展创新创业活动/场次	创业导师的数量/个	当年享受孵化器税收优惠政策免税金额总计/千元	孵化器的运营成本/千元	当年为在孵企业减免房租总额/千元	孵化器签约中介机构数量/家	孵化器对公共技术服务平台投资额/千元	公共技术服务平台总收入/千元	在孵企业数/家
北京	272	7 206 194.0	550 714.1	4 450 263.5	5173	6618	8594	59 835.7	5 753 637.1	607 104.0	4879	904 590.5	485 817.8	11 544
天津	110	658 818.1	78 748.1	1 457 435.1	1258	2228	1498	8150.1	521 426.3	64 878.7	1530	125 342.8	65 326.0	5020
河北	326	963 573.9	127 092.8	5 723 319.6	3605	4659	3836	38 406.4	881 686.5	108 090.1	2416	132 224.9	30 760.3	9901
上海	204	2 519 201.5	318 373.0	2 612 800.1	2586	5164	2611	31 148.0	2 418 244.4	352 633.2	3051	253 686.6	96 506.0	8279
江苏	1150	9 310 414.9	1 035 462.6	26 327 943.8	12 421	14 038	9027	91 025.1	7 899 253.5	738 656.3	9200	2 048 638.0	1 893 151.4	42 144
浙江	580	4 968 977.6	711 995.2	11 105 893.1	6094	7977	7517	130 980.2	3 919 389.6	367 904.9	5915	763 511.9	372 628.5	20 732
福建	142	1 083 245.4	147 464.4	3 040 081.2	1715	1675	2074	3570.8	809 024.6	103 043.8	1134	119 017.9	39 219.5	4243
山东	342	2 427 283.0	366 002.8	9 223 910.5	4399	6138	6113	51 387.2	2 210 911.2	348 262.7	3470	727 074.3	296 152.4	14 363
广东	1066	11 470 910.2	970 448.9	16 681 308.6	11 215	16 061	15 090	78 029.0	9 718 122.5	535 329.8	11 242	899 612.9	1 435 298.9	32 810
海南	6	94 672.3	2709.6	119 598.1	78	155	106	640.7	85 762.3	8270.2	144	306 000.0	0.0	382

续表

省份	在孵企业从业人员/人	在孵企业总收入/千元	在孵企业研究与试验发展（R&D）经费支出/千元	在孵企业累计获得财政资助额/千元	拥有有效知识产权数/件	其中：发明专利/件	孵化器孵化基金总额/千元	当年获得孵化基金投资的在孵企业数量/家	在孵企业累计获得投融资总额/千元	其中：当年获得投融资总额/千元	累计获得投融资的企业数量/家	其中：当年获得投融资的企业数量/家	累计毕业企业/家	当年毕业企业/家
北京	181 106	113 276 590.8	13 232 510.7	1 323 019.6	114 609	21 078	48 721 258.5	487	165 468 487.7	34 454 418.9	14 840	965	23 318	2044
天津	55 059	13 439 503.2	1 229 552.7	350 613.4	17 965	3078	1 367 147.0	307	4 317 137.8	840 386.6	2217	523	3514	486
河北	103 036	20 770 961.7	943 497.1	478 401.3	20 953	2994	1 781 496.5	371	3 301 946.8	493 263.5	2222	431	7220	1040
上海	75 208	29 267 621.6	6 124 975.7	1 617 405.4	37 085	6157	15 846 175.3	325	64 447 978.4	12 170 901.6	4934	650	4996	593
江苏	526 521	211 163 247.5	23 407 688.2	6 769 510.8	206 662	34 271	49 332 601.1	1802	93 969 539.5	24 742 932.2	14 246	3391	40 575	5651
浙江	207 933	70 328 294.9	6 836 057.2	2 607 654.9	55 931	9102	66 322 776.1	813	43 270 623.5	8 580 780.7	7728	1525	21 197	2712
福建	50 263	20 975 909.3	2 095 947.7	1 087 528.1	24 463	3652	4 016 375.5	178	13 156 396.3	1 604 920.2	2215	338	4837	603
山东	178 367	61 120 457.9	4 299 322.5	1 701 239.0	59 400	8207	10 327 410.3	668	14 292 337.9	3 597 675.4	5462	893	15 287	1864
广东	378 627	133 895 519.7	13 844 621.4	5 709 243.7	141 557	22 346	49 501 016.5	1256	95 752 231.4	22 324 935.6	12 203	2558	29 126	4570
海南	7393	17 092 643.2	690 065.2	29 260.0	13 854	3178	1 805 000.0	7	599 246.9	115 890.0	156	19	360	75

表7－8　东部地区众创空间数据综合

省份	众创空间数量/家	众创空间总收入/千元	众创空间的运营成本/千元	当年享受众创空间税收优惠政策免税金额总计/千元	当年为创业团队和初创企业减免房租总额/千元	众创空间使用总面积/平方米	提供工位数/个	众创空间服务人员数量/人	当年举办创新创业活动/场次	创业导师队伍/人	当年众创空间内获得财政资金支持的企业数量/家	当年众创空间内企业获得财政资金支持的金额/千元	当年服务的创业团队的数量/个	当年获得投融资的创业团队的数量/个	累计获得投融资的创业团队数量/个
北京	233	3 197 734.4	3 044 655.3	37 346.1	163 533.9	1 875 490.2	87 196	3749	5152	8213	621	162 271.3	10 630	286	3318
天津	223	486 127.7	362 149.7	1097.4	36 779.3	594 827.0	40 695	2091	3651	6857	611	68 827.1	5582	119	621
河北	649	581 546.1	642 259.3	5214.4	57 025.8	1 794 865.4	66 434	5462	7210	9153	840	32 790.3	11 396	373	1521
上海	170	1 002 220.8	975 304.6	5121.1	72 156.3	691 566.1	46 863	1613	3162	2856	1025	146 213.0	2842	65	362
江苏	1157	2 230 072.3	2 054 384.1	7240.3	111 629.9	3 341 269.8	127 339	8888	11 013	12 437	2044	541 337.0	17 806	741	2519
浙江	851	2 013 926.9	1 617 994.4	7277.7	100 167.0	3 657 424.0	150 518	7772	10 996	14 809	1697	300 890.1	17 915	692	4113
福建	389	703 861.5	691 130.4	1607.7	31 382.3	1 180 378.0	56 501	3742	4119	7460	502	39 566.4	6460	412	1262
山东	528	1 136 417.4	1 107 204.7	10 001.7	78 559.1	2 576 267.3	78 694	5807	7232	9580	972	104 548.6	9835	332	1573
广东	1034	2 208 721.7	2 338 632.9	12 168.4	114 438.7	2 532 332.3	169 878	8514	11 859	14 461	1954	176 668.8	20 467	1139	5565
海南	12	13 389.7	42 197.0	520.3	4607.7	39 502.8	2662	132	342	286	49	5648.9	567	5	16

续表

省份	创业团队当年获得投融资总额/千元	创业团队累计获得投融资总额/千元	创业团队人员数量/人	常驻创业团队拥有有效知识产权数量/项	其中：发明专利数量/项	大学生创业企业（团队）/家（个）	当年服务的初创企业的数量/家	当年获得投融资的初创企业的数量/家	累计获得投融资的初创企业的数量/家	初创企业当年获得投融资总额/千元	初创企业累计获得投融资总额/千元	初创企业吸纳就业人数/人	常驻初创企业拥有有效知识产权数量/项	其中：发明专利数量/项
北京	9 421 673.6	104 273 476.7	56 972	32 848	4898	1795	14 173	545	4139	17 905 455.8	554 594 193.0	94 485	57 128	8057
天津	93 014.0	696 716.9	18 552	3968	533	4054	6454	189	965	1 037 244.7	5 908 868.8	23 291	10 021	1518
河北	57 370.7	777 104.7	36 096	2837	461	5866	10 478	333	1224	373 910.0	1 424 967.5	37 492	5544	559
上海	301 509.0	3 558 966.6	8989	2480	331	819	6942	341	1341	7 470 077.1	44 400 752.0	36 572	23 975	4659
江苏	573 520.6	4 412 170.3	52 811	11 543	2600	8145	27 176	1268	4954	3 494 815.1	26 136 739.7	106 597	39 130	6702
浙江	371 704.7	4 462 118.1	64 620	8562	2203	11 947	20 985	856	6491	2 019 088.0	26 323 145.2	85 193	20 170	4103
福建	302 888.8	1 551 680.4	26 072	4730	447	3433	5708	315	1136	266 166.0	2 269 686.7	24 752	7583	669
山东	258 027.4	1 897 903.5	39 294	5851	1083	6213	10 516	344	4087	1 331 124.5	4 425 935.6	45 522	10 045	1244
广东	1 017 819.1	7 705 302.8	65 263	11 848	2173	9399	27 822	1297	5861	6 003 169.6	37 020 104.5	100 970	40 321	5643
海南	6120.0	9352.0	1456	653	159	239	780	16	98	12 260.0	77 791.4	2869	1685	109

第八章　西部地区

一、总体概况

西部地区包括甘肃、广西、贵州、内蒙古、宁夏、青海、陕西、四川、西藏、新疆、新疆生产建设兵团、云南和重庆13个省份。西部地区作为四大地区中拥有省份最多的地区，拥有17.2%的创业孵化机构，服务了全国17.7%的在孵企业（团队）。开展创业教育培训1.9万场次，占全国的20.5%。

（一）重庆保持领先地位

2022年，西部地区共有创业孵化机构2756家，同比增长2.4%，占全国的17.2%，重庆、四川、陕西创业孵化机构数量排名位居西部地区前三，占西部整体的50%。其中，孵化器933家，同比增长2.9%；国家级孵化器214家，占比为22.9%；众创空间1823家，同比增长2.2%；国家备案的众创空间470家，占比为25.8%（图8-1、表8-1）。

2022年，西部地区创业孵化机构面积达3252.2万平方米，同比增长1.2%，占全国的18.7%，创业孵化机构面积超400万平方米的省份是陕西、重庆、贵州（图8-1）。其中，孵化器面积为2374.0万平方米，同比增长6.7%；众创空间面积为878.2万平方米，同比减少11.2%。

表8-1　西部地区创业孵化机构数量及面积情况

分类	2021年	2022年
创业孵化机构数量/家	2691	2756
孵化器数量	907	933
其中：国家级孵化器	194	214
众创空间数量	1784	1823
其中：国家备案的众创空间	419	470
创业孵化机构面积/万平方米	3214.0	3252.2
孵化器面积	2225.2	2374.0
众创空间面积	988.8	878.2

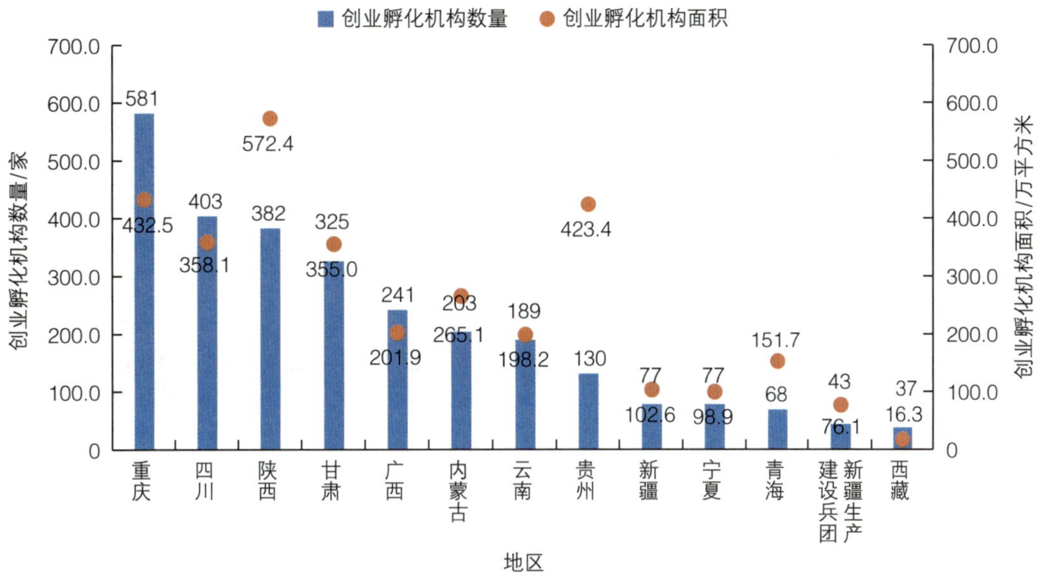

图8－1　西部地区各省份创业孵化机构数量及面积情况

（二）企业发展动力放缓

2022年，西部地区创业孵化机构内在孵企业（团队）数量为12.4万家（个），同比减少1.2%，占全国的17.7%，创业孵化机构内在孵企业（团队）超1.5万家的省份有重庆、四川、陕西，占西部整体的50.6%（图8－2）。其中，孵化器当年在孵企业（团队）数量为3.7万家（个），同比增加2.2%；众创空间当年在孵企业（团队）数量为8.6万家（个），同比减少2.6%（表8－2）。

2022年，西部地区创业孵化机构内当年上市（挂牌）企业总数为122家，同比减少27.8%。其中，孵化器内当年上市（挂牌）企业有80家，众创空间内当年上市（挂牌）企业有42家（表8－2）。

表8－2　西部地区创业孵化机构内在孵企业（团队）情况　　单位：家（个）

年份	在孵企业（团队）数量			当年上市（挂牌）企业数量		
	总数	孵化器	众创空间	总数	孵化器	众创空间
2021	125 279	36 632	88 647	169	118	51
2022	123 785	37 431	86 354	122	80	42

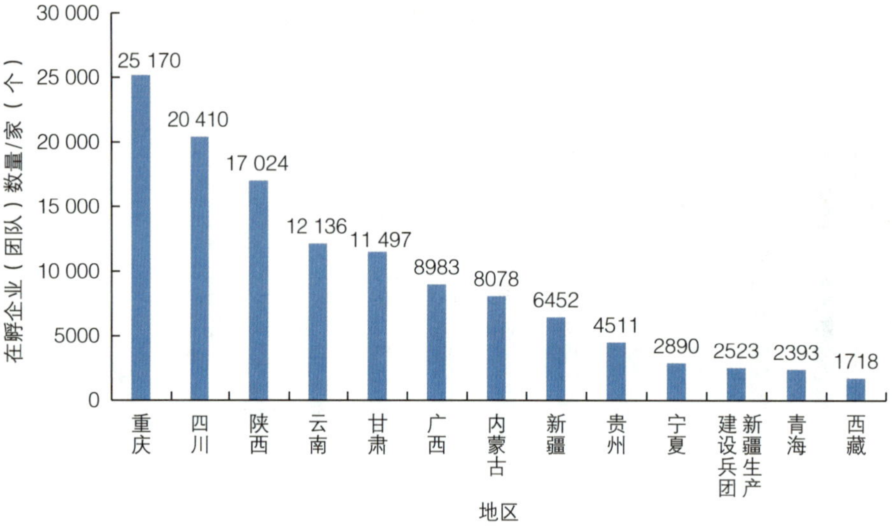

图8－2　西部地区各省份创业孵化机构内在孵企业（团队）情况

（三）陕西载体创收最高

2022 年，西部地区创业孵化机构总收入为 116.7 亿元，占全国的 14.4%，西部地区创业孵化机构总收入前三甲的省份分别是陕西（28.2 亿元）、重庆（24.9 亿元）、四川（16.7 亿元）。其中，房租及物业收入占比达到 30.4%，综合服务收入占比达到 36.5%（表 8－3、图 8－3、图 8－4）。

2022 年，西部地区创业孵化机构运营总成本为 89.8 亿元，占全国的 13.1%。其中，场地费用占比为 22.2%、人员费用占比为 25.9%、管理费用占比为 21.4%（表 8－3、图 8－3）。特别是重庆的创业孵化机构收入和运营成本已经基本持平（图 8－4）。

表8－3　西部地区创业孵化机构收入和运营成本情况

单位：亿元

年份	收入			运营成本		
	总收入	孵化器	众创空间	总成本	孵化器	众创空间
2021	121.9	79.7	42.1	90.2	54.1	36.1
2022	116.7	76.1	40.6	89.8	55.7	34.1

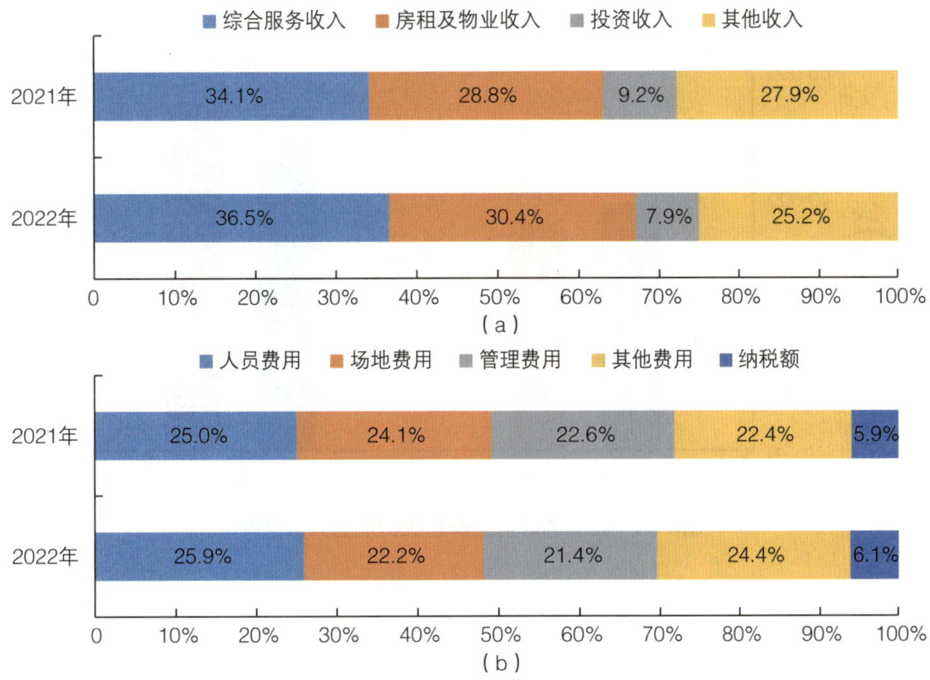

图8－3　西部地区创业孵化机构收入和运营成本分布情况

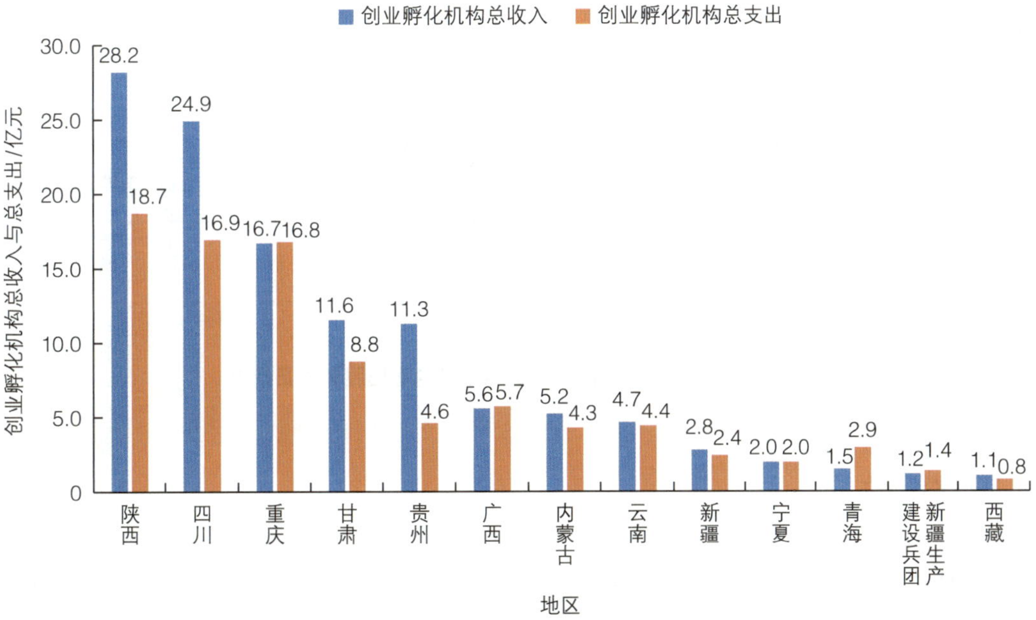

图8－4　西部地区各省份创业孵化机构总收入与总支出情况

（四）打造孵化人才高地

2022 年，西部地区创业孵化机构共有从业人员 3.7 万人，同比减少 6.4%，占全国的 20.4%；共有创业导师 5.5 万人，同比增长 3.5%（图 8－5）。重庆、甘肃、陕西创业孵化机构从业人数突破 5 万人，以培养从业人员作为孵化机构的人才“蓄水池”和“后盾力”（图 8－6）。

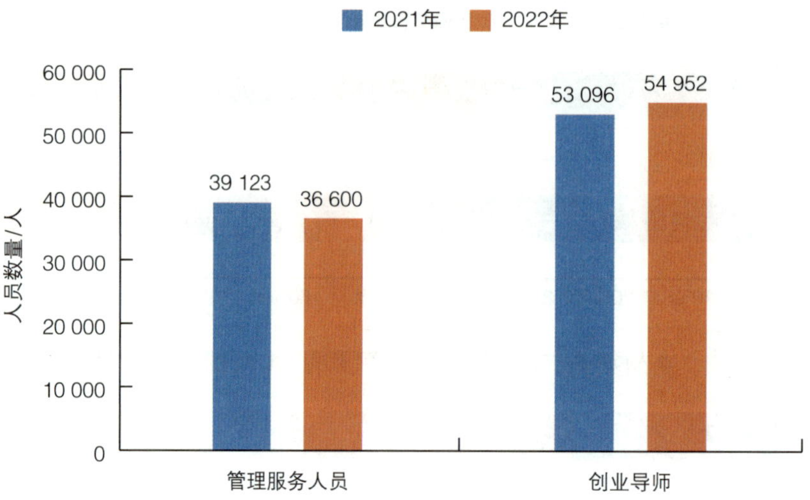

图8-5　西部地区创业孵化机构从业人员情况

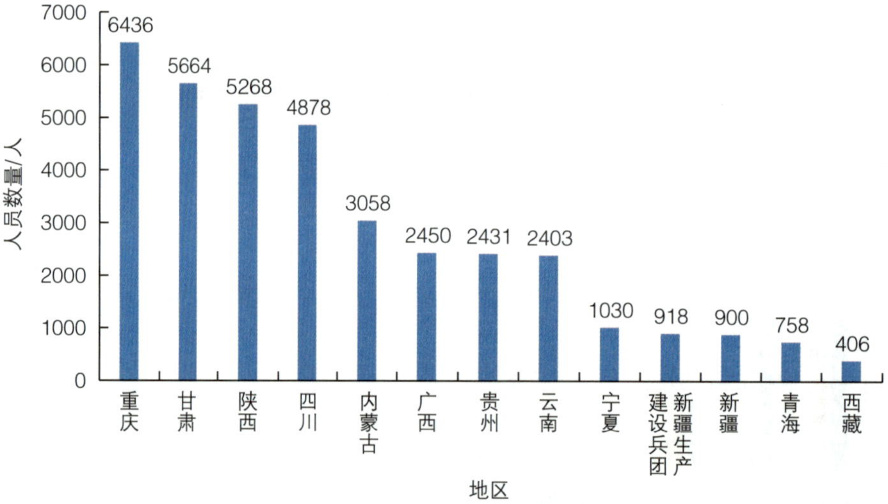

图8-6　西部地区各省份创业孵化机构管理服务人员情况

二、孵化绩效

（一）金融成果丰硕

2022 年，西部地区创业孵化机构内当年获得投融资的企业（团队）数量为 5522 家（个），同比增长 1.6%，占全国的 14.7%；当年获得投融资额为 111.5 亿元，同比减少 13.1%，占全国的 6%（表 8-4）。

2022 年，四川、陕西的创业孵化机构内获得投融资的初创企业（团队）数量超 1000 家，且企业获得投融资额超过 30 亿元（图 8-7）。

表8-4 西部地区创业孵化机构内获得投融资情况

获得投融资情况	2021 年	2022 年
当年获得投融资的企业（团队）数量/家（个）	5436	5522
其中：孵化器	2142	2058
众创空间	3294	3464
当年获得投融资额/亿元	128.3	111.5
其中：孵化器	89.0	80.5
众创空间	39.3	31.1

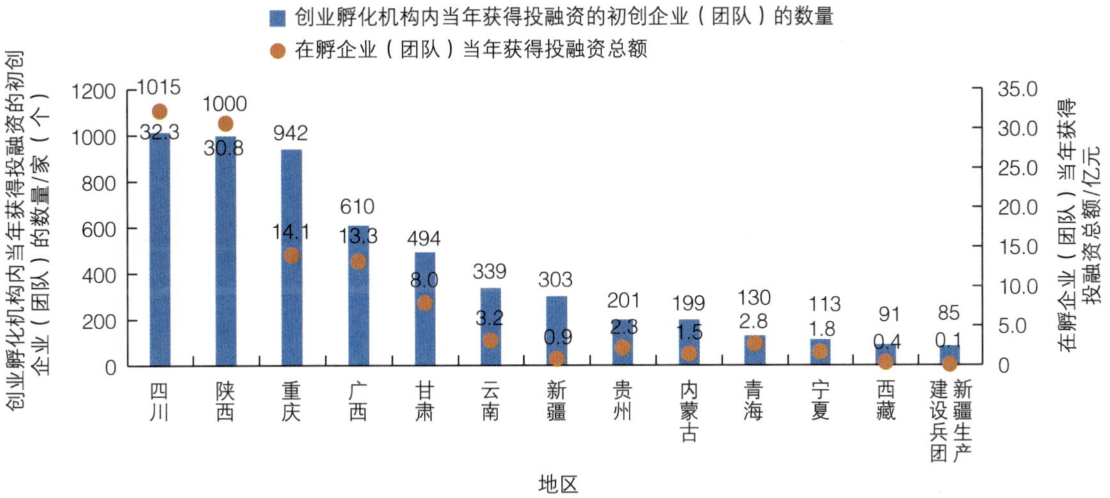

图8-7 西部地区各省份创业孵化机构投融资情况

（二）专利产出提高

从创新成果产出情况来看，2022 年，西部地区创业孵化机构内在孵企业（团队）拥有有效知识产权数达 21 万件，同比增长 11.3%，占全国的 13.6%。其中，孵化器在孵企业拥有有效知识产权数达 13.7 万件，同比增长 12.1%；众创空间内企业（团队）拥有有效知识产权数达 7.3 万件，同比增长 9.7%（表 8-5）。特别是陕西创业孵化机构内在孵企业（团队）拥有有效知识产权数和有效发明专利数均位居西部第一，足以证明陕西在孵企业（团队）的创新能力飞跃（图 8-8）。

表8-5 西部地区创业孵化机构内在孵企业（团队）知识产权情况 单位：件

知识产权情况	2021 年	2022 年
拥有有效知识产权数	189 008	210 315
其中：孵化器	122 470	137 333
众创空间	66 538	72 982

续表

知识产权情况	2021 年	2022 年
拥有有效发明专利数	25 000	29 304
其中：孵化器	14 527	17 779
众创空间	10 473	11 525

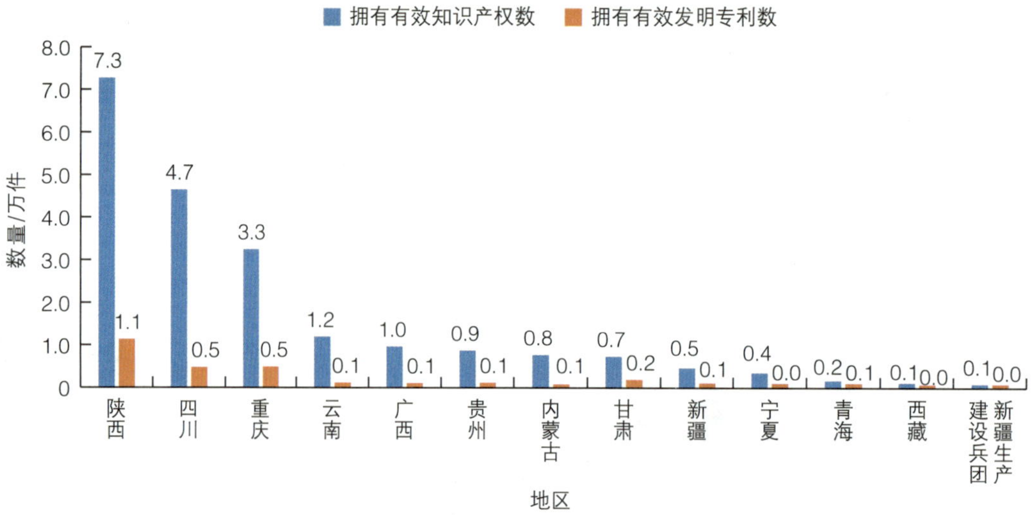

图8-8　西部地区各省份创业孵化机构知识产权情况

（三）就业容量平稳

2022 年，西部地区创业孵化机构内在孵企业（团队）共吸纳就业 86.0 万人，同比增长 0.6%，占全国的 17.4%。其中，吸纳应届大学毕业生创业就业 8.1 万人，同比减少 4.4%，占全国的 16.5%（表 8-6）。西部地区创业孵化机构内在孵企业（团队）助力高质量充分就业，陕西、四川、重庆解决就业人数超 15 万人，尤其重庆帮助应届大学毕业生就业人数达 17.0 万人（图 8-9）。

表8-6　西部地区创业孵化机构内在孵企业（团队）吸纳就业情况　　单位：万人

年份	在孵企业吸纳就业情况			应届大学毕业生		
	总数	孵化器	众创空间	总数	孵化器	众创空间
2021	85.5	48.0	37.5	8.4	3.5	5.0
2022	86.0	48.3	37.7	8.1	3.3	4.7

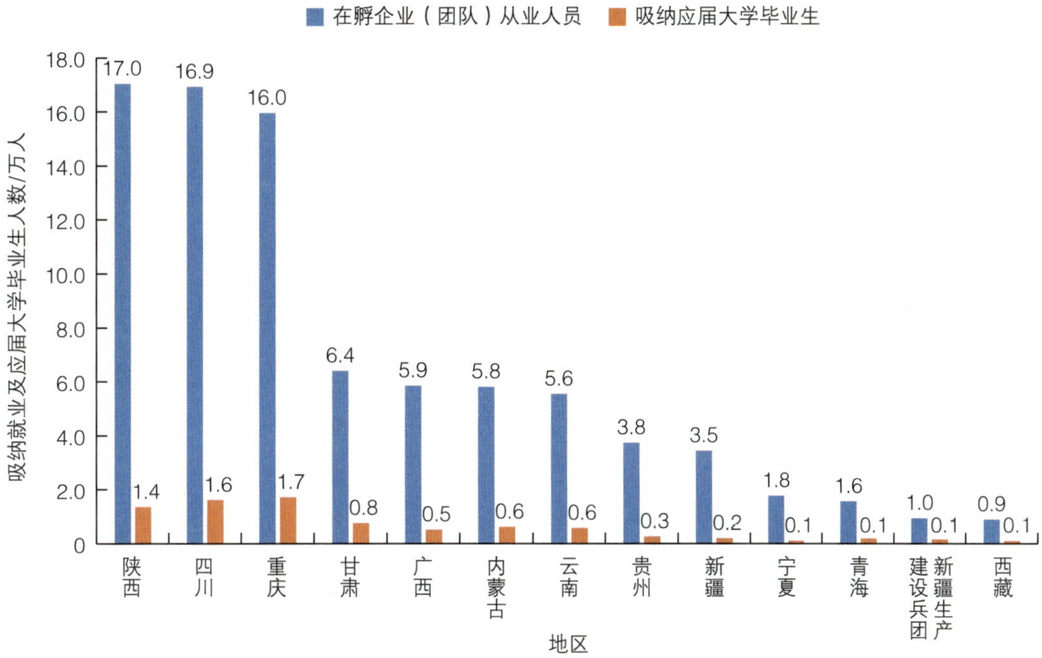

图8-9　西部地区各省份创业孵化机构吸纳就业情况

（四）研发保持增长

从创新研发投入来看，2022 年，西部地区创业孵化机构内在孵企业（团队）研发经费支出 94.9 亿元，同比增长 13.0%。研发投入强度为 5.8%，同比增加 1.2 个百分点（图 8-10）。其中，四川创业孵化机构内在孵企业（团队）研发投入强度位居西部第一，达到 33.8 亿元（图 8-11）。

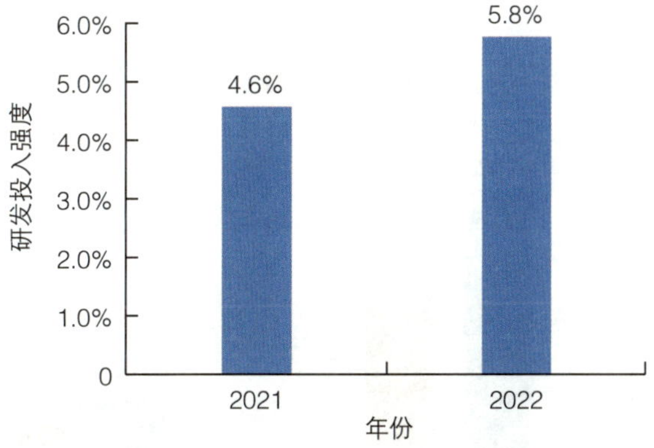

图8-10　西部地区创业孵化机构研发投入强度情况

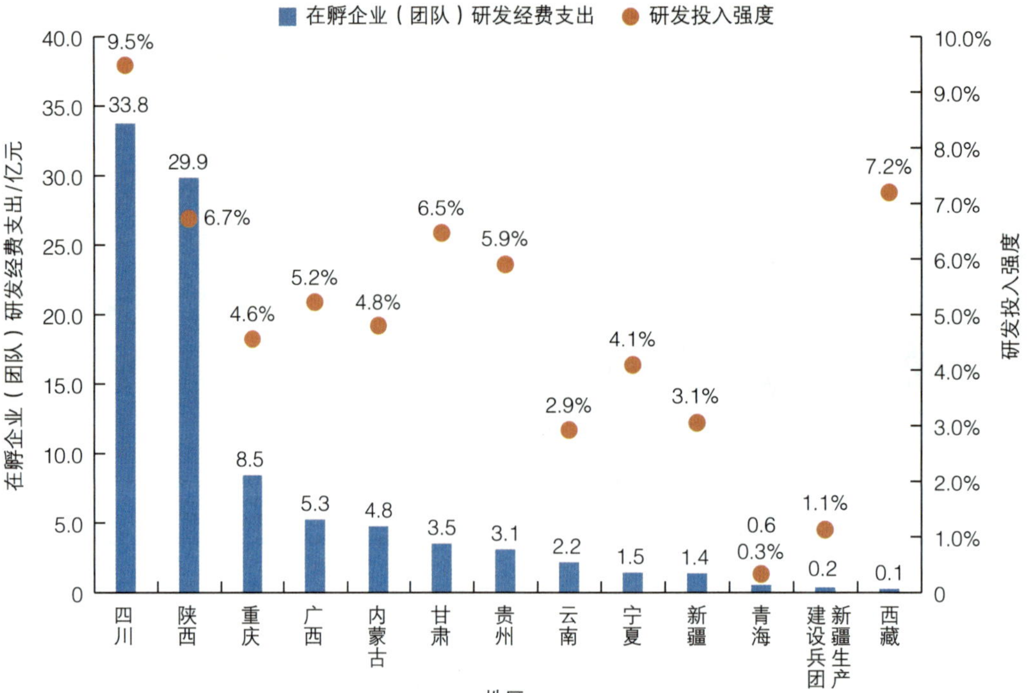

图8－11　西部地区各省份创业孵化机构内在孵企业（团队）研发情况

（五）聚焦高频服务

2022 年，西部地区创业孵化机构共举办创新创业活动 4.3 万场次，同比减少 7.3%，占全国的 18.3%；开展创业教育培训 1.9 万场次，同比减少 16.8%，占全国的 20.5%（图 8－12）。可以看到，重庆、陕西开展创业辅导活动已呈现常态化和高频率趋势（图 8－13）。

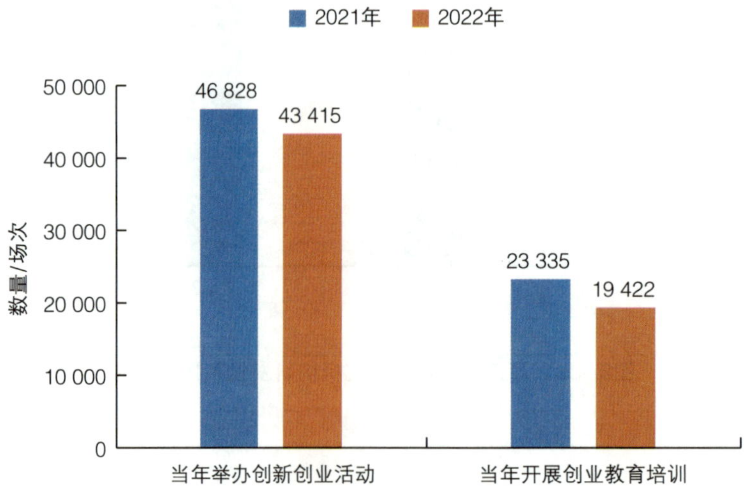

图8－12　西部地区创业孵化机构创业辅导情况

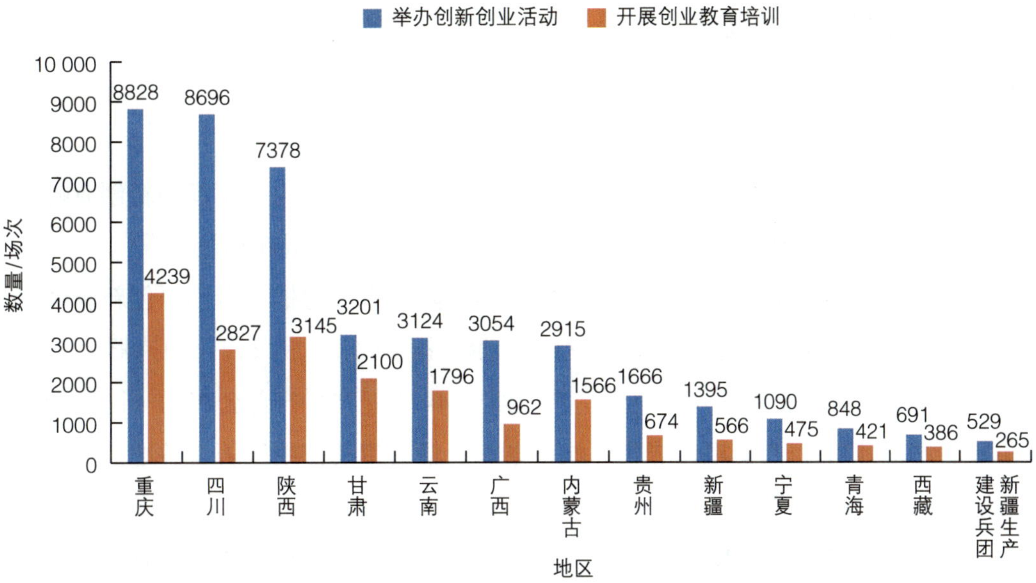

图8－13　西部地区各省份创业孵化机构开展创业辅导活动情况

（六）企业盈利显著

2022 年，西部地区创业孵化机构（孵化器）内在孵企业收入达到 1642.2 亿元，占全国的 15.2%；其中，陕西和四川的在孵企业收入均超过 300 亿元，两个地区的在孵企业收入占西部地区的 48.7%（图 8－14）。

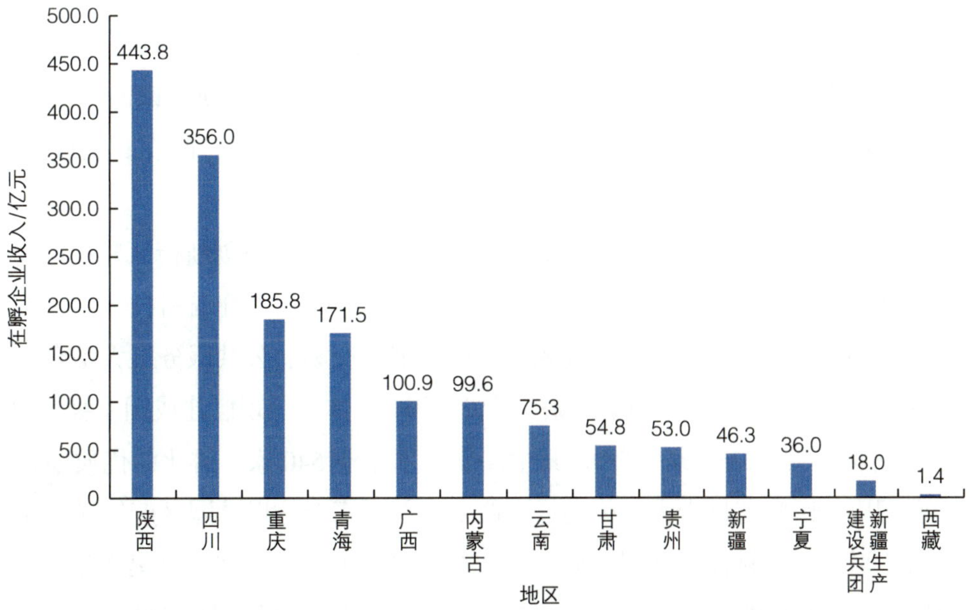

图8－14　西部地区创业孵化机构（孵化器）内在孵企业收入情况

三、突出区域特色做法

（一）陕西特色做法

2022 年，陕西省坚持以秦创原创新驱动平台建设为牵引，加快构建完善创新创业孵化体系，营造良好创新创业生态环境，努力为全省高质量发展打造新引擎、形成新动能。

秦创原激活全省立体联动孵化发展势能。2022 年，陕西省大力推动秦创原创新驱动平台建设，培育打造“三器”样板。2022 年建设了省级立体联动孵化器 5 家、成果转化加速器 2 个。2022 年，5 家立体联动孵化器带动就业创业 680 余人，其中博士 44 人。在科技部公布的《国家创新型城市创新能力评价报告 2022》中，西安市位居西部城市第一。辐射带动作用显著，各地市在秦创原总窗口设立了飞地孵化载体，结合各地主导产业链和创新链，积极探索孵化项目西安飞地研发、地市升级扩大的模式。以“飞地孵化 + 高校转化”的模式联动，已落地了宝鸡、榆林、商洛等 6 家地市飞地孵化器，西安工业大学、西安电子科技大学等 10 家高校科技成果转化平台，落地转化高校科技成果 40 余项，联众电力配电自动化研发中心项目、张方晖教授团队图形化玻璃基板与新型玻璃晶圆研发项目——诺菲尔光电等一批飞地孵化和高校成果转化项目落地总基地，打造了集科研、中试、生产等功能于一体的全方位复合型平台，“创新聚合”效应初步显现。

改革与人才政策释放孵化创新活力。2022 年，陕西省印发《陕西省深化全面创新改革试验推广科技成果转化“三项改革”试点经验实施方案》（陕科发〔2022〕7 号）、《陕西省创新人才攀登计划实施方案》（陕科办发〔2022〕111 号）等一揽子政策文件，以大学科技园和各类孵化载体为依托，大力开展“职务科技成果单列管理”“技术转移人才评价和职称评定制度”“横向科研项目结余经费出资科技成果转化”3 项改革，西北工业大学等 5 家首批试点高校已单列管理科技成果 1.08 万项、成功转化科技成果 700 余项。西北工业大学 2022 年将 121 项知识产权评估作价 2.03 亿元，新增 20 家成果转化企业，主要布局在西安市碑林区、西咸新区、西安高新区的高校孵化平台内。

创新街区催生孵化发展新机遇。2022 年，西安碑林环大学硬科技创新街区建设启动，以“环大学创新要素”联动的模式，获全国首批试点，以西北工业大学、西安建筑科技大学、西安交通大学为核心，持续搭建创业孵化、技术转移、投融资、产品展示交易、公共服务五大平台，打造了“概念验证基金—种子基金—创投基金”的全链条“投资 + 孵化”体系。现已建成国家级孵化载体 13 个，累计培育企业（创业团队）2350 家（个），其中高新技术企业 540 家，孵化的优质项目中航创世机器人公司成为我国康复医疗器械十大品牌之一。西安高新区嘉会坊以“园区产城融合 + 城市有机更新”的联动模式，形成了“科技 + 文创 + 商业 + 文旅”融合发展的实践，聚集孵化服务和文创机构 51 家，其中国家备案众创空间 6 家、省级众创空间 10 家；累计注册企业 4400 家，孵化服务高新技术企业 160 余家、科技型中小企业近 400 家；转化科技成果 60 余项，孵化服务企业获投融资近 10

亿元，孵化的西安建筑科技大学成果转化项目优迈智慧矿山公司，在 5G 无人采矿、新能源纯电动无人驾驶方面已达国际领先水平。

（二）四川特色做法

四川省科技企业孵化器发展势头良好，各地孵化器基于当地经济发展产业特点的行业侧重，形成了独具特色的科技企业孵化模式。加快构建“苗圃（众创空间）—孵化器—加速器—产业园”梯级孵化体系，着力打造具有四川特色的“双创”升级版，促进全省创新创业孵化载体实现量质齐升。

构建创孵梯度培育体系。为打造覆盖金融科技企业全生命周期的创孵平台，加速金融科技产业集群式发展。例如，成都的交子金融梦工场分 4 期规划建设了四大创孵载体，建设运营载体总面积达 17 万平方米，集聚金融科技企业 280 余家，汇聚金融科技企业 6600 余家，累计孵化金融科技企业 450 余家，其中包括国家级专精特新小巨人企业 4 家，国家级高新技术企业 47 家；省级专精特新中小企业 14 家，省级科技型中小企业 101 家，市级新经济梯度培育企业 48 家。交子金融梦工场二期项目交子金融科技中心正式获批“国家级科技企业孵化器”。

积极搭建协同孵化平台。引入成都先进孵化器管理理念，成功推动资阳市创新创业园升级为省级科技企业孵化器。在香港城市大学成都研究院挂牌设立“资阳飞地孵化基地”，成功在高新区注册登记四川川菜研究院有限公司，依托川菜研究院推动传统川菜工业化、现代化生产，目前已推动益生菌泡菜等 3 个产品试制成功。

以“双创”持续促进“放管服”改革。认真贯彻落实全国深化“放管服”改革要求，优化升级省政务服务管理事项，将“省级科技企业孵化器备案”事项纳入四川省政务服务平台办理。聚焦科技“放管服”改革，切实做好创业孵化载体管理，多举措推进省级科技企业孵化器备案工作。一是优化服务内容，发布服务指南，明确服务对象、受理条件、办理流程等，帮助其快速判断是否符合申报要求；二是细化服务措施，编制申请材料清单及示例样表、设置常见问题等，辅助服务对象提高申报质量；三是提升服务效能，开通电话、微信等在线咨询，为其提供多渠道的申报咨询服务；四是加强评价管理，通过“好差评”的评价，了解服务对象的满意度，从而不断优化和提升政务管理服务水平。

（三）甘肃特色做法

甘肃省落实国家创新驱动发展战略，高度重视“双创”孵化载体建设管理工作，始终把推动科技企业孵化器健康快速发展作为促进科技成果转化、培育科技型中小企业发展的重要平台和主要抓手，认定推荐了一批省级和国家级科技企业孵化器，持续构建良好的科技创业生态。全省科技企业孵化器发展迅速，国家级科技企业孵化器从 5 家增加到了 12 家，科技企业孵化器地域分布也实现了全省 14 个市州和兰州新区全覆盖，双创工作取得了明显成效。

持续推动“双创”政策落地见效。甘肃省修订并出台了《甘肃省科技企业孵化器管理办法》（甘科高规〔2020〕4 号）、《甘肃省众创空间管理办法》（甘科计规〔2018〕6 号），支持引导孵化器和众创空间建立健全孵化服务体系，提升孵化效率。根据孵化载体奖补政策，先后落实国家级孵化器奖补资金 1700 万元，省级孵化器奖补资金 2400 万元；国家备案众创空间奖补资金 1400 万元，省级众创空间奖补资金 6735 万元。根据《关于科技企业孵化器、大学科技园和众创空间税收政策的通知》（财税〔2018〕120 号），2022 年组织甘肃省 40 家创业孵化载体减免税共计 1178.65 万元，其中国家级及省级孵化器实际减免税共计 1018.75 万元、国家备案众创空间实际减免税共计 159.90 万元。

不断完善创新创业服务体系。兰州高新区创业服务中心形成了“众创空间 + 孵化器 + 加速器 + 产业园”完整的科技企业孵化链条，培育出奇正藏药、海默科技、远望谷、海红科技、天奇植物、万华金慧、亚成生物等一批上市公司。先后建立了快速制造国家工程研究中心、兰州创新示范中心、西部陆军地理信息工程科技创新工作站、兰州军区创新工作站、甘肃老教授“百草工作站”等创新平台，为兰州高新区创新创业的发展提供了重要的科技力量。

科技金融助推孵化载体高质量发展。白银科技企业孵化器设立 1000 万元孵化基金，引进创业投资基金，对接产业基金帮助企业进行融资服务，在科技金融驱动企业发展方面取得了良好服务效果。甘肃得力帮科技企业孵化器组织多家金融机构与在孵企业进行融资洽谈，帮助兰州优莱特、甘肃淞源防水等在孵企业融资 1000 多万元。兰州高新创业置业投资有限责任公司与兰州高新区创业服务中心等单位积极与金城资本管理有限公司对接，联合发起 4.5 亿元的兰州高新生物医药产业基金，并完成对 2 家公司的投资。

大中小企业融通发展新模式。能源装备专业化众创空间、镍钴资源综合利用专业化众创空间、真空低温专业化众创空间依托集团的产业资源优势，开放共享国家重点实验室及工程实验室为创业者提供检验检测、研发设计、小试中试等专业技术服务，充分利用网上技术平台为创业者推介最新产业信息、科技成果、数据咨询、实现成果对接、成果转移转化等多方面全方位的服务，先后研发了高温电极、电解液杂质测量仪等 20 余个产品，为企业解决多项技术难题，实现科技成果市场化。

四、西部地区数据综合表

西部地区孵化器、众创空间数据综合，如表 8-7、表 8-8 所示。

表8-7　西部地区孵化器数据综合

省份	孵化器数量/家	孵化器总收入/千元	获得各级财政资助额/千元	孵化器使用总面积/平方米	管理机构从业人员/人	开展创新创业活动场次/次	创业导师的数量/个	当年享受孵化器税收优惠政策免税金额总计/千元	孵化器的运营成本/千元	当年为在孵企业减免房租总额/千元	孵化器签约中介机构数量/家	孵化器对公共技术服务平台投资额/千元	公共技术服务平台总收入/千元	在孵企业数/家	在孵企业从业人员/人
内蒙古	49	314 857.3	47 969.2	1 353 515.5	779	753	1126	15 813.8	242 007.0	38 904.3	491.0	44 323.9	43 258.9	1838	23 483
广西	115	442 947.8	387 729.5	1 671 839.5	1192	1724	1283	9095.4	392 266.3	42 152.3	872.0	98 822.5	36 688.0	4180	41 364
重庆	188	659 818.2	218 093.4	2 568 686.1	2006	2950	2949	17 845.4	793 637.5	79 757.8	1516.0	153 229.2	84 493.2	5757	65 034
四川	184	1 907 600.5	924 699.1	2 845 715.1	2477	4446	4368	29 626.4	1 222 719.1	211 531.7	2564.0	377 969.9	240 490.1	9085	121 816
贵州	47	854 104.3	26 591.1	3 902 462.8	921	614	447	15 376.8	236 888.9	49 750.9	341.0	26 165.0	37 249.3	1494	20 942
云南	43	196 338.0	34 117.2	879 258.5	622	856	1576	4563.9	202 621.7	36 911.2	949.0	13 951.7	10 195.0	2293	21 056
西藏	4	6510.0	3780.0	32 250.7	36	75	70	0.0	9542.2	3220.2	30.0	2201.0	240.0	142	1473
陕西	148	2 029 277.2	243 010.4	4 401 074.7	2522	3390	2668	58 087.1	1 275 834.8	184 007.9	2304.0	195 326.8	233 765.5	5757	112 338
甘肃	77	671 884.1	75 814.6	2 522 536.7	1467	888	863	9490.3	532 325.1	66 138.1	507.0	47 284.0	38 781.7	2580	28 824
青海	16	99 708.2	30 525.0	1 348 744.6	279	270	542	26 596.0	242 893.2	36 791.5	92.0	2550.0	0.0	708	9464
宁夏	25	130 298.7	46 201.8	783 843.6	444	364	281	13 529.1	133 758.1	29 035.6	221.0	15 567.6	1910.0	984	9252
新疆	26	224 296.7	9814.2	878 368.3	407	498	522	16 379.7	186 584.2	53 232.5	366.0	4340.7	11 315.8	2024	21 828
新疆生产建设兵团	11	72 072.2	21 320.0	551 898.7	228	224	187	3642.3	95 327.6	7420.0	99.0	7976.0	1154.0	589	5636

续表

省份	在孵企业总收入 / 千元	在孵企业研究与试验发展（R&D）经费支出 / 千元	在孵企业累计获得财政资助额 / 千元	拥有有效知识产权数 / 件	其中：发明专利 / 件	孵化器孵化基金总额 / 千元	当年获得孵化基金投资的在孵企业数量 / 家	在孵企业累计获得投融资总额 / 千元	其中：当年获得投融资总额 / 千元	累计获得投融资的企业数量 / 家	其中：当年获得投融资的企业数量 / 家	累计毕业企业 / 家	当年毕业企业 / 家
内蒙古	9 958 066.1	478 924.4	635 399.1	4049	391	1 490 723.0	26	840 886.0	73 796.1	453	35	2099	341
广西	10 085 015.5	527 626.7	518 414.1	7241	844	521 820.0	172	2 782 278.8	1 184 700.0	1049	211	3212	454
重庆	18 583 028.4	848 643.1	101 374.3	15 128	2179	2 703 748.0	120	2 613 898.3	500 393.3	1281	260	4863	644
四川	35 596 639.1	3 378 779.7	997 466.9	31 961	3670	1 973 254.9	484	17 691 142.4	2 644 073.4	3291	543	8620	1068
贵州	5 304 449.1	313 332.6	264 475.0	6007	410	753 040.0	63	1 440 305.4	189 053.4	468	95	1086	149
云南	7 531 660.5	220 746.6	96 713.4	5781	640	460 720.0	72	2 348 111.2	190 026.2	407	99	1989	264
西藏	141 810.4	10 217.1	23 275.0	190	25	150 000.0	7	76 615.6	24 750.0	41	9	166	25
陕西	44 375 154.8	2 988 612.4	1 371 728.1	56 339	7270	18 240 010.0	345	14 036 407.3	2 244 119.5	2409	460	6421	920
甘肃	5 477 927.5	354 574.8	249 130.4	3445	1205	993 021.0	76	1 898 695.1	584 075.5	634	139	1873	191
青海	17 145 666.5	58 738.4	59 514.2	1176	275	366 448.0	28	807 781.0	210 400.0	236	42	857	114
宁夏	3 598 381.9	147 528.1	93 660.8	2136	341	490 500.0	15	775 102.0	113 002.3	173	57	876	151
新疆	4 630 397.3	141 695.2	37 987.0	3398	407	885 250.0	43	700 811.0	78 945.6	357	70	992	131
新疆生产建设兵团	1 795 716.7	20 400.4	10 230.0	482	122	29 250.0	58	58 875.0	9410.0	96	38	582	93

表8－8　西部地区众创空间数据综合

省份	众创空间数量/家	众创空间总收入/千元	众创空间的运营成本/千元	当年享受众创空间税收优惠政策免税金额总计/千元	当年为创业团队和初创企业减免房租总额/千元	众创空间使用总面积/平方米	提供工位数/个	众创空间服务人员数量/人	当年举办创新创业活动/场次	创业导师队伍/人	当年众创空间内获得财政资金支持的企业数量/家	当年众创空间内企业获得财政资金支持的金额/千元	当年服务的创业团队的数量/个	当年获得投融资的创业团队的数量/个	累计获得投融资的创业团队数量/个
内蒙古	154	208 565.3	186 234.4	2292.3	29 279.1	1 297 374.3	21 366	2279	2162	2898	133	43 555.1	3103	108	356
广西	126	115 303.2	179 507.2	1274.4	6007.6	347 293.3	12 726	1258	1330	2489	156	2645.2	2659	284	533
重庆	393	1 012 722.8	886 473.5	8778.4	51 327.2	1 756 042.5	84 274	4430	5878	6808	761	151 744.6	8648	303	1136
四川	219	585 527.9	471 599.1	3778.7	39 987.1	735 722.4	35 339	2401	4250	6307	744	84 325.2	5429	252	1054
贵州	83	274 924.9	223 363.0	2755.2	3804.9	331 161.3	11 994	1510	1052	1721	95	8485.6	1861	55	207
云南	146	269 713.4	238 847.5	3167.5	9381.0	1 102 797.9	21 091	1781	2268	4606	161	22 364.5	5577	160	840
西藏	33	99 735.5	71 183.5	3195.5	6721.7	130 909.1	3623	370	616	795	78	5778.0	275	11	41
陕西	234	791 475.6	596 257.4	25 006.0	59 001.9	1 323 399.8	53 953	2746	3988	5350	557	128 907.2	4571	303	944
甘肃	248	483 193.8	343 616.9	4116.5	24 060.2	1 027 459.4	20 358	4197	2313	3542	213	20 424.3	5430	237	2586
青海	52	51 113.0	50 727.4	1833.1	10 475.8	167 914.8	3420	479	578	1200	49	5130.2	756	53	99
宁夏	52	67 407.4	62 773.6	941.7	5464.4	204 701.3	6290	586	726	876	46	7250.9	966	34	85
新疆	51	55 734.2	56 190.0	2165.0	6116.2	147 411.0	4914	493	897	1126	60	3296.4	2266	123	535
新疆生产建设兵团	32	45 374.6	43 411.1	294.1	4935.1	209 580.4	4553	690	305	352	111	1279.0	1219	37	122

续表

省份	创业团队当年获得投融资总额/千元	创业团队累计获得投融资总额/千元	创业团队人员数量/人	常驻创业团队拥有有效知识产权数量/项	其中：发明专利数量/项	大学生创业企业（团队）/家（个）	当年服务的初创企业的数量/家	当年获得投融资的初创企业的数量/家	累计获得投融资的初创企业的数量/家	初创企业当年获得投融资总额/千元	初创企业累计获得投融资总额/千元	初创企业吸纳就业人数/人	常驻初创企业拥有有效知识产权数量/项	其中：发明专利数量/项
内蒙古	49 067.0	162 461.8	18 300	1603	151	1941	3137	56	241	29 107.0	101 385.5	16 385	2159	388
广西	109 387.8	177 146.2	9476	1030	116	1398	2144	115	325	34 009.6	127 466.6	7728	1475	205
重庆	433 301.6	1 501 273.4	36 558	6646	1154	5097	10 765	379	1485	475 127.1	1 905 758.6	58 005	10 779	1653
四川	148 435.0	930 610.7	19 566	2568	358	3675	5896	220	1175	440 597.2	5 636 945.9	27 908	12 087	845
贵州	16 622.0	141 203.3	11 155	1665	119	1021	1156	51	178	23 661.0	104 594.4	5421	1152	86
云南	28 221.1	418 573.2	17 309	2296	299	2488	4266	80	635	104 195.9	634 293.7	17 183	3986	323
西藏	1695.0	17 900.0	1327	189	41	732	1301	71	193	14 893.5	98 420.5	6243	872	106
陕西	172 217.0	1 097 926.0	18 827	3941	878	2448	6696	237	1711	660 799.5	6 953 473.7	39 246	12 520	3287
甘肃	160 623.4	1 864 741.3	20 040	2276	506	3219	3487	118	963	57 198.8	852 945.3	15 240	1722	299
青海	9584.7	81 102.0	2296	259	105	655	929	35	82	60 405.2	94 522.2	3995	360	125
宁夏	18 700.0	41 717.0	3424	330	44	488	940	22	82	44 215.0	93 065.0	5158	1185	109
新疆	1683.2	20 507.8	6414	281	47	1064	2162	110	332	8015.0	97 871.2	6300	1100	100
新疆生产建设兵团	3640.0	92 935.0	2245	249	82	264	715	10	25	1555.0	9560.0	1652	252	99

第九章　中部地区

一、总体概况

中部地区包括安徽、河南、湖北、湖南、江西和山西 6 个省份。中部地区拥有全国 19% 的创业孵化机构，服务了全国 22.1% 的在孵企业（团队）。在 2022 年帮助 9930 家（个）在孵企业（团队）获得了投融资，占全国的 26.4%。

（一）中部湖北规模最大

2022 年，中部地区共有创业孵化机构 3053 家，同比增长 11.2%，占全国的 19.0%。其中，孵化器 1151 家，同比增长 14.1%；国家级孵化器 244 家，占比为 21.2%；众创空间 1902 家，同比增长 9.5%；国家备案众创空间 373 家，占比为 19.6%（表 9－1）。从图 9－1 可以看出，中部地区创业孵化机构数量超 500 家的省份为湖北、安徽、河南。

2022 年，中部地区创业孵化机构面积达 3354.5 万平方米，同比增长 6.9%，占全国的 19.3%。其中，孵化器面积为 2542.8 万平方米，同比增长 5.2%；众创空间面积为 811.7 万平方米，同比增长 12.6%（表 9－1）。湖北创业孵化机构面积位居中部地区之首，远超中部其他省份（图 9－1）。

表9－1　中部地区创业孵化机构数量及面积情况

分类	2021 年	2022 年
创业孵化机构数量/家	2746	3053
孵化器数量	1009	1151
其中：国家级孵化器	206	244
众创空间数量	1737	1902
其中：国家备案的众创空间	316	373
创业孵化机构面积/万平方米	3138.8	3354.5
孵化器面积	2418.2	2542.8
众创空间面积	720.6	811.7

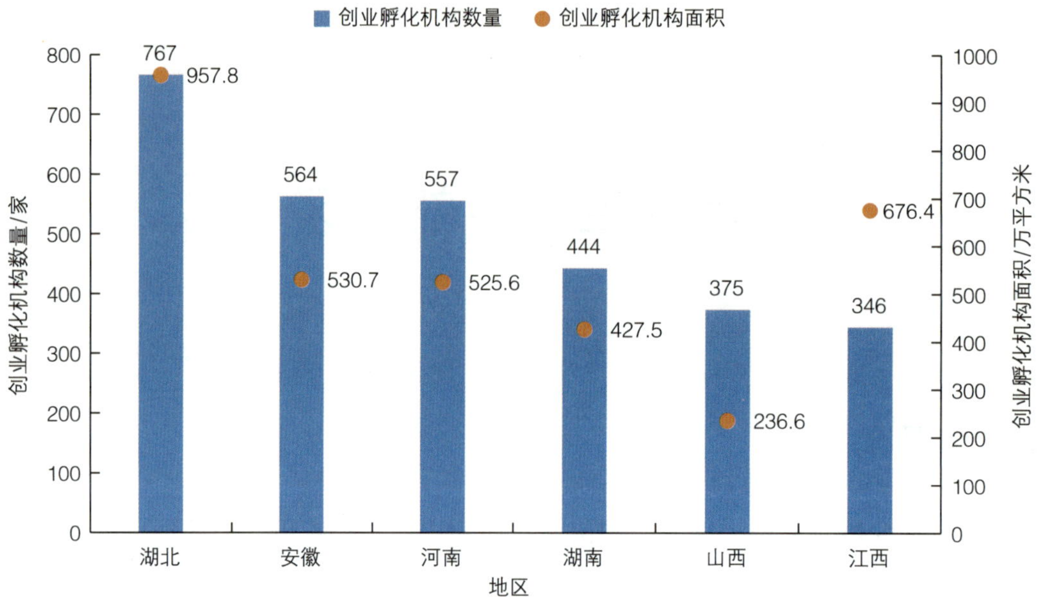

图9-1　中部地区各省份创业孵化机构数量及面积情况

（二）上市企业亟须培育

2022 年，中部地区创业孵化机构内在孵企业（团队）数量为 15.4 万家（个），同比增长 6.0%，占全国的 22.1%。其中，孵化器当年在孵企业（团队）数量为 4.8 万家（个），同比增长 7.9%；众创空间当年在孵企业（团队）数量 10.7 万家（个），同比增长 5.2%（表 9-2）。在中部各地区中，湖北和河南的表现最为突出，在孵企业（团队）数量合计为 70 250 家（个），占整体的 45.5%（图 9-2）。

2022 年，中部地区创业孵化机构内当年上市（挂牌）企业总数为 111 家，其中孵化器内当年上市（挂牌）的企业有 67 家；众创空间内当年上市（挂牌）的企业有 44 家（表 9-2）。

表9-2　中部地区创业孵化机构内在孵企业（团队）情况　　单位：家（个）

年份	在孵企业（团队）数量			当年上市（挂牌）企业数量		
	总数	孵化器	众创空间	总数	孵化器	众创空间
2021	145 578	44 300	101 278	191	143	48
2022	154 327	47 805	106 522	111	67	44

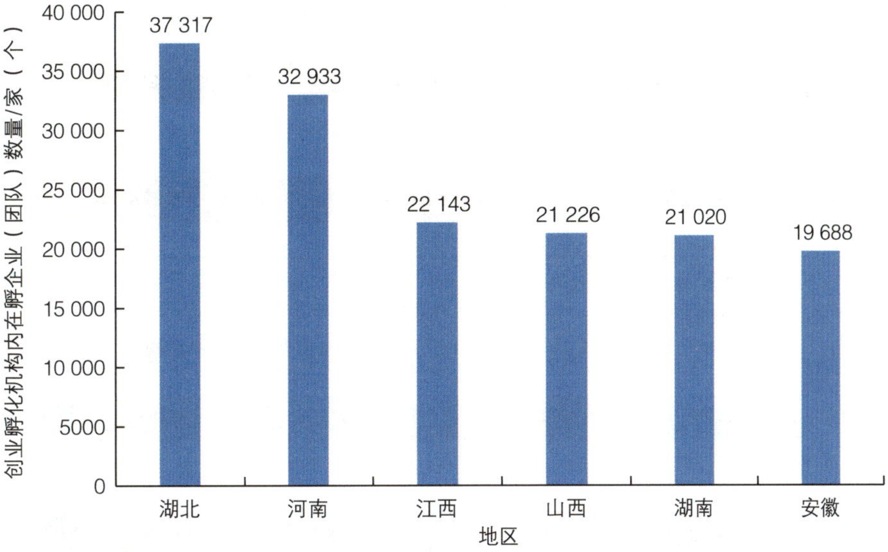

图9-2　中部地区各省份创业孵化机构内在孵企业（团队）情况

（三）整体实现收支均衡

2022年，中部地区创业孵化机构总收入为127.0亿元，同比增长17.2%，占全国的15.7%。其中，房租及物业收入占比达到36.1%，综合服务收入占比达到33.3%（表9-3、图9-3）。

2022年，中部地区创业孵化机构运营总成本为98.7亿元，同比增长11.9%，占全国的14.5%。其中，场地费用占比为22.5%、人员费用占比为24.1%、管理费用占比为23.8%（表9-3、图9-3）。

在中部各地区中，值得关注的是，6个省份的创业孵化机构均实现盈利，也是四大地区中唯一实现各省均盈利的地区（图9-4）。

表9-3　中部地区创业孵化机构收入和运营成本情况　单位：亿元

年份	收入			运营成本		
	总收入	孵化器	众创空间	总成本	孵化器	众创空间
2021	108.4	68.0	40.4	88.2	50.1	38.2
2022	127.0	80.5	46.4	98.7	57.0	41.6

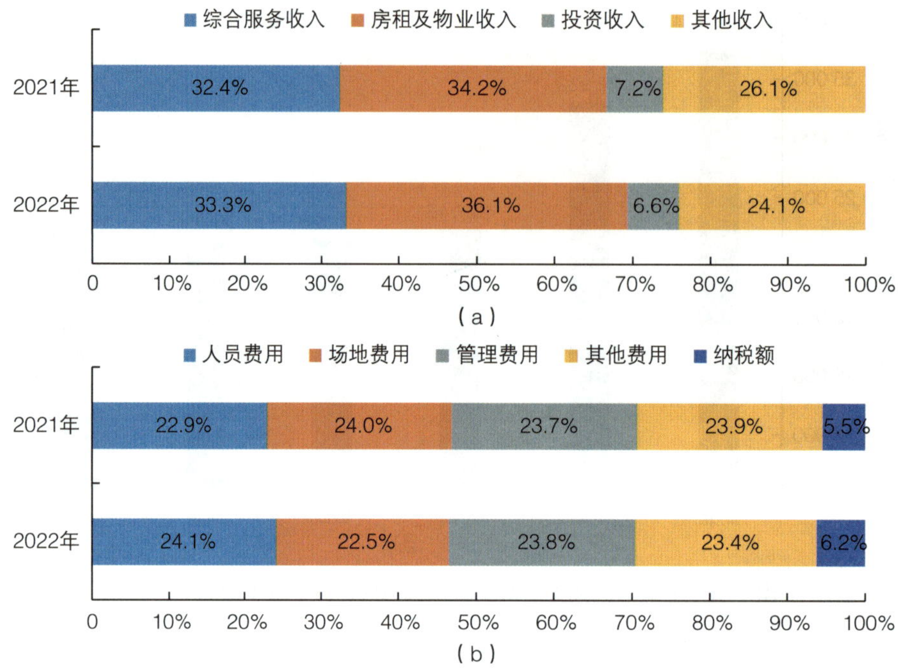

图9-3　中部地区创业孵化机构收入和运营成本分布情况

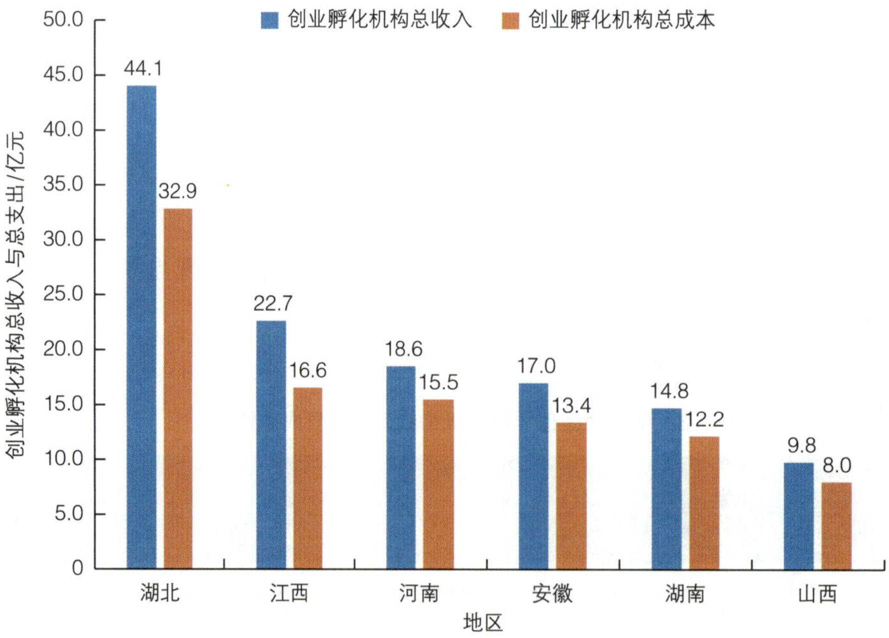

图9-4　中部地区各省份创业孵化机构总收入与总支出情况

（四）从业人员持续增长

2022年，中部地区创业孵化机构共有从业人员3.7万人，同比增长5.9%，占全国的20.7%；共有创业导师4.7万人，同比增长6.3%（图9-5）。中部地区中湖北的创业孵化机构从业人员数量最多，其余省份较均匀（图9-6）。

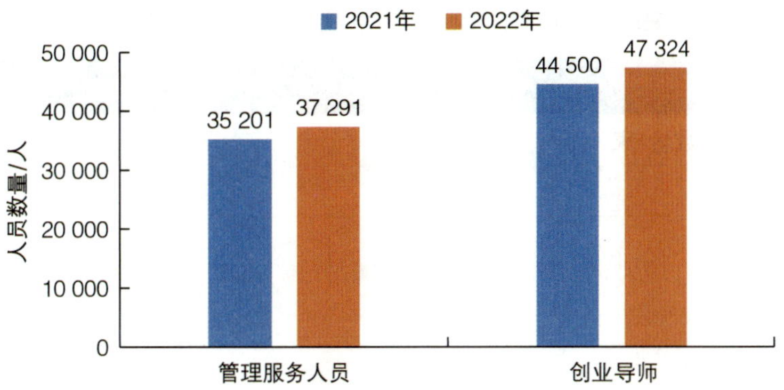

图9-5　中部地区创业孵化机构从业人员情况

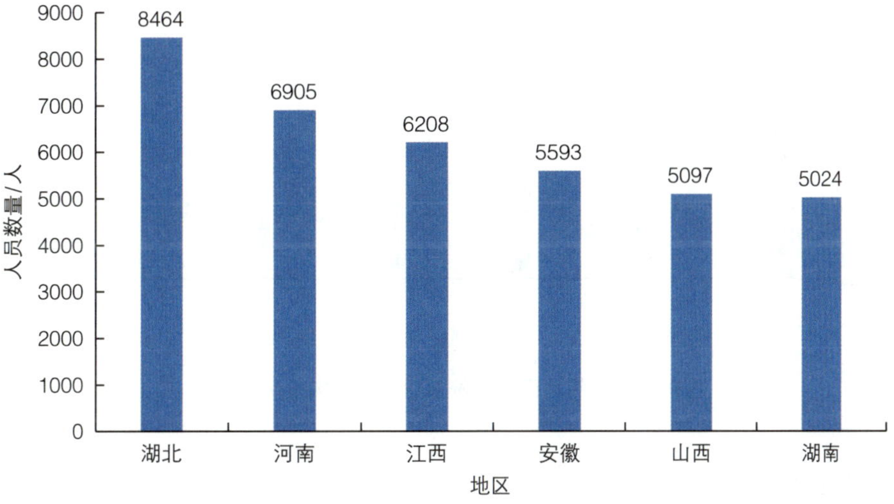

图9-6　中部地区各省份创业孵化机构从业人员情况

二、孵化绩效

（一）科技金融增速加快

2022 年，中部地区创业孵化机构内当年获得投融资的企业（团队）数量为 9930 家（个），同比增长 15.4%，占全国的 26.4%；当年获得投融资额为 136.3 亿元，同比增加 4.5%，占全国的 7.3%（表 9-4）。这里值得一提的是，湖北创业孵化机构内当年获得投融资的初创企业（团队）数量为 1695 家（个），获得投融资额达 45.8 亿元，足以体现科技金融为初创企业铺就发展“快速路”（图 9-7）。

表9-4　中部地区创业孵化机构内获得投融资情况

获得投融资情况	2021 年	2022 年
当年获得投融资的企业（团队）数量/家（个）	8608	9930
其中：孵化器	2887	3458
众创空间	5721	6472
当年获得投融资额/亿元	130.4	136.3
其中：孵化器	84.3	85.8
众创空间	46.1	50.5

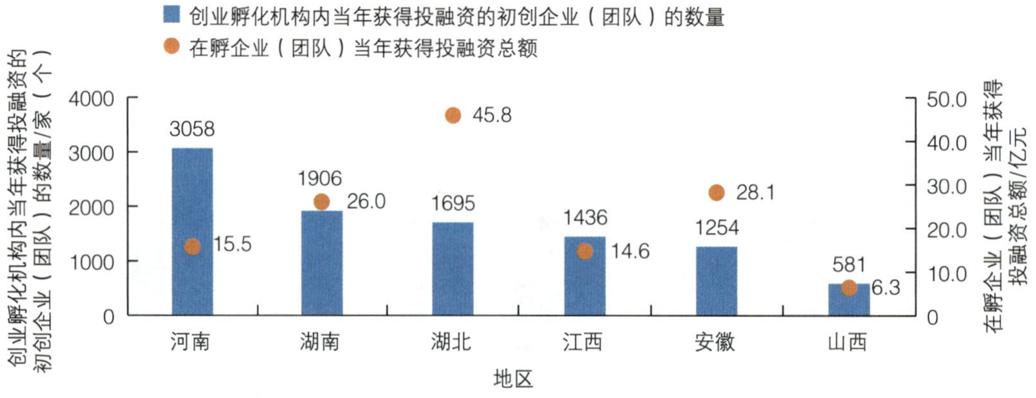

图9-7　中部地区各省份创业孵化机构投融资情况

（二）中部专利明显提升

2022 年，中部地区创业孵化机构内在孵企业（团队）拥有有效知识产权数达 28.4 万件，同比增加 17.4%，占全国的 18.4%。其中，孵化器在孵企业拥有有效知识产权数达 15.7 万件，同比增加 12.5%；众创空间内企业（团队）拥有有效知识产权数达 12.7 万件，同比增加 24.1%（表 9-5）。从中部地区各省份来看，湖北、河南两个省份拥有有效知识产权数合计 13.9 万件，占整个地区的 49.0%，湖南发明专利数占其有效知识产权数比例最高（图 9-8）。

表9-5　中部地区创业孵化机构内在孵企业（团队）知识产权情况　　单位：件

知识产权情况	2021 年	2022 年
拥有有效知识产权数	242 065	284 265
其中：孵化器	139 844	157 393
众创空间	102 221	126 872
拥有有效发明专利数	30 225	33 078

续表

知识产权情况	2021 年	2022 年
其中：孵化器	18 534	19 681
众创空间	11 691	13 397

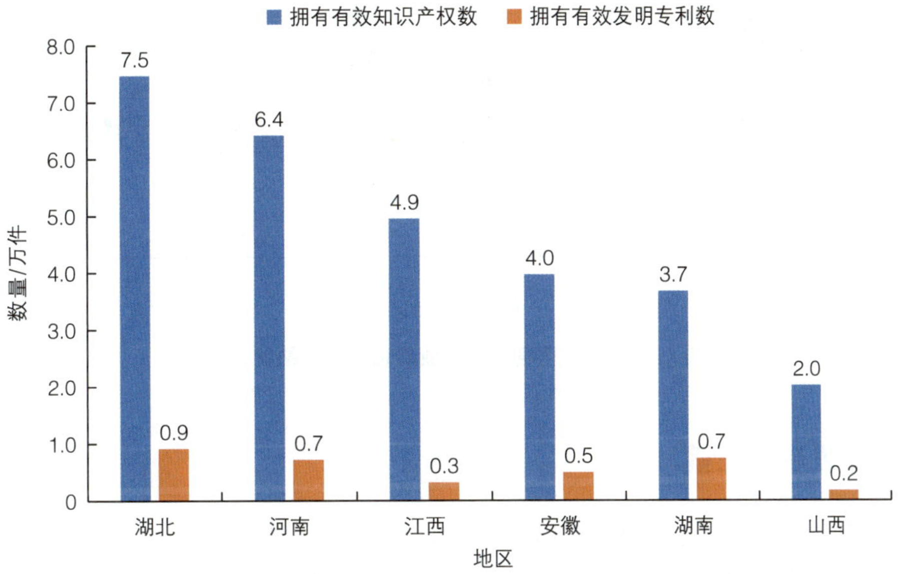

图9-8　中部地区各省份创业孵化机构知识产权情况

（三）吸纳就业成效显著

2022 年，中部地区创业孵化机构内在孵企业共吸纳就业 113.0 万人，同比增长 4.7%，占全国的 22.9%。其中，吸纳应届大学毕业生创业就业共 13.7 万人，同比增长 3.0%，占全国的 28.1%（表 9-6）。中部地区加快崛起使命担当，持续促进就业质的有效提升和量的合理增长，其中，湖北和河南承担起中部地区就业任务，占比超四成（图 9-9）。

表9-6　中部地区创业孵化机构内在孵企业吸纳就业情况　　单位：万人

年份	在孵企业吸纳就业情况			应届大学毕业生		
	总数	孵化器	众创空间	总数	孵化器	众创空间
2021	107.9	64.0	43.9	13.3	6.1	7.2
2022	113.0	65.7	47.3	13.7	6.2	7.5

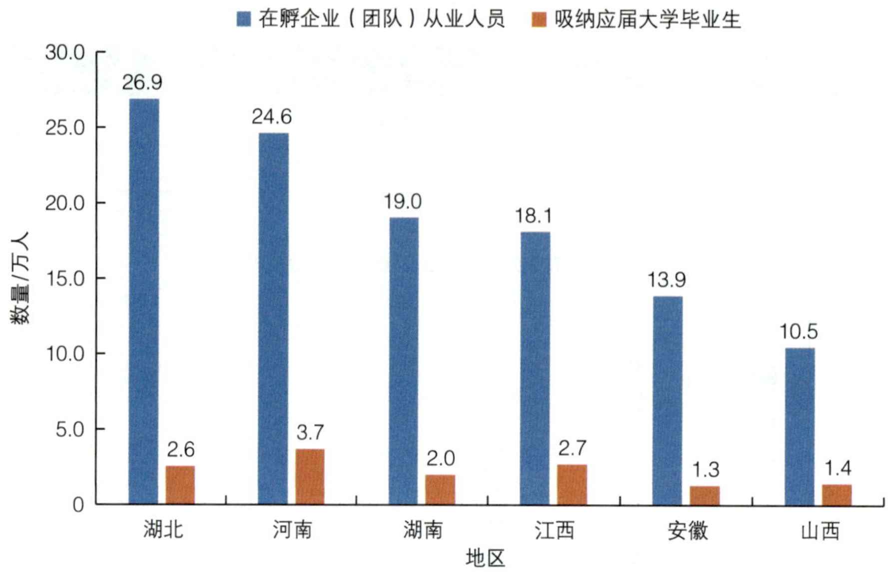

图9-9　中部地区各省份创业孵化机构吸纳就业情况

（四）中部研发趋势正盛

2022 年，中部地区创业孵化机构内在孵企业研发经费支出 91.1 亿元，同比增长 1.2%。研发投入强度为 5.0%，与上年持平（图 9-10）。中部地区中超 10 亿元的 4 个省份持续加大研发投入，结合中部地区实际，中部地区各省份间需打通聚集科创资源，培养产业创新人才，反哺科技创新的发展链条（图 9-11）。

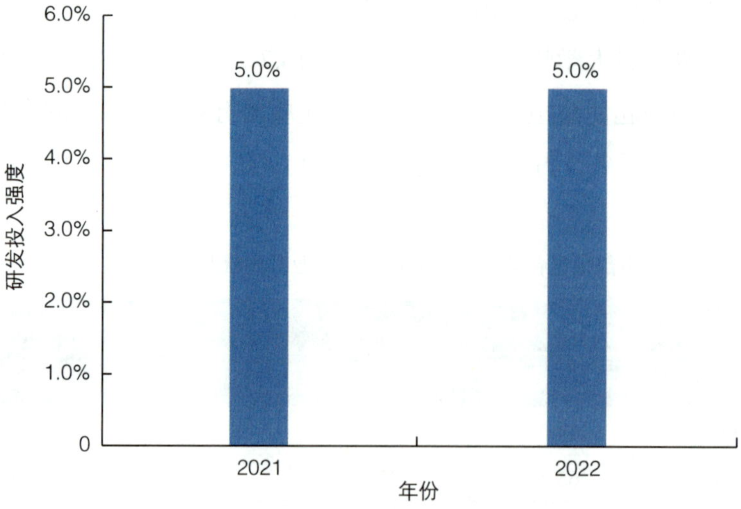

图9-10　中部地区创业孵化机构研发投入强度情况

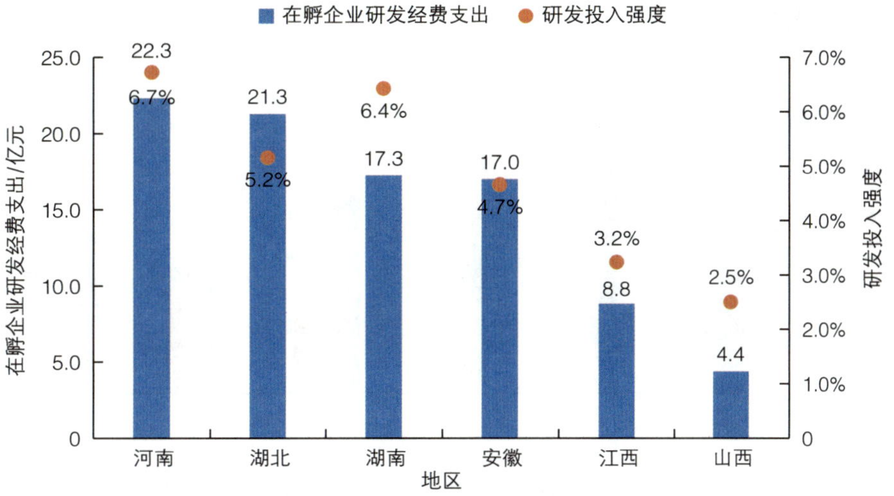

图9-11 中部地区各省份创业孵化机构内在孵企业研发情况

（五）创业辅导稳步推进

2022 年，中部地区创业孵化机构共举办创新创业活动 5.3 万场次，同比增长 0.3%，占全国的 22.2%；开展创业教育培训 2.4 万场次，同比增长 1.1%，占全国的 25.7%（图 9-12）。中部地区各省份积极开展创业服务，充分激发中部地区创新孵化活力，其中，湖北开展创新创业活动次数占整个地区的 23.8%（图 9-13）。

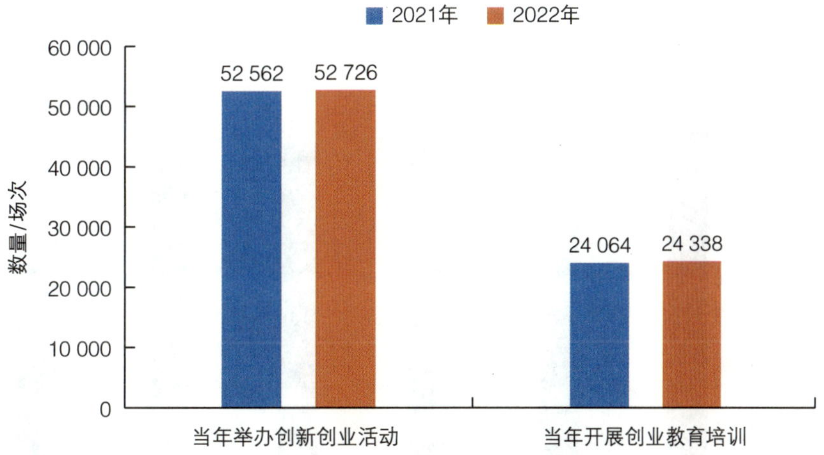

图9-12 中部地区创业孵化机构创业辅导情况

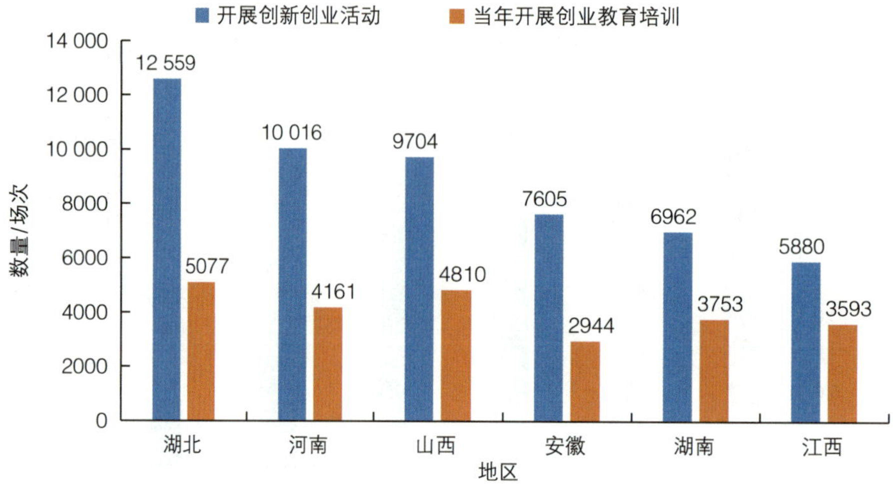

图9－13　中部地区各省份创业孵化机构开展创新创业活动及教育培训情况

（六）企业经济贡献最实

2022 年，中部地区创业孵化机构（孵化器）内在孵企业收入达到 1825.9 亿元，占全国的 16.9%；其中，湖北、安徽和河南的在孵企业收入超过 300 亿元，占中部地区的 60.8%，安徽在孵企业在经济增长方面具有显著优势（图 9－14）。

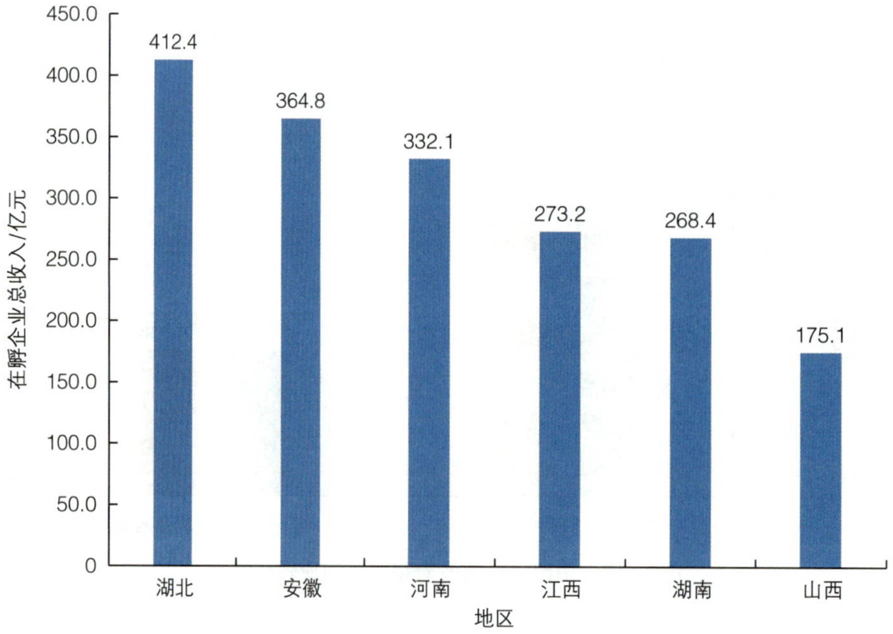

图9－14　中部地区各省份创业孵化机构（孵化器）内在孵企业收入情况

三、突出区域特色做法

（一）湖北特色做法

2022年，湖北省创新创业成果取得突破。通过大力推行创新创业，湖北区域科技创新水平排名稳居全国第八、中部第一，综合科技创新水平指数达到72.15%，较上年提高2.82个百分点。截至2022年12月，湖北省创业孵化机构内在孵企业拥有有效知识产权数量达66 132件，同比增长7.94%。其中，孵化器在孵企业拥有有效发明专利数为5719件，同比增长5.17%，众创空间内常驻初创企业拥有有效发明专利数为1798件，同比增长13.01%。

2022年，湖北省创新创业带动就业更加凸显。截至2022年12月，全省在孵企业数量为21 446家，当年全省孵化机构共举办创新创业活动12 851场，开展创业教育培训9380场次，创业导师对接企业18 715次，新培育高新技术企业占当年度全省新认定高新技术企业总数的20%，当年获得投融资的企业数量为1250家，当年获得投融资额达41.65亿元，当年上市（挂牌）企业总数为42家。全年共吸纳就业226 323人，同比增加4.83%。其中，吸纳应届大学毕业生创业就业19 919人。创新创业带动就业作用日益显著。

强化建设指引，引导双创服务载体能力升级。完成全省科技企业孵化器、众创空间、大学科技园绩效评价工作，对优秀机构予以奖励，取消落后机构省级资格。通过开展绩效评价后，对科技企业孵化器（大学科技园）和众创空间评价优秀的孵化机构累计奖励补贴2000万元，对科技企业孵化器（大学科技园）和众创空间评价不合格的孵化机构126家取消或建议取消相应等级资格。持续开展面向创业孵化载体的季度监测与年度统计工作，推进创新创业稳步发展。截至2022年12月，湖北省共有790家创业孵化机构纳入火炬统计，相比2021年增加91家。其中，孵化器337家，同比增长14.63%；众创空间453家，同比增长11.85%。实施孵化载体提质增效行动，全面落实科技企业孵化器、众创空间等孵化载体税收优惠政策，2022年全年在孵企业共计享受税收优惠政策免税金额5455.39万元。

（二）河南特色做法

坚持统筹布局、分类指导，扎实开展双创载体的培育建设工作，注重加大政策支持力度，引导孵化载体注重提升企业孵化质量，向高质量、专业化方向发展。坚持协同发展，集聚创新资源，着力打造覆盖科技创新全周期、全链条、全过程的开放式创新体系。完善“众创空间—孵化器—加速器—智慧岛”孵化链条，推广“投资＋孵化”模式。鼓励依托大型科研机构、骨干企业建设专业化孵化载体，开放需求和场景，推动从“0到1”的创新突破再到从“1到N”的产业赋能。

推动智慧岛双创载体省辖市全覆盖，构筑创新创业“生态圈”。为顺应战略性新兴产业、未来产业、数字经济、平台经济发展趋势，印发《加快推进智慧岛建设实施方案》，按照“以国际化视野、市场化理念、专业化服务，打造一流创新生态，汇聚一流创新要素，孵化一流创新企业，产出一流创新成果”这一目标要求，在全省标准化推广智慧岛双创载体，智慧岛是一种全要素、低成本、便利化、开放式的载体空间，定位于“三空间二平台一示范”，即初创企业、科创团队的集聚空间，天使、风投、创投基金的集聚空间，科创人才的集聚空间，贯通政、金、科、产的信息共享服务平台，科技金融产业的撮合平台，科技创新政策先行先试的示范区，提供从原始创新到产业化的全流程服务。河南省智慧岛施行“统一标准、统一标识、统一命名、统一授牌”的准入标准，现已建设的郑州高新等 15 个“智慧岛”，基本实现了省辖市的全覆盖。各地市按照“智慧岛”功能定位，强化体制机制创新，培育集聚高质量企业、研发机构、人才智力、金融资本、创新创业项目等双创资源，建立“微成长、小升高、高变强”梯次培育机制，打造一批新兴产业聚集区、未来产业先行区和创新创业引领区，构筑形成市场活力和社会创造力竞相迸发的创新创业“生态圈”。

载体提档升级，做大做强育才平台。例如，中原科技城所属的中原龙子湖智慧岛肩负着探索建设高标准双创载体的重任。目前龙子湖智慧岛已经形成了“智慧岛、基金岛、众创岛、人才岛”和“政策洼地、服务高地、创新宝地、创业福地”的“四岛四地”产融生态圈。岛内聚集了大豫机器人专业化众创空间、3U 数字谷众创空间等各类双创载体 32 家，建立了中原龙子湖“云创汇”线上双创孵化空间，形成了“创业苗圃—孵化器—加速器”科技创业孵化链。注册各类企业约 6000 家，进驻各类企业约 1300 家，员工约 3 万人；集聚了华为超聚变、河南正数、数字郑州等超亿元骨干企业 10 余家，汇聚大数据企业超 200 家，带动相关科技企业 2900 余家。以数字经济等为主导产业，区域年营业收入达 110 亿元以上，主导产业占比达 90% 以上；先后引进了 200 余名高层次人才，集聚 235 家私募基金类企业，助推中原动力、第三维度、猎鹰消防等一批科创企业获得资本青睐。

又如，开封市将智慧岛作为创新创业策源地、创新发展新引擎。开封金明池智慧岛已形成了以新能源汽车、智能网联汽车、未来产业等为主的战略性新兴产业，2022 年全年产值达 150 亿元，科技创新、关联在孵上下游企业 63 家。河南大学与开封智慧岛公司联合成立河南大学科创中心管理办公室。截至 2022 年年底，在金明池智慧岛内，新增由河南大学主导的科研项目共 94 项，涉及化学、纳米材料研究、人工智能、医药、材料、物理与电子等 6 个专项领域。

四、中部地区数据综合表

中部地区孵化器、众创空间数据综合，如表 9－7、表 9－8 所示。

表9－7　中部地区孵化器数据综合

省份	孵化器数量/家	孵化器总收入/千元	获得各级财政资助额/千元	孵化器使用总面积/平方米	管理机构从业人员/人	开展创新创业活动/场次	创业导师的数量/人	当年享受孵化器税收优惠政策免税金额总计/千元	孵化器的运营成本/千元	当年为在孵企业减免房租总额/千元	孵化器签约中介机构数量/家	孵化器对公共技术服务平台投资额/千元	公共技术服务平台总收入/千元	在孵企业数/家
山西	72	484 152.6	47 736.2	1 467 235.1	1012	1850	1255	6659.1	344 982.3	50 243.6	691	75 092.3	46 073.0	3138
安徽	253	1 142 062.2	213 364.9	4 045 566.8	2600	3527	2364	26 742.3	891 441.5	141 348.2	1883	556 562.1	231 019.8	8504
江西	132	1 122 359.2	120 225.6	4 672 085.7	2284	1976	1829	18 909.4	852 668.5	68 425.4	1028	208 500.6	95 405.1	4676
河南	225	1 275 435.8	154 051.5	4 115 243.7	2992	4222	3241	28 092.7	940 857.1	159 444.9	2510	346 798.9	68 798.3	10 658
湖北	338	3 089 130.8	259 572.3	7 889 625.8	4008	5237	4870	78 169.1	1 979 627.9	172 423.4	3513	525 762.9	199 553.1	13 960
湖南	131	940 292.0	133 921.5	3 237 998.6	1892	2052	1868	44 920.6	693 773.6	116 156.7	1677	242 029.7	78 044.3	6869

续表

省份	在孵企业从业人员/人	在孵企业总收入/千元	在孵企业研究与试验发展（R&D）经费支出/千元	在孵企业累计获得财政资助额/千元	拥有有效知识产权数/件	其中：发明专利/件	孵化器孵化基金总额/千元	当年获得孵化基金投资的在孵企业数量/家	在孵企业累计获得投融资总额/千元	其中：当年获得投融资总额/千元	累计获得投融资的企业数量/家	其中：当年获得投融资的企业数量/家	累计毕业企业/家	当年毕业企业/家
山西	42 358	17 506 951.4	438 740.7	230 329.1	6858	752	328 017.3	185	2 076 742.8	405 306.0	759	157	2701	463
安徽	88 626	36 477 158.5	1 699 968.6	1 290 165.4	23 339	3349	9 906 883.0	515	8 582 178.5	2 391 256.9	3264	635	5754	1050
江西	80 037	27 323 689.2	884 756.2	252 511.9	11 838	1661	2 150 128.4	502	2 934 771.4	988 357.7	1573	411	4275	851
河南	158 075	33 206 089.4	2 233 009.7	1 005 996.7	43 432	4208	2 054 558.2	894	8 070 175.7	1 110 233.7	5609	1064	9688	1442
湖北	174 160	41 235 462.7	2 129 646.5	1 537 598.5	49 797	5362	6 392 896.6	620	22 485 639.1	2 216 232.9	3648	699	12 847	1641
湖南	114 133	26 836 821.8	1 725 170.4	542 765.9	22 129	4349	2 901 770.9	202	9 042 916.5	1 470 616.4	2908	492	6947	1174

表9-8　中部地区众创空间数据综合

省份	众创空间数量/家	众创空间总收入/千元	众创空间的运营成本/千元	当年享受众创空间税收优惠政策免税金额总计/千元	当年为创业团队和初创企业减免房租总额/千元	众创空间使用总面积/平方米	提供工位数/个	众创空间服务人员数量/人	当年举办创新创业活动/场次	创业导师队伍/人	当年众创空间内获得财政资金支持的企业数量/家	当年众创空间内企业获得财政资金支持的金额/千元	当年服务的创业团队的数量/个	当年获得投融资的创业团队的数量/个	累计获得投融资的创业团队数量/个
山西	303	499 069.7	457 631.9	1280.6	46 414.2	898 806.4	51 123	4085	7854	4167	220	21 962.4	8242	206	662
安徽	311	562 195.6	451 701.1	6939.3	43 243.9	1 260 979.8	36 989	2993	4078	3896	700	119 593.2	5206	293	1838
江西	214	1 144 565.8	806 915.3	15 631.0	42 390.5	2 091 938.0	67 636	3924	3904	4126	1677	75 042.4	12 268	611	2895
河南	332	580 136.4	611 490.2	2861.7	54 560.0	1 140 340.5	59 559	3913	5794	6519	1090	75 336.6	13 026	1430	4994
湖北	429	1 318 893.9	1 308 857.2	28 786.2	72 752.9	1 688 502.9	64 062	4456	7322	7480	1293	129 816.9	11 211	457	2070
湖南	313	538 374.8	525 414.3	4467.0	73 144.3	1 036 874.1	52 253	3132	4910	5709	1168	145 485.7	6893	898	4236

续表

省份	创业团队当年获得投融资总额/千元	创业团队累计获得投融资总额/千元	创业团队人员数量/人	常驻创业团队拥有有效知识产权数量/项	其中：发明专利数量/项	大学生创业企业（团队）/家（个）	当年服务的初创企业的数量/家	当年获得投融资的初创企业的数量/家	累计获得投融资的初创企业的数量/家	初创企业当年获得投融资总额/千元	初创企业累计获得投融资总额/千元	初创企业吸纳就业人数/人	常驻初创企业拥有有效知识产权数量/项	其中：发明专利数量/项
山西	115 654.1	657 780.5	29 771	5053	407	4145	9846	218	696	112 760.0	725 083.7	32 815	8144	511
安徽	91 049.0	514 266.4	20 259	2447	455	3101	5978	326	1471	325 515.0	2 129 161.1	29 942	13 760	1050
江西	224 271.2	1 814 237.5	65 149	22 347	772	7615	5199	414	2002	247 487.0	1 865 254.2	35 869	15 235	657
河南	147 196.4	1 039 844.6	41 716	7227	1354	8173	9249	564	2146	297 009.7	2 079 310.1	46 461	13 381	1552
湖北	858 266.7	2 888 393.8	42 262	8751	1631	6812	12 146	539	2368	1 504 545.6	5 203 828.5	52 270	16 033	2084
湖南	124 511.3	2 212 428.2	30 415	5336	1103	4207	7258	516	3125	1 000 213.3	5 802 810.4	45 831	9158	1821

第十章　东北地区

一、总体概况

东北地区包括黑龙江、吉林和辽宁 3 个省份。东北地区作为四大地区中创业孵化机构规模最小的地区，仅拥有5.1%的创业孵化机构，服务了全国5.3%的在孵企业(团队)，整体贡献与其规模成正比。

（一）孵化规模发展平稳

2022 年，东北地区共有创业孵化机构 815 家，同比增长 1.9%，占全国的 5.1%。其中，孵化器 377 家，同比减少 3.1%；国家级孵化器 76 家，占比为 20.2%；众创空间 438 家，同比增长 6.6%；国家备案的众创空间 123 家，占比为 28.1%（表 10－1）。

2022 年，东北地区创业孵化机构面积达 891.9 万平方米，同比减少 6.1%，占全国的 5.1%。其中，孵化器面积为 694.8 万平方米，同比减少 7.3%；众创空间面积为 197 万平方米，同比减少 1.5%（表 10－1）。

在东北地区创业孵化机构数量和面积方面，辽宁对孵化机构发展支持力度最为明显，吉林孵化面积位居东北地区第 1 位，为区域企业孵化提供高品质载体空间（图 10－1）。

表10－1　东北地区创业孵化机构数量及面积情况

分类	2021 年	2022 年
创业孵化机构数量/家	800	815
孵化器数量	389	377
其中：国家级孵化器	74	76
众创空间数量	411	438
其中：国家备案的众创空间	111	123
创业孵化机构面积/万平方米	949.6	891.9
孵化器面积	749.5	694.8
众创空间面积	200.1	197.0

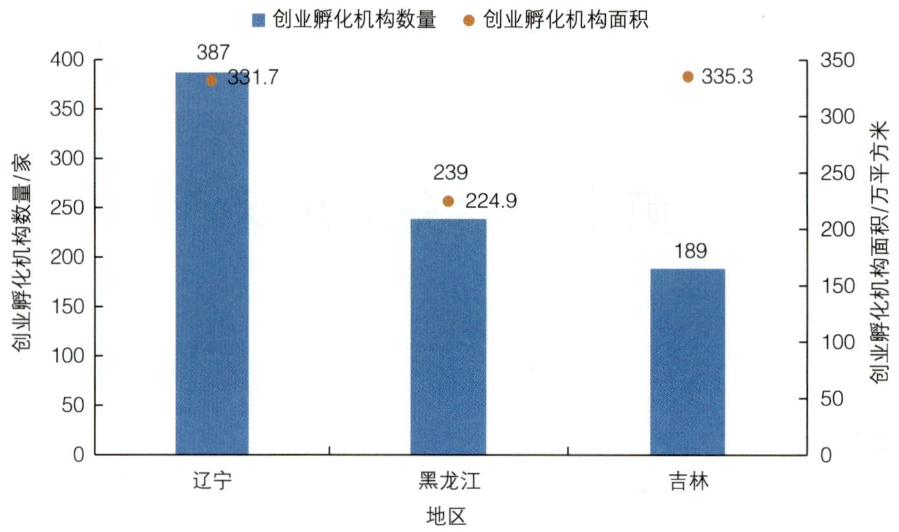

图10－1 东北地区各省份创业孵化机构数量及面积情况

（二）辽宁企业活力不竭

2022 年，东北地区创业孵化机构内在孵企业（团队）数量为 3.7 万家（个），同比减少 1.7%，占全国的 5.3%。其中，孵化器当年在孵企业（团队）数量为 1.4 万家（个），同比减少 7.8%；众创空间当年在孵企业（团队）数量为 2.4 万家（个），同比增加 2.3%（表 10－2）。

2022 年，东北地区创业孵化机构内当年上市（挂牌）企业总数为 13 家，同比减少 70.5%。其中，孵化器内当年上市（挂牌）的企业有 5 家，众创空间内当年上市（挂牌）的企业有 8 家（表 10－2）。

东北地区各省份在孵企业培育方面，辽宁在孵企业（团队）数量占比过半，企业集聚效应持续显现，有利于提升区域创新能力（图 10－2）。

表10－2 东北地区创业孵化机构内在孵企业（团队）情况 单位：家（个）

年份	在孵企业（团队）数量			当年上市（挂牌）企业数量		
	总数	孵化器	众创空间	总数	孵化器	众创空间
2021	37 845	14 841	23 004	44	35	9
2022	37 217	13 690	23 527	13	5	8

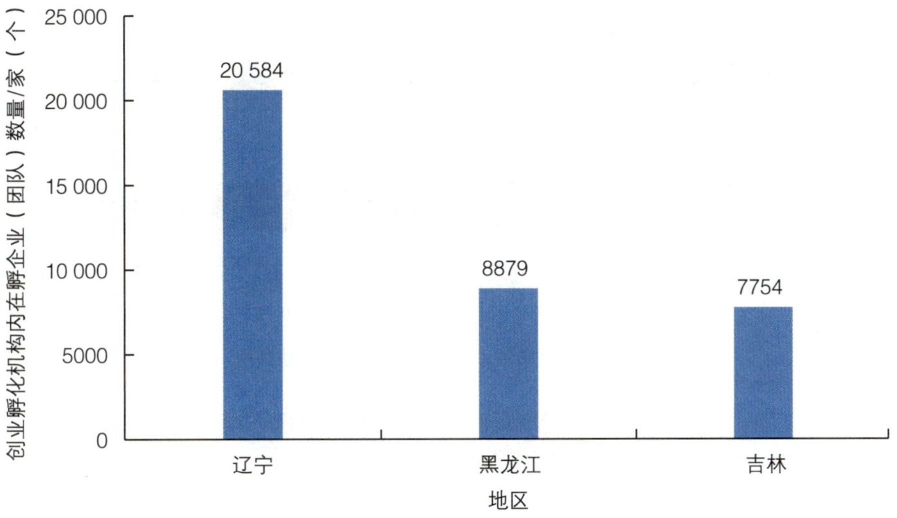

图10-2　东北地区各省份创业孵化机构内在孵企业（团队）情况

（三）吉林孵化效益最佳

2022 年，东北地区创业孵化机构总收入为 22.4 亿元，同比减少 6.7%，占全国的 2.8%。其中，房租及物业收入占比达到 35.4%，综合服务收入占比达 36.6%（表 10–3、图 10–3）。

2022 年，东北地区创业孵化机构运营总成本为 23.3 亿元，同比减少 2.1%，占全国的 3.4%。其中，场地费用占比为 23.3%，人员费用占比为 21.8%，管理费用占比为 25.1%（表 10–3、图 10–3）。

从创业孵化机构收入和运营成本来看，只有吉林省孵化机构实现一定的盈利，健康的财务在一定程度上促进孵化机构的加速发展（图 10–4）。

表10-3　东北地区创业孵化机构收入和运营成本情况　　单位：亿元

年份	收入			运营成本		
	总收入	孵化器	众创空间	总成本	孵化器	众创空间
2021	24.0	17.9	6.0	23.8	16.1	7.7
2022	22.4	16.2	6.2	23.3	15.2	8.1

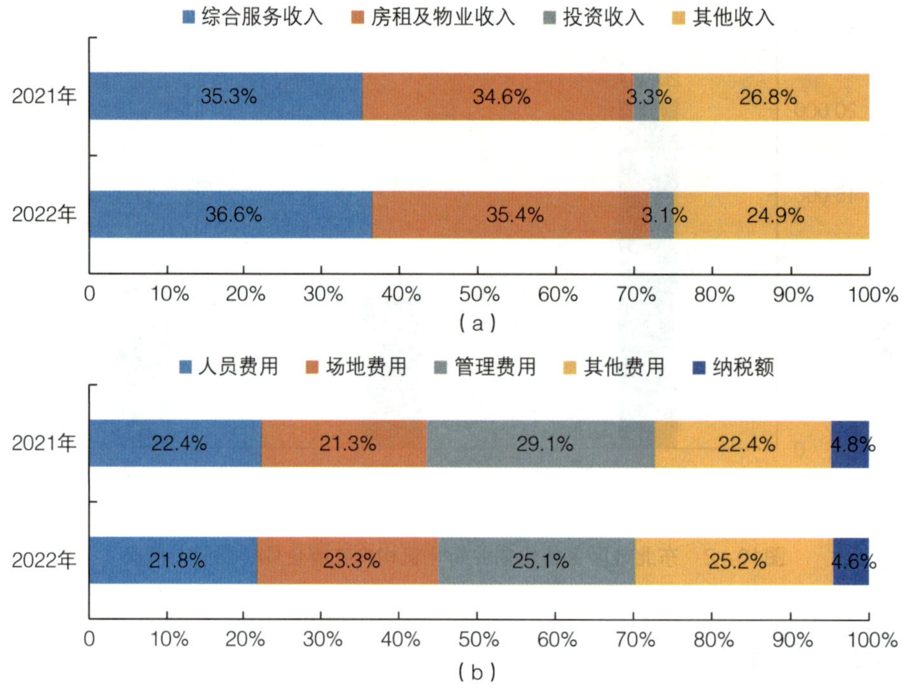

图10－3 东北地区创业孵化机构收入和运营成本分布情况

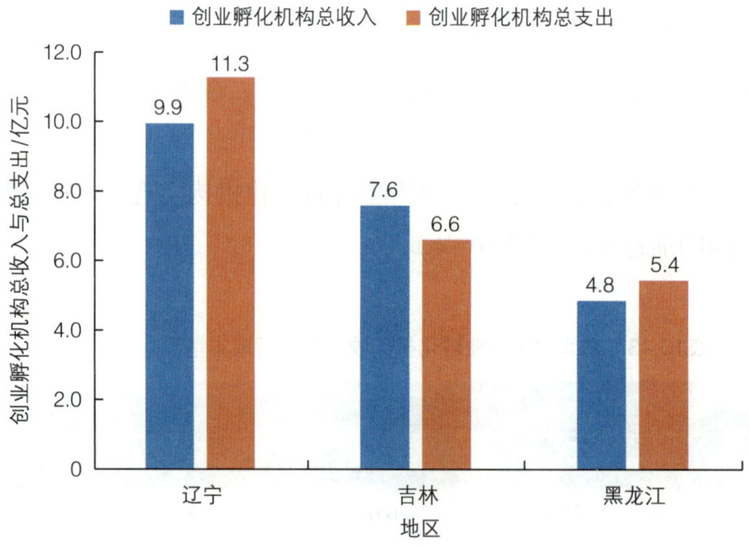

图10－4 东部地区各省份创业孵化机构总收入与总支出情况

（四）辽宁孵化人才占五成

2022 年，东北地区创业孵化机构共有管理服务人员 9609 人，同比减少 4.5%，占全国的 5.3%。共有创业导师 1.5 万人，同比增长 7.9%（图 10－5）。其中，辽宁孵化机构从业人员数量占整个地区的 48.0%，成为东北创业孵化人才的核心区域（图 10－6）。

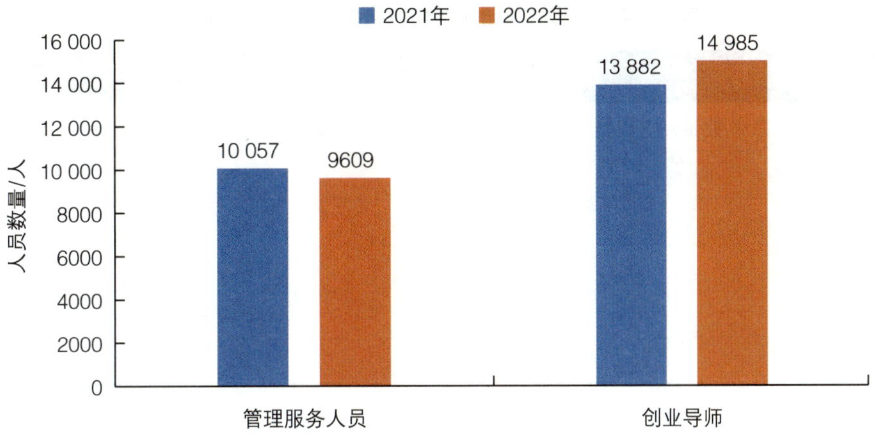

图10-5　东北地区创业孵化机构从业人员情况

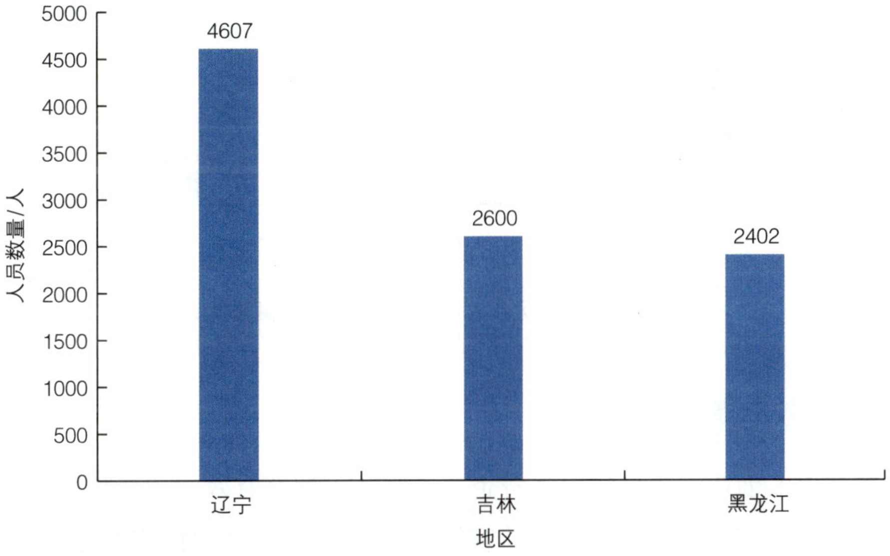

图10-6　东北地区各省份创业孵化机构从业人员情况

二、孵化绩效

（一）单家企业融资增强

2022 年，东北地区创业孵化机构内当年获得投融资的企业（团队）数量为 1171 家（个），同比减少 7.5%，占全国的 3.1%；当年获得投融资额为 13.5 亿元，同比减少 9.4%，占全国的 0.7%（表 10-4）。此外，辽宁在东北地区创业孵化机构内获得投融资的初创企业（团队）数量最多，为 738 家（个）；与之对应的是平均每家在孵企业投融资额最多的是黑龙江，为 173 万元（图 10-7）。总体来看，东北地区科技金融环境仍在不断优化。

表10－4　东北地区创业孵化机构内获得投融资情况

获得投融资情况	2021 年	2022 年
当年获得投融资的企业（团队）数量/家（个）	1266	1171
其中：孵化器	425	434
众创空间	841	737
当年获得投融资额/亿元	14.9	13.5
其中：孵化器	10.7	9.6
众创空间	4.2	3.9

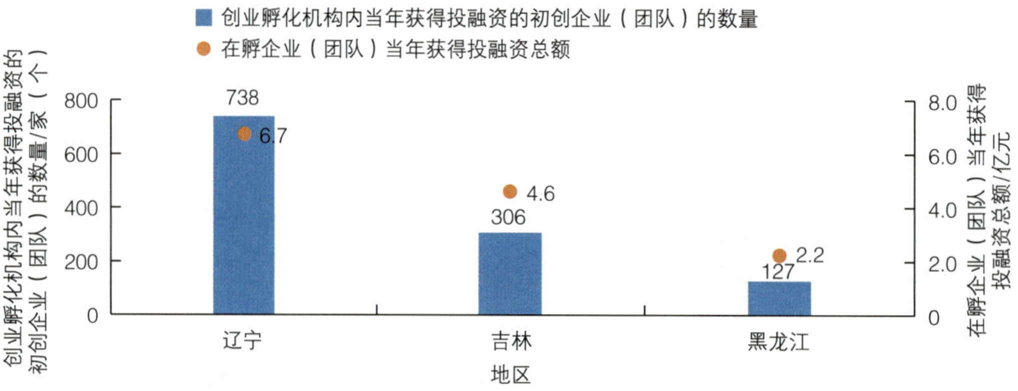

图10－7　东北地区各省份创业孵化机构投融资情况

（二）专利产出效率提升

2022 年，东北地区创业孵化机构内在孵企业（团队）拥有有效知识产权数达 5.7 万件，同比增长 24.1%，占全国的 3.7%。其中，孵化器在孵企业拥有有效知识产权数达 4 万件，同比增长 26.4%；众创空间内企业（团队）拥有有效知识产权数达 1.7 万件，同比增长 19.2%（表 10－5）。东北地区 3 个省份中，辽宁的有效知识产权和发明专利成果最为突出，表明辽宁专利成果质量明显高于其他两个省份，进一步促进其科技成果的产业化（图 10－8）。

表10－5　东北地区创业孵化机构内在孵企业（团队）知识产权情况　　单位：件

知识产权情况	2021 年	2022 年
拥有有效知识产权数	45 737	56 770
其中：孵化器	31 461	39 757
众创空间	14 276	17 013
拥有有效发明专利数	6926	8853

续表

知识产权情况	2021 年	2022 年
其中：孵化器	4403	6246
众创空间	2523	2607

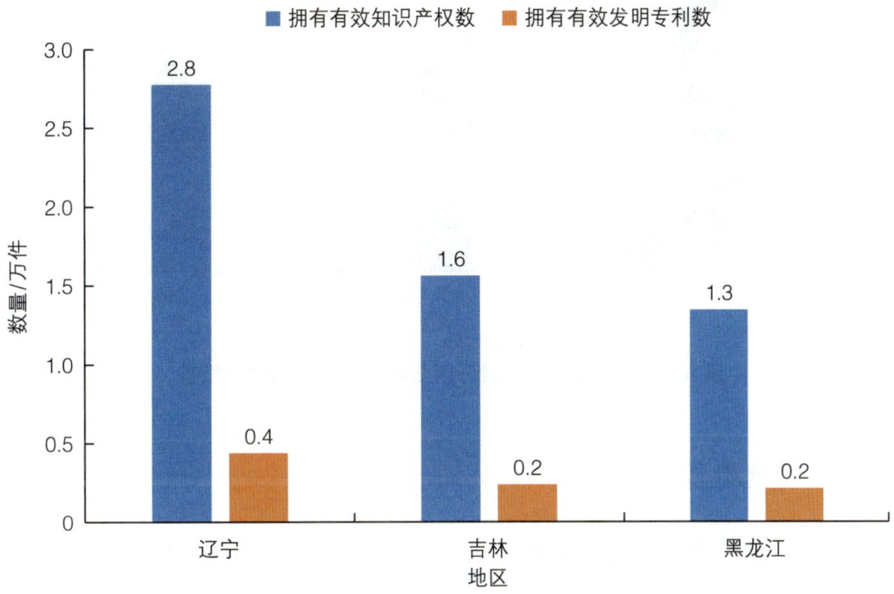

图10－8　东北地区各省份创业孵化机构知识产权情况

（三）吸纳就业能力较弱

2022 年，东北地区创业孵化机构内在孵企业共吸纳就业 25.1 万人，同比减少 2.3%，占全国的 5.1%。其中，吸纳应届大学毕业生创业就业共 2.3 万人，与上年基本持平，占全国的 4.7%（表 10－6）。东北地区 3 个省份中，以辽宁解决吸纳就业和应届大学毕业生为主，持续优化调整稳就业（图 10－9）。

表10－6　东北地区创业孵化机构内在孵企业吸纳就业情况　　单位：万人

年份	在孵企业吸纳就业情况			应届大学毕业生		
	总数	孵化器	众创空间	总数	孵化器	众创空间
2021	25.7	16.0	9.7	2.3	0.8	1.4
2022	25.1	15.3	9.8	2.3	0.9	1.4

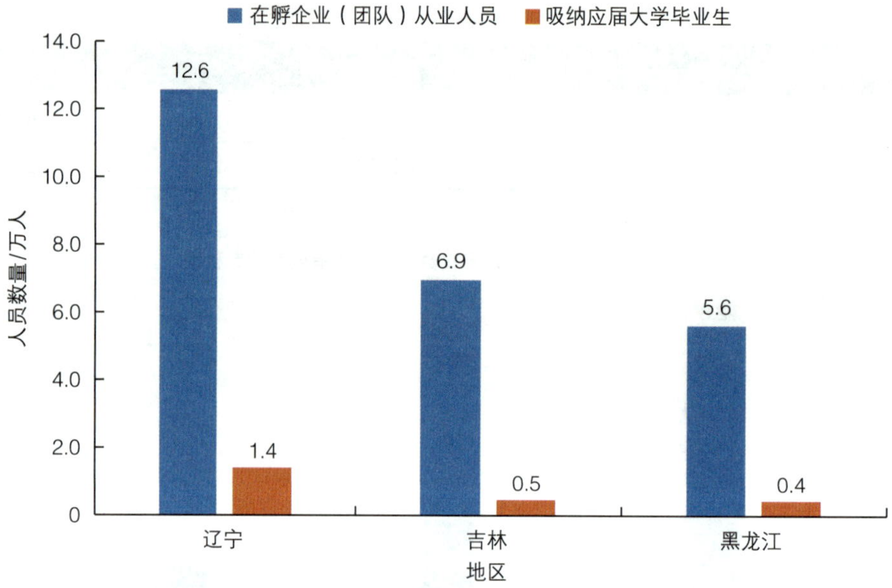

图10-9　东北地区各省份创业孵化机构吸纳就业情况

（四）研发投入成效明显

2022 年，东北地区科技企业孵化器在孵企业研发经费支出为 20.7 亿元，同比增长 4.7%，研发投入强度为 4.7%（图 10-10）。由图 10-11 可以看出，吉林在孵企业研发经费支出最多，高达 8.0 亿元，足以表明吉林对科技创新的高度重视（图 10-11）。

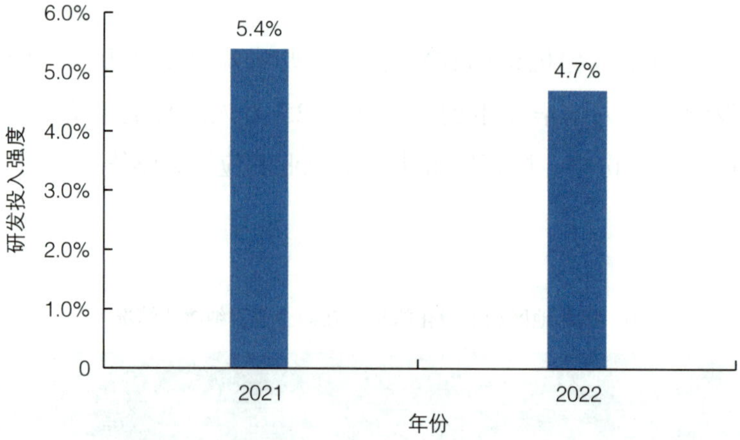

图10-10　东北地区创业孵化机构研发投入强度情况

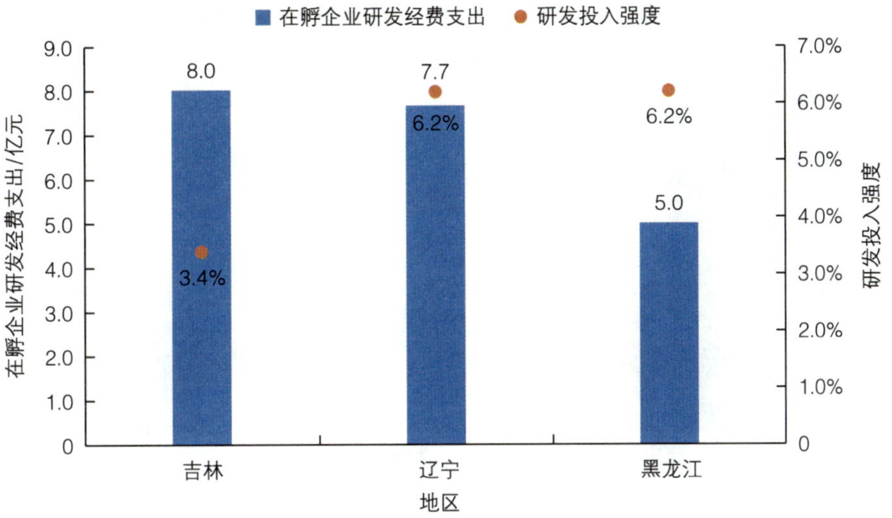

图10-11　东北地区各省份创业孵化机构内在孵企业研发情况

（五）创业服务整体深化

2022年，东北地区创业孵化机构共举办创新创业活动1.2万场次，同比减少5.4%，占全国的4.9%；开展创业教育培训4664场次，同比减少0.2%，占全国的4.9%（图10-12）。在东北地区3个省份中，辽宁开展创新创业活动场数是东北地区的一半多，开展创业教育培训场次超出六成，足以体现辽宁高度重视创新创业环境的优化（图10-13）。

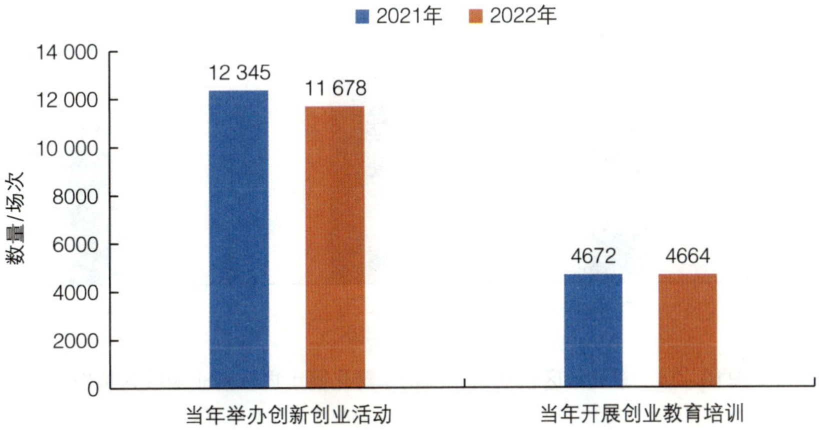

图10-12　东北地区创业孵化机构创业辅导情况

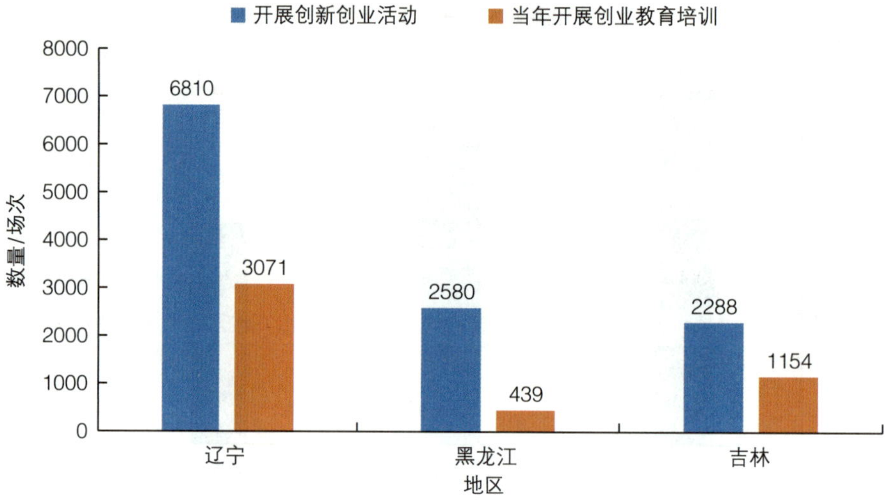

图10-13　东北地区各省份创业孵化机构开展创新创业活动及教育培训情况

（六）吉林企业效益领先

2022 年，东北地区创业孵化机构（孵化器）内在孵企业收入达到 440 亿元，占全国的 4.1%。3 个省份中，只有吉林在孵企业收入超过 200 亿元，占东北地区在孵企业收入的 53.7%（图 10-14）。

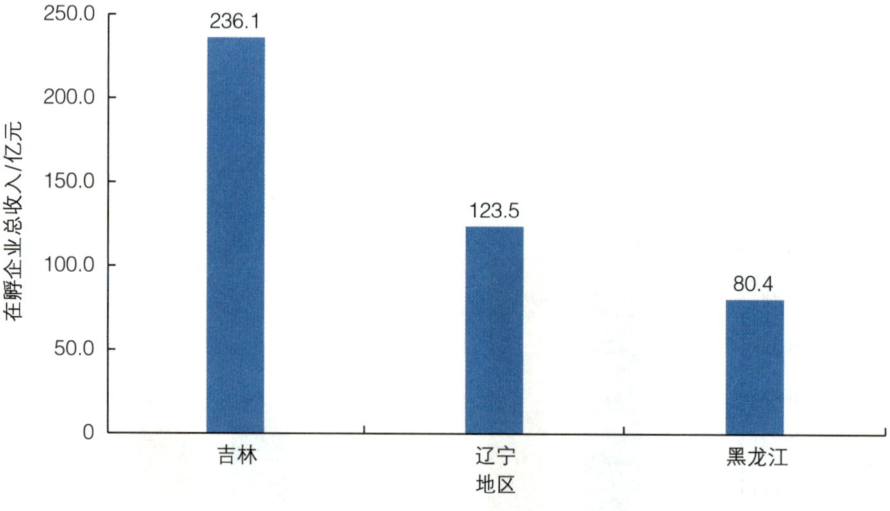

图10-14　东北地区创业孵化机构（孵化器）内在孵企业收入情况

三、突出区域特色做法

（一）吉林特色做法

吉林省始终把加强科技企业孵化器建设摆在突出位置，孵化器数量从无到有，规模从小到大，从开始的跟随模仿到探索出符合本地实际的发展模式，走出了一条具有吉林特色的发展道路，建成了长春科技创业服务中心、吉林省光电子产业孵化器等一批高水平科技企业孵化器，为区域经济发展做出突出贡献。

加强科技动态管理，促进孵化载体健康发展。组织开展国家级、省级科技企业孵化器、众创空间和大学科技园的考核评价工作。参加2021年度国家级科技企业孵化器考核评价工作，其中优秀5家、良好8家、合格10家。组织开展2021年度吉林省科技企业孵化器（众创空间）考核评价工作，130家省级科技企业孵化器、众创空间和大学科技园通过自我评价、专家评审、厅务会审议，确定31家科技企业孵化器、众创空间和大学科技园为优秀（A类），55家为良好（B类），28家为合格（C类），9家为不合格（D类）。撤销7家已停止运营的科技企业孵化器（众创空间）。通过“奖优罚劣”，不断加强自身建设，提升服务能力，完善创新创业生态系统，促进吉林省创业孵化载体持续健康发展。

吉林省光电子产业孵化器致力于打造特色产业集群，一大批科技成果转化落地，促进了产业链条的集聚，形成了区域经济的新增长点，为促进地方产业升级和经济结构转型升级做出了重要贡献。作为省内唯一一家科技部“创业苗圃—孵化器—加速器”孵化链条建设示范单位，先后5次被认定为国家级A类科技企业孵化器，依托长春光机所国际一流技术条件和人才优势，坚持高质量发展，通过集聚科研力量、加速科技成果转化、建设公共技术服务平台、培养和引进高层次人才。围绕核心元器件、激光技术及应用、航空航天信息、新材料与应用、智能制造与装备、半导体显示与照明、医疗与生命科学七大产业领域，形成“北斗七星”产业发展格局。园区内在孵企业56家，累计孵化企业150余家，其中国家专精特新“小巨人”企业3家、吉林省专精特新企业4家、长春市专精特新企业13家、国家高新技术企业48家，科技型中小企业占比高达90%以上，涌现出吉林省唯一一家独角兽企业——长光卫星，国家制造业单项冠军企业——光华微电子，国家专精特新“小巨人”企业——长光宇航，以及长光智欧、长光辰谱、博翔无人机等一大批高新技术企业。区企业销售收入超3.58亿元，与长春光机所工程师联合开展“工程师训练营”“工程师云课堂”等活动，开展企业管理讲座2次，惠及企业86家。光电子产业孵化器以全面带动企业高质量发展为目标，打造“管家式服务模式”，加强梯度培育体系建设，促使企业加速成长壮大。

吉林省光电子产业孵化器始终聚集高科技企业、高端人才，聚合创业要素资源网，按照36～48个月的周期性，以多类型划分、多元化阶梯式培育在孵企业，为孵化企业提供专业精深的技术支持和广阔的商务平台。

（二）辽宁特色做法

作为工业摇篮、科教大省，辽宁省在科技创新上“家底”厚实，拥有 1652 家科研机构、114 所普通高等院校。在辽宁，依托高新区和大学科技园等载体，一条“众创空间—孵化器—加速器—产业园”创业孵化链条逐步形成。引导科技企业孵化器、众创空间、大学科技园等孵化载体向精细化、专业化方向发展，支持龙头骨干企业、高校、科研院所围绕优势细分领域建设平台型众创空间。

完善政策制度落实保障。实施奖优罚劣、动态管理，择优给予 54 家载体后补助支持，撤销 15 家连续两年评价不合格载体的省级称号，引导科技企业孵化器等载体规范健康发展。省、市、区三级密切配合，落实国家关于减税降费政策要求。2022 年，对符合条件的科技企业孵化器、众创空间和大学科技园免收税金 1600 余万元。

构建适配的科技金融体系。例如，星咖汇众创空间探索建立“种子基金 + 天使基金 + 风险投资 + 私募股权”的多层次投资体系，构建起覆盖“投、孵、融、担、贷”全链条的投融资服务体系。早期孵化基金 3000 万元，初创期天使基金 6000 万元，成长期风险基金 1 亿元，创投合作基金 2 亿元。目前利用自有及参股合作基金，投资科技企业和项目 46 家（项），投资金额达 4.4 亿元。

创业带动就业显效。引导博众青年创业工场、米库创服空间等社会载体开展面向大学生的创业讲座、沙龙等活动，协同助力大学生创新创业。沈阳化工大学科技园孵化器积极打造校内科技成果转化、高新企业孵化、创新创业人才培养平台，在孵企业累计提供科技创业实习岗位 500 个，接纳学生实习实训 2 万人；辽宁装备制造职业技术学院创新创业孵化基地与东北大学创新创业教育学院开展战略合作，孵化基地累计孵化企业 55 家，提供就业岗位超过 1500 个。

构建“龙头企业 + 孵化”新生态。例如，阜新易创创新孵化基地重点发展动漫产业，已与中央电视台、北京电视台、好未来教育集团、腾讯影视、华谊兄弟传媒、上海淘米动画等国内多家媒体开展合作，目前入住企业 22 家，入驻以来企业缴纳税费达 380 万元，带动就业 260 人。沈阳新咖汇创新空间以市场为导向，整合各种创新要素资源，为科研人员、企业和高校院所提供精准、高效、一体化的技术转移、成果转化、产业孵化和投融资服务。已完成三大领域的 9 个工程中心，以及 12 个延伸技术平台的建设工作。沈阳梧桐纳斯众创空间建有中国航天科工集团东北地区军民融合技术转移推进基地，打造军民融合科技成果转化平台。吸引入驻的创客、创业团队、企业 126 家（个），培育科技型企业 69 家。

（三）黑龙江特色做法

黑龙江省持续加大对科技企业孵化器、众创空间、大学科技园等孵化载体的扶持力度，通过加大培育力度、出台激励奖励政策、强化认定与评价管理等措施，以实施高校院所、企业科技成果产业化为重点，围绕重点产业建设要素集聚、服务优质的专业化载体。

科技孵化服务体系建设取得新突破。黑龙江省启动环大学大院大所创新创业生态圈建设，首批在哈尔滨、齐齐哈尔、佳木斯、大庆四市布局7个创新创业生态圈。全省评定省级科技企业孵化器63家。对25家孵化绩效突出的孵化载体予以奖励支持。例如，深哈产业园是深哈对口合作的核心承载区，建立了以"能复制皆复制，宜创新皆创新"为原则的"带土移植"机制，打造新一代信息技术、新材料、智能制造、现代服务业四大产业集群，构建从创新创业、科创总部到智能制造的全生命周期产业链。集合了展示、会议、研发、办公、柔性生产、居住、商业服务等10种功能，构建从"创新创业—孵化加速—总部上市"+"科技金融"产业全生命周期发展平台。共同投资约39亿元组建深圳（哈尔滨）产业园投资开发有限公司，并设立10亿元的深哈产业投资基金和1亿元的天使基金，推动科技创新企业与深圳资本市场对接。共建定制化的"园区政务服务中心"和"党群服务中心"，推进企业办事不出园区，落实审批"只跑一次"的工作要求，实现深哈公司1天完成公司注册，36天取得施工许可证。

创新平台体系建设取得新进展。例如，哈工大科技园连续4年获评国家级科技企业孵化器（A类），依托学校学科、人才和科研优势，以功能拓展和服务能力提升为着力点，不断强化"创新资源集成、科技成果转化、科技创业孵化、创新人才培养、开放协同发展"五大功能，优化创新创业生态，推动学校科技成果转化，促进区域经济发展。哈工大基础研究类平台、科技创新类平台和工程应用类平台，与大学科技园产业孵化平台整合为一体，形成科技成果从源头创生到成熟转化的一体化链条。以哈工大科技项目为主要来源和牵引，打破行业和部门界限，建立协同创新机制，结合龙江产业，实现"政、产、学、研、金、介"资源整合和深度融合。哈工大科技园实施"孵化+投资"的商业运营模式，通过技术交易、股权投资等方式取得收益，以无形资产和资金的方式进行股权投资，孵化出2家上市企业——博实自动化股份、奥瑞德光电股份，培育了2家新三板挂牌企业——哈工大软件工程、哈尔滨强石混凝土。

四、东北地区数据综合表

东北地区孵化器、众创空间数据综合，如表 10-7、表 10-8 所示。

表10-7　东北地区孵化器数据综合

省份	孵化器数量/家	孵化器总收入/千元	获得各级财政资助额/千元	孵化器使用总面积/平方米	管理机构从业人员/人	开展创新创业活动/场次	创业导师的数量/人	当年享受孵化器税收优惠政策免税金额总计/千元	孵化器的运营成本/千元	当年为在孵企业减免房租总额/千元	孵化器签约中介机构数量/家	孵化器对公共技术服务平台投资额/千元	公共技术服务平台总收入/千元	在孵企业数/家
辽宁	99	555 525.9	63 398.5	1 906 953.6	1362	2077	1423	14 027.1	488 855.3	72 001.8	916	64 270.9	53 220.7	4380
吉林	95	639 351.6	40 714.5	2 924 520.5	1499	1206	1456	16 846.0	554 296.3	68 271.4	941	78 682.3	29 662.5	3702
黑龙江	183	424 975.4	71 334.2	2 116 990.4	1936	1923	1794	3851.6	478 520.4	68 301.9	1002	57 042.9	118 256.4	5608

续表

省份	在孵企业从业人员/人	在孵企业总收入/千元	在孵企业研究与试验发展（R&D）经费支出/千元	在孵企业累计获得财政资助额/千元	拥有有效知识产权数/件	其中：发明专利/件	孵化器孵化基金总额/千元	当年获得孵化基金投资的在孵企业数量/家	在孵企业累计获得投融资总额/千元	其中：当年获得投融资总额/千元	累计获得投融资的企业数量/家	其中：当年获得投融资的企业数量/家	累计毕业企业/家	当年毕业企业/家
辽宁	54 189	12 352 542.5	765 459.1	194 182.9	16 953	2322	2 686 800.0	91	2 716 253.2	376 488.4	1191	158	4835	496
吉林	54 972	23 607 285.2	801 196.2	272 706.3	12 541	2119	1 540 342.0	181	1 234 287.9	377 238.2	900	195	2751	382
黑龙江	43 778	8 042 550.0	499 206.0	460 909.3	10 263	1805	1 332 851.3	72	2 179 305.1	209 730.7	637	81	4042	439

表10－8　东北地区众创空间数据综合

省份	众创空间数量/家	众创空间总收入/千元	众创空间的运营成本/千元	当年享受众创空间税收优惠政策免税金额总计/千元	当年为创业团队和初创企业减免房租总额/千元	众创空间使用总面积/平方米	提供工位数/个	众创空间服务人员数量/人	当年举办创新创业活动/场次	创业导师队伍/人	当年众创空间内获得财政资金支持的企业数量/家	当年众创空间内企业获得财政资金支持的金额/千元	当年服务的创业团队的数量/个	当年获得投融资的创业团队的数量/个	累计获得投融资的创业团队数量/个
辽宁	288	438 188.0	638 862.0	2084.5	36 689.4	1 410 173.0	49 328	3245	4733	7785	978	91 207.8	8743	406	1821
吉林	94	119 077.0	105 537.6	2317.6	14 793.8	428 452.8	12 856	1101	1082	1708	73	2826.6	2376	50	280
黑龙江	56	59 759.2	64 830.1	254.5	6515.2	131 569.7	7314	466	657	819	38	8580.3	1405	16	121

续表

省份	创业团队当年获得投融资总额/千元	创业团队累计获得投融资总额/千元	创业团队人员数量/人	常驻创业团队拥有有效知识产权数量/项	其中：发明专利数量/项	大学生创业企业（团队）/家（个）	当年服务的初创企业的数量/家	当年获得投融资的初创企业的数量/家	累计获得投融资的初创企业的数量/家	初创企业当年获得投融资总额/千元	初创企业累计获得投融资总额/千元	初创企业吸纳就业人数/人	常驻初创企业拥有有效知识产权数量/项	其中：发明专利数量/项
辽宁	88 537.4	454 601.6	37 874	2761	538	5567	7461	174	1180	206 677.6	1 878 124.5	33 449	8028	1509
吉林	58 400.5	217 012.5	9083	1729	135	873	1676	61	220	22 891.5	286 968.5	5433	1324	112
黑龙江	2170.0	76 831.5	4907	502	38	1143	1866	30	198	10 692.7	667 696.7	7464	2669	275

第十一章　计划单列市

一、计划单列市孵化器整体情况

2022 年，大连、宁波、厦门、青岛和深圳 5 个计划单列市的主要指标有增有减。其中，宁波和厦门的主要指标同比均有所增长，但大连的多项指标较 2021 年有所降低。2022 年，深圳在多个指标上依然占据显著优势地位，规模和数量都远超其他单列市（表 11－1）。

表11－1　5个计划单列市孵化器主要指标对比情况

指标	大连		宁波		厦门		青岛		深圳	
	2021 年	2022 年	2021 年	2022 年	2021 年	2022 年	2021 年	2022 年	2021 年	2022 年
孵化器总数量/家	36	33	39	50	40	48	54	49	205	219
孵化器使用总面积/百万平方米	0.5	0.4	0.9	1.0	0.9	0.9	0.9	0.9	4.2	3.9
在孵企业数量/家	1640	1442	2002	2291	1911	2085	2035	2221	6924	7146
当年新增在孵企业数量/家	416	419	488	505	654	740	424	533	1881	1987
当年毕业企业数量/家	200	147	279	348	238	271	206	256	1119	1149

二、计划单列市众创空间总体情况

2022 年，大连、宁波、厦门、青岛和深圳 5 个计划单列市众创空间主要指标相对稳定。其中，大连与厦门各项指标表现情况均较好（表 11－2）。

表11-2　5个计划单列市众创空间总体情况

众创空间指标	大连		宁波		厦门		青岛		深圳	
	2021 年	2022 年	2021 年	2022 年	2021 年	2022 年	2021 年	2022 年	2021 年	2022 年
众创空间总数量/家	62	69	86	107	83	89	86	77	329	337
总收入/亿元	1.2	1.3	3.1	3.6	1.8	2.0	1.6	1.6	15.3	12.7
运营成本/亿元	2.9	3.1	2.6	3.6	1.7	2.0	1.4	1.5	15.5	13.2
当年享受众创空间税收优惠政策免税金额总计/万元	7.2	16.3	399.0	192.5	135.6	123.4	125.8	15.3	983.4	884.2
使用总面积/万平方米	26.6	26.7	93.5	101.9	24.7	25.7	17.1	15.6	112.1	110.4
提供工位数/万个	0.8	0.8	2.2	2.3	1.9	2.0	1.0	0.9	8.1	8.5
服务人员数量/人	629	677	1082	1233	574	609	847	641	3200	2994
创业导师队伍/人	1294	1312	2119	2737	1706	1991	1393	1651	4418	4545
当年上市（挂牌）企业/家	1	0	14	8	9	6	2	2	6	4
当年新注册企业数量/家	849	1189	1193	1604	740	752	737	604	2096	2020
当年服务的创业团队数量/个	2537	2646	4693	4680	1820	1737	1739	1536	4919	4609
常驻创业团队拥有有效知识产权数量/件	348	742	1904	1775	1102	1584	932	842	3109	3365
当年服务的初创企业数量/家	1706	1766	4341	5097	1766	1770	2094	1829	9222	8467
常驻初创企业拥有有效知识产权数量/件	1836	2140	3791	4209	2830	2864	1437	1455	20 518	21 562

附　录

附录A　2022年创业孵化大事记

2 月 7 日，《科技部关于开展国家级科技企业孵化器和国家备案众创空间信息变更管理模式创新试点工作的通知》（国科发火〔2022〕23 号）正式印发，在北京、上海等 6 个城市开展先行先试，推动孵化器、众创空间管理服务模式改革。

2 月 9 日，《关于延长部分税收优惠政策执行期限的公告》（财政部　税务总局公告 2022 年第 4 号）发布，其中延续优惠了《关于科技企业孵化器大学科技园和众创空间税收政策的通知》（财税〔2018〕120 号）政策。

4 月 19 日，发布《科技部关于公布 2021 年度国家级科技企业孵化器的通知》（国科发火〔2022〕94 号），公布国家级科技企业孵化器 2021 年度评价结果。

6 月 30 日，发布《科技部关于公布 2021 年度国家备案众创空间的通知》（国科发火〔2022〕184 号），公示 2021 年度国家备案众创空间名单。

8 月 29 日，由科技部火炬中心和上海市科委共同举办“2022 浦江创新创业者论坛”，论坛主题是双创，新“碳”途。

7—8 月，联合湖南、湖北、江苏、天津、河北等省级科技主管部门及有关国家高新区开展了“科技创业带动高质量就业行动”大学生专场招聘活动。其间先后举办专场招聘活动 50 余场，累计吸引应届高校毕业生 4 万多人参加，发布岗位 9000 多个。

9 月 15 日，由科技部、安徽省人民政府主办，科技部火炬中心、安徽省科技厅、合肥市人民政府共同承办的“众创—孵化—加速・科技创新创业体系化发展论坛”在 2022 年全国双创活动周合肥主场地举办。同期开展了“科技双创成果微展”及“火炬创业导师合肥行”等系列活动。

10 月 20 日，发布《关于取消大唐创新港投资（北京）有限公司等 11 家孵化器国家级科技企业孵化器资格的通知》（国科办火〔2022〕149 号）。

11 月 8 日，发布《关于同意部分国家级孵化器相关事项变更的函》（国科火字〔2022〕188 号），完成 47 项国家级孵化器有关信息变更审核工作。

11 月 16 日，在澳门举办第二届“内地与澳门企业家创新创业论坛”。本次论坛由科技部港澳台办公室、澳门特别行政区政府经济及科技发展局共同指导，科技部火炬中心、澳中致远投资发展有限公司、澳门青年创业孵化中心联合主办。来自横琴粤澳深度合作区、深圳高新区、中山火炬高新区、江门高新区、肇庆高新区等园区代表，以及内地和澳门的专家学者、企业代表、创业孵化机构等代表参会。

附录B　2022年各地区科技企业孵化器基本情况

表B－1　孵化器规模数据

地区	孵化器数量／家	孵化器使用总面积／万平方米	其中：办公用房／万平方米	在孵企业用房／万平方米	公共服务用房／万平方米	其他／万平方米	管理机构从业人员／人	其中：大专以上人员／人	接受专业培训人员／人
北京	272	445.0	25.9	308.0	78.1	33.0	5173	4889	2289
天津	110	145.7	5.8	113.0	18.2	8.6	1258	1186	809
河北	326	572.3	50.8	388.8	61.1	71.7	3605	3234	2234
山西	72	146.7	5.3	105.6	22.2	13.6	1012	914	539
内蒙古	49	135.4	10.4	96.3	19.1	9.6	779	735	478
辽宁	99	190.7	7.5	143.6	27.5	12.1	1362	1283	822
吉林	95	292.5	22.4	187.2	38.9	43.9	1499	1357	734
黑龙江	183	211.7	13.3	139.9	24.4	34.1	1936	1773	963
上海	204	261.3	14.6	192.8	31.3	22.5	2586	2500	1577
江苏	1150	2632.8	161.2	1888.4	298.3	284.9	12 421	11 933	7265
浙江	580	1110.6	46.1	833.7	128.8	102.0	6094	5710	3337
安徽	253	404.6	19.4	311.3	46.0	27.9	2600	2480	1691
福建	142	304.0	18.4	206.3	35.6	43.7	1715	1594	792
江西	132	467.2	31.1	323.9	55.9	56.3	2284	1980	1170
山东	342	922.4	43.6	642.3	123.5	112.9	4399	4033	2703
河南	225	411.5	21.4	300.1	55.8	34.2	2992	2892	2067
湖北	338	789.0	51.3	547.4	100.4	89.9	4008	3569	2290
湖南	131	323.8	14.9	248.9	39.8	20.2	1892	1760	1193
广东	1066	1668.1	90.4	1100.4	234.6	242.7	11 215	10 065	6059
广西	115	167.2	7.9	124.7	21.1	13.6	1192	1103	747
海南	6	12.0	0.7	9.3	1.7	0.2	78	77	37
重庆	188	256.9	18.0	182.6	34.7	21.4	2006	1890	1016
四川	184	284.6	14.6	201.4	40.6	28.0	2477	2315	1571

续表

地区	孵化器数量 / 家	孵化器使用总面积 / 万平方米	其中：办公用房 / 万平方米	在孵企业用房 / 万平方米	公共服务用房 / 万平方米	其他 / 万平方米	管理机构从业人员 / 人	其中：大专以上人员 / 人	接受专业培训人员 / 人
贵州	47	390.2	29.5	293.5	35.7	31.6	921	749	413
云南	43	87.9	4.9	68.0	11.4	3.6	622	581	409
西藏	4	3.2	0.3	2.2	0.6	0.1	36	34	28
陕西	148	440.1	17.4	323.0	62.2	37.6	2522	2398	1553
甘肃	77	252.3	29.8	136.5	63.0	23.0	1467	1307	633
青海	16	134.9	7.5	87.2	9.1	31.2	279	243	110
宁夏	25	78.4	3.4	60.7	8.1	6.1	444	384	219
新疆	26	87.8	6.2	59.7	15.6	6.3	407	397	248
新疆生产建设兵团	11	55.2	2.5	24.5	2.6	25.6	228	194	101

表B-2　出资金额数据

单位：万元

地区	财政出资	企业出资	社会组织出资	其他出资
北京	249 698.9	1 301 593.7	84.6	19 269.3
天津	74 694.4	168 120.5	201.0	12 321.4
河北	248 447.4	579 487.7	8689.5	5642.6
山西	44 322.6	138 223.1	487.0	527.2
内蒙古	28 905.1	162 701.4	3132.7	1.8
辽宁	44 754.4	173 661.6	60.0	2215.1
吉林	114 234.0	396 647.2	13 851.4	6076.1
黑龙江	183 792.0	244 080.8	799.0	10 648.5
上海	22 159.5	582 324.7	67 631.0	27 153.1
江苏	2 803 231.1	3 345 099.2	67 155.7	85 719.4
浙江	1 206 517.6	1 354 369.3	7283.6	26 021.7
安徽	220 695.2	573 386.4	1105.9	6012.2
福建	352 557.3	162 017.4	664.7	8943.1
江西	115 723.3	382 321.2	698.7	22 161.1
山东	1 487 545.0	992 951.2	7953.4	15 868.5
河南	429 414.1	905 361.9	11 049.4	8121.7
湖北	143 018.3	783 248.9	4247.0	19 088.8
湖南	259 020.3	713 966.3	525.0	5406.1
广东	749 748.3	3 371 330.3	21 066.7	69 544.9

续表

地区	财政出资	企业出资	社会组织出资	其他出资
广西	101 644.7	164 104.9	19.3	22.6
海南	1480.0	12 001.5	0.0	0.0
重庆	172 832.2	199 790.7	765.4	3336.9
四川	201 626.5	648 912.0	20 883.0	14 995.5
贵州	191 563.2	670 619.6	566.7	43 535.1
云南	19 844.9	396 809.3	2072.5	3046.0
西藏	2928.2	930.0	0.0	1030.0
陕西	199 395.1	396 154.4	5271.3	6566.0
甘肃	316 501.0	562 457.1	1128.3	79 933.7
青海	120 261.2	190 998.9	200.0	397.6
宁夏	90 439.6	56 854.7	0.0	0.0
新疆	99 515.9	48 766.0	2843.7	11 701.0
新疆生产建设兵团	1797.7	77 092.4	0.0	2450.0

表B-3 载体运营数据

单位：万元

地区	孵化器总收入	其中：综合服务收入	房租及物业收入	投资收入	其他收入	净利润	孵化器的运营成本	其中：人员费用	场地费用	管理费用	其他费用	纳税额
北京	720 619.4	172 332.3	404 664.3	16 526.3	127 096.5	37 954.5	575 363.7	124 110.0	140 874.4	93 407.8	175 138.2	41 833.3
天津	65 881.8	25 869.7	29 636.7	4524.1	5851.3	4460.9	52 142.6	12 509.6	12 539.2	12 361.1	11 010.8	3722.0
河北	96 357.4	15 637.2	65 195.0	2879.0	12 646.2	8004.4	88 168.6	22 321.7	28 210.2	19 572.0	12 616.5	5448.2
山西	48 415.3	22 602.4	18 782.5	2933.4	4097.0	2010.2	34 498.2	6161.3	12 323.1	9482.8	3827.4	2703.7
内蒙古	31 485.7	13 428.8	8383.0	2349.7	7324.3	3011.8	24 200.7	6369.7	2700.5	7668.9	5711.2	1750.3
辽宁	55 552.6	27 167.2	16 763.6	1695.6	9926.2	-374.0	48 885.5	10 841.9	13 618.0	9473.0	11 811.7	3140.9
吉林	63 935.2	15 902.1	27 194.2	1424.2	19 414.7	-2071.7	55 429.6	11 721.1	8642.4	14 934.4	17 201.9	2929.9
黑龙江	42 497.5	13 129.5	17 149.3	1615.6	10 603.1	-1495.3	47 852.0	9985.2	6290.1	14 668.7	14 538.4	2369.6
上海	251 920.1	54 381.3	139 850.2	2770.2	54 918.3	6205.5	241 824.4	48 743.0	73 125.3	51 527.3	54 169.7	14 259.2
江苏	931 041.5	257 968.9	449 676.9	40 530.4	182 865.3	-5215.3	789 925.3	152 145.4	206 976.5	198 992.7	158 952.6	72 858.1
浙江	496 897.8	104 441.6	304 779.4	24 820.1	62 856.6	16 214.7	391 939.0	70 863.9	146 484.2	82 711.2	59 741.8	32 137.8
安徽	114 206.2	31 685.9	49 731.1	4190.7	28 598.5	6735.2	89 144.1	20 964.8	19 816.8	22 641.3	20 009.2	5712.1
福建	108 324.5	20 741.3	54 990.9	19 010.4	13 581.9	2739.6	80 902.5	20 205.6	20 489.1	12 177.9	18 318.8	9711.1
江西	112 235.9	37 350.9	40 693.7	13 260.4	20 930.9	3235.4	85 266.8	18 627.8	11 298.7	15 548.3	27 563.8	12 228.3
山东	242 728.3	58 927.8	118 178.2	14 344.0	51 278.3	25 440.2	221 091.1	44 453.6	35 826.7	81 172.0	37 091.4	22 547.4
河南	127 543.6	52 920.1	48 182.2	5821.3	20 620.0	7270.4	94 085.7	21 271.0	18 799.8	20 422.1	25 274.6	8318.2
湖北	308 913.1	78 006.4	150 210.5	13 706.4	66 989.8	81 784.5	197 962.8	40 072.3	55 766.4	39 023.5	47 326.3	15 774.4
湖南	94 029.2	24 234.3	50 818.4	11 380.1	7596.4	16 662.3	69 377.4	16 735.1	22 709.3	17 971.9	8125.6	3835.4
广东	1 147 091.0	290 968.5	727 369.3	32 124.8	96 628.4	72 347.2	971 812.2	163 486.7	325 939.1	192 800.2	202 936.3	86 650.0
广西	44 294.8	15 477.1	17 743.6	614.2	10 459.9	-474.0	39 226.6	8730.5	7387.0	9665.2	10 551.5	2892.4
海南	9467.2	576.9	7754.2	833.0	303.1	-935.3	8576.2	922.1	2318.1	2759.7	2464.5	112.0
重庆	65 981.8	20 052.1	29 728.5	5285.4	10 915.8	7276.3	79 363.7	21 831.9	21 682.8	16 131.9	15 893.7	3823.5
四川	190 760.0	77 979.3	59 763.8	7766.6	45 250.4	16 857.2	122 271.9	28 341.8	29 623.2	20 184.4	31 498.8	12 623.8
贵州	85 410.4	18 942.9	20 218.9	16 034.5	30 214.2	2856.2	23 688.9	5987.4	5248.8	4622.2	5898.3	1932.1

续表

地区	孵化器总收入	其中：综合服务收入	房租及物业收入	投资收入	其他收入	净利润	孵化器的运营成本	其中：人员费用	场地费用	管理费用	其他费用	纳税额
云南	19 633.8	5719.2	6438.2	199.7	7276.7	−1523.3	20 262.2	4724.2	5065.5	4790.6	4817.7	864.3
西藏	651.0	168.0	32.0	197.0	254.0	118.9	954.2	354.7	328.8	137.7	53.0	80.0
陕西	202 927.7	73 642.9	78 186.3	27 077.8	24 020.7	21 501.0	127 583.5	24 160.4	31 994.0	30 132.4	30 909.3	10 387.3
甘肃	67 188.4	37 619.8	15 674.1	1215.9	12 678.7	3203.2	53 232.5	9592.2	12 198.5	8481.1	20 565.6	2395.2
青海	9970.8	1160.5	8253.6	0.0	556.7	−12 805.4	24 289.3	2664.5	2813.0	4096.6	13 897.1	818.2
宁夏	13 029.9	2946.4	5577.1	403.3	4103.1	4147.0	13 375.8	3767.4	1497.3	4729.3	1925.8	1456.1
新疆	22 429.7	4630.9	14 654.2	90.7	3053.8	2691.8	18 658.4	5577.5	3592.0	2536.3	4626.2	2326.4
新疆生产建设兵团	7207.2	1727.2	2628.4	119.1	2732.5	382.7	9532.8	1740.6	1448.3	3003.6	2838.4	501.9

表B－4　载体争取扶持数据　　单位：万元

地区	获得各级财政资助额	其中：获得国家财政资助额	当年享受孵化器税收优惠政策免税金额总计	其中：房产税	城镇土地使用税	增值税	所得税
北京	55 071.4	34 184.8	5983.6	4218.5	101.3	1571.8	92.0
天津	7874.8	612.1	815.0	501.8	61.8	167.4	83.9
河北	12 709.3	2377.2	3840.6	1567.9	1494.0	715.8	62.9
山西	4773.6	300.0	665.9	510.9	25.8	102.0	27.3
内蒙古	4796.9	1225.0	1581.4	554.1	325.1	314.1	388.1
辽宁	6339.9	145.0	1402.7	505.2	177.2	567.8	152.5
吉林	4071.5	443.0	1684.6	980.6	508.4	143.4	52.2
黑龙江	7133.4	53.8	385.2	223.2	74.9	40.0	47.1
上海	31 837.3	1141.4	3114.8	1604.9	98.9	1179.6	231.4
江苏	103 546.3	6737.3	9102.5	3821.1	1323.2	2608.9	1349.3
浙江	71 199.5	5359.3	13 098.0	6032.1	1751.4	2844.9	2469.6
安徽	21 336.5	1778.4	2674.2	1120.7	681.5	750.3	121.8
福建	14 746.4	319.4	357.1	133.2	57.6	102.6	63.6
江西	12 022.6	1092.0	1890.9	851.7	338.3	572.7	128.3
山东	36 600.3	3062.1	5138.7	2095.7	1519.7	1024.7	498.6
河南	15 405.2	2114.7	2809.3	871.8	895.6	807.2	234.7
湖北	25 957.2	5326.9	7816.9	2395.9	749.5	3803.9	867.7
湖南	13 392.2	5460.7	4492.1	1604.0	569.6	1835.6	482.9
广东	97 044.9	11 512.9	7802.9	4053.9	191.1	3160.7	397.3
广西	38 773.0	467.1	909.5	456.2	58.6	334.7	60.1
海南	271.0	183.3	64.1	28.9	3.8	25.9	5.5
重庆	21 809.3	6063.9	1784.5	387.3	143.9	734.4	518.9
四川	92 469.9	9737.8	2962.6	1451.0	831.4	593.6	86.7
贵州	2659.1	180.0	1537.7	414.7	341.7	398.0	383.2
云南	3411.7	246.7	456.4	178.1	125.7	128.2	24.4
西藏	378.0	0.0	0.0	0.0	0.0	0.0	0.0
陕西	24 301.0	1466.3	5808.7	2294.7	904.9	2161.2	447.9
甘肃	7581.5	230.3	949.0	324.9	265.9	213.6	144.6
青海	3052.5	430.0	2659.6	1866.0	612.2	181.4	0.0
宁夏	4620.2	315.0	1352.9	665.2	369.2	156.5	162.0
新疆	981.4	30.0	1638.0	1258.8	166.1	210.6	2.5
新疆生产建设兵团	2132.0	50.0	364.2	75.6	18.2	217.4	53.0

表B-5 培育创业氛围数据

地区	开展创业教育培训 / 场次	对在孵企业培训 / 人次	开展创新创业活动 / 场次	创业导师数量 / 人	创业导师对接企业的数量 / 家
北京	3087	299 912	6618	8594	18 833
天津	993	64 005	2228	1498	4837
河北	2017	152 168	4659	3836	8829
山西	1038	50 636	1850	1255	2376
内蒙古	441	34 334	753	1126	2306
辽宁	1080	97 472	2077	1423	3785
吉林	549	73 375	1206	1456	4120
黑龙江	1021	75 559	1923	1794	4210
上海	2146	349 620	5164	2611	7399
江苏	6381	490 558	14 038	9027	35 056
浙江	3997	313 867	7977	7517	18 726
安徽	1991	146 232	3527	2364	7531
福建	1489	89 288	1675	2074	3376
江西	1165	86 687	1976	1829	4987
山东	3160	298 316	6138	6113	14 270
河南	2287	273 365	4222	3241	11 147
湖北	4191	342 510	5237	4870	13 323
湖南	932	121 322	2052	1868	5668
广东	7095	775 461	16 061	15 090	36 239
广西	661	66 883	1724	1283	4108
海南	65	5985	155	106	508
重庆	1705	89 185	2950	2949	4436
四川	1594	220 430	4446	4368	9502
贵州	215	18 322	614	447	1269
云南	434	48 361	856	1576	1876
西藏	38	662	75	70	80
陕西	4862	145 487	3390	2668	5701
甘肃	309	44 932	888	863	1874
青海	127	20 792	270	542	712
宁夏	196	18 231	364	281	692
新疆	884	25 972	498	522	1742
新疆生产建设兵团	42	10 256	224	187	680

表B－6　孵化服务数据

地区	当年为在孵企业减免房租总额 / 万元	孵化器签约中介机构数量 / 家	孵化器对公共技术服务平台投资额 / 万元	公共技术服务平台总收入 / 万元	在孵企业累计获得财政资助额 / 万元
北京	60 710.4	4879	90 459.1	48 581.8	132 302.0
天津	6487.9	1530	12 534.3	6532.6	35 061.3
河北	10 809.0	2416	13 222.5	3076.0	47 840.1
山西	5024.4	691	7509.2	4607.3	23 032.9
内蒙古	3890.4	491	4432.4	4325.9	63 539.9
辽宁	7200.2	916	6427.1	5322.1	19 418.3
吉林	6827.1	941	7868.2	2966.3	27 270.6
黑龙江	6830.2	1002	5704.3	11 825.6	46 090.9
上海	35 263.3	3051	25 368.7	9650.6	161 740.5
江苏	73 865.6	9200	204 863.8	189 315.1	676 951.1
浙江	36 790.5	5915	76 351.2	37 262.8	260 765.5
安徽	14 134.8	1883	55 656.2	23 102.0	129 016.5
福建	10 304.4	1134	11 901.8	3921.9	108 752.8
江西	6842.5	1028	20 850.1	9540.5	25 251.2
山东	34 826.3	3470	72 707.4	29 615.2	170 123.9
河南	15 944.5	2510	34 679.9	6879.8	100 599.7
湖北	17 242.3	3513	52 576.3	19 955.3	153 759.8
湖南	11 615.7	1677	24 203.0	7804.4	54 276.6
广东	53 533.0	11 242	89 961.3	143 529.9	570 924.4
广西	4215.2	872	9882.3	3668.8	51 841.4
海南	827.0	144	30 600.0	0.0	2926.0
重庆	7975.8	1516	15 322.9	8449.3	10 137.4
四川	21 153.2	2564	37 797.0	24 049.0	99 746.7
贵州	4975.1	341	2616.5	3724.9	26 447.5
云南	3691.1	949	1395.2	1019.5	9671.3
西藏	322.0	30	220.1	24.0	2327.5
陕西	18 400.8	2304	19 532.7	23 376.6	137 172.8
甘肃	6613.8	507	4728.4	3878.2	24 913.0
青海	3679.1	92	255.0	0.0	5951.4
宁夏	2903.6	221	1556.8	191.0	9366.1
新疆	5323.3	366	434.1	1131.6	3798.7
新疆生产建设兵团	742.0	99	797.6	115.4	1023.0

表B-7 孵化企业数据

单位：家

地区	在孵企业总收入 / 万元	孵化器内企业总数	在孵企业数	其中：留学人员企业	大学生创业企业	高新技术企业	科技型中小企业	当年新增在孵企业
北京	11 327 659.1	19 440	11 544	905	666	1398	1405	3074
天津	1 343 950.3	5646	5020	116	651	368	697	1225
河北	2 077 096.2	12 367	9901	98	1255	463	640	2914
山西	1 750 695.1	3645	3138	121	552	160	304	735
内蒙古	995 806.6	2830	1838	97	304	96	140	414
辽宁	1 235 254.3	5096	4380	137	526	448	455	1191
吉林	2 360 728.5	4264	3702	55	691	327	279	736
黑龙江	804 255.0	6874	5608	65	528	416	704	1400
上海	2 926 762.2	13 169	8279	547	790	481	851	2045
江苏	21 116 324.7	52 635	42 144	2529	5149	2960	8798	11 610
浙江	7 032 829.5	26 899	20 732	1055	2944	553	1002	5462
安徽	3 647 715.8	9961	8504	136	855	322	1241	2924
福建	2 097 590.9	5189	4243	183	477	419	486	1258
江西	2 732 368.9	6428	4676	107	781	203	603	1255
山东	6 112 045.8	17 416	14 363	568	2313	1128	3174	3547
河南	3 320 608.9	12 859	10 658	291	2200	795	3127	2723
湖北	4 123 546.3	18 025	13 960	245	2878	1062	1755	3935
湖南	2 683 682.2	8381	6869	164	683	585	942	1754
广东	13 389 552.0	48 510	32 810	1556	2932	1478	2793	9267
广西	1 008 501.6	5055	4180	66	359	138	586	1256
海南	1 709 264.3	666	382	16	18	39	30	102
重庆	1 858 302.8	7441	5757	106	886	169	78	1780
四川	3 559 663.9	11 459	9085	251	1729	553	2072	2566
贵州	530 444.9	1867	1494	28	327	93	95	442
云南	753 166.1	2887	2293	28	276	109	90	515
西藏	14 181.0	173	142	3	38	0	12	21
陕西	4 437 515.5	8739	5757	157	629	842	1179	1711
甘肃	547 792.8	3411	2580	56	533	89	207	509
青海	1 714 566.7	785	708	4	197	26	28	204
宁夏	359 838.2	1104	984	7	61	9	46	173
新疆	463 039.7	2111	2024	13	96	85	118	443
新疆生产建设兵团	179 571.7	1183	589	1	47	8	17	93

表B－8　吸纳就业数据　　单位：人

地区	在孵企业从业人员	其中：大专以上人员	留学人员	吸纳应届大学毕业生
北京	181 106	157 590	4165	10 291
天津	55 059	51 529	352	4956
河北	103 036	76 647	288	5957
山西	42 358	32 561	335	5329
内蒙古	23 483	16 577	158	1238
辽宁	54 189	44 590	439	3064
吉林	54 972	40 113	262	3091
黑龙江	43 778	36 107	152	2627
上海	75 208	68 590	2013	4052
江苏	526 521	432 206	6401	42 100
浙江	207 933	169 527	3604	16 940
安徽	88 626	66 843	321	6291
福建	50 263	40 438	510	3844
江西	80 037	48 193	252	9707
山东	178 367	140 365	1290	15 809
河南	158 075	120 994	986	20 528
湖北	174 160	134 724	823	12 342
湖南	114 133	77 759	660	8218
广东	378 627	308 773	4551	31 374
广西	41 364	30 428	149	2732
海南	7393	6377	68	419
重庆	65 034	50 053	260	4617
四川	121 816	89 195	1036	9829
贵州	20 942	12 952	62	1252
云南	21 056	16 820	119	1591
西藏	1473	1088	11	242
陕西	112 338	91 480	553	6827
甘肃	28 824	20 914	131	2744
青海	9464	6723	11	658
宁夏	9252	6547	22	273
新疆	21 828	18 668	30	1043
新疆生产建设兵团	5636	4259	2	327

表B－9　技术创新能力数据

地区	在孵企业研发经费支出 / 万元	当年知识产权申请数 / 件	当年知识产权授权数 / 件	其中：发明专利 / 件	拥有有效知识产权数 / 件	其中：发明专利 / 件	软件著作权 / 件	植物新品种 / 个	集成电路布图 / 个	累计购买国外技术专利 / 件	当年承担国家级科技计划项目 / 项
北京	1 323 251.1	22 488	14 915	4150	114 609	21 078	48 027	47	375	97	202
天津	122 955.3	5723	4231	712	17 965	3078	8765	0	25	4	10
河北	94 349.7	6308	3920	477	20 953	2994	9778	12	98	8	12
山西	43 874.1	2156	1302	198	6858	752	4128	6	13	20	104
内蒙古	47 892.4	1303	778	95	4049	391	1841	4	21	46	14
辽宁	76 545.9	3906	2496	354	16 953	2322	8261	8	39	3	10
吉林	80 119.6	3700	2414	451	12 541	2119	8401	4	19	3	25
黑龙江	49 920.6	2602	2011	399	10 263	1805	6094	9	108	6	23
上海	612 497.6	13 135	8425	1210	37 085	6157	17 177	4	471	8	91
江苏	2 340 768.8	76 879	46 261	8646	206 662	34 271	76 819	107	1448	244	136
浙江	683 605.7	27 556	14 428	2424	55 931	9102	21 013	10	292	53	42
安徽	169 996.9	12 247	8170	1068	23 339	3349	12 149	0	55	4	12
福建	209 594.8	7482	5190	860	24 463	3652	11 843	81	129	17	38
江西	88 475.6	5066	2793	312	11 838	1661	3960	14	60	17	28
山东	429 932.3	19 327	13 607	2273	59 400	8207	24 256	17	176	42	29
河南	223 301.0	18 589	11 316	1271	43 432	4208	20 580	28	335	40	29
湖北	212 964.7	15 895	11 265	1559	49 797	5362	22 609	10	108	21	38
湖南	172 517.0	7618	5409	1084	22 129	4349	6741	6	23	11	120
广东	1 384 462.1	43 324	27 915	5425	141 557	22 346	45 225	257	713	153	84
广西	52 762.7	2190	1530	223	7241	844	3107	9	26	1	11
海南	69 006.5	1568	1593	653	13 854	3178	6338	0	12	1	0
重庆	84 864.3	4610	2763	474	15 128	2179	5385	88	13	0	5
四川	337 878.0	12 265	8114	862	31 961	3670	15 671	101	166	34	33
贵州	31 333.3	1521	1121	98	6007	410	3600	0	9	0	5
云南	22 074.7	1784	971	138	5781	640	2564	0	10	3	4
西藏	1021.7	142	83	9	190	25	124	0	0	0	0
陕西	298 861.2	35 299	5274	1115	56 339	7270	38 015	58	116	11	14
甘肃	35 457.5	1600	846	313	3445	1205	1408	7	5	2	15
青海	5873.8	390	224	63	1176	275	653	0	0	0	1
宁夏	14 752.8	528	386	73	2136	341	1160	17	2	0	6
新疆	14 169.5	1152	681	61	3398	407	1882	7	1	2	4
新疆生产建设兵团	2040.0	157	65	28	482	122	50	3	0	0	3

表B－10　投融资能力数据

地区	孵化器孵化基金总额 / 万元	当年获得孵化基金投资的在孵企业数量 / 家	在孵企业累计获得投融资总额 / 万元	其中：当年获得投融资总额 / 万元	累计获得投融资的企业数量 / 家	其中：当年获得投融资的企业数量 / 家
北京	4 872 125.8	487	16 546 848.8	3 445 441.9	14 840	965
天津	136 714.7	307	431 713.8	84 038.7	2217	523
河北	178 149.6	371	330 194.7	49 326.3	2222	431
山西	32 801.7	185	207 674.3	40 530.6	759	157
内蒙古	149 072.3	26	84 088.6	7379.6	453	35
辽宁	268 680.0	91	271 625.3	37 648.8	1191	158
吉林	154 034.2	181	123 428.8	37 723.8	900	195
黑龙江	133 285.1	72	217 930.5	20 973.1	637	81
上海	1 584 617.5	325	6 444 797.8	1 217 090.2	4934	650
江苏	4 933 260.1	1802	9 396 954.0	2 474 293.2	14 246	3391
浙江	6 632 277.6	813	4 327 062.4	858 078.1	7728	1525
安徽	990 688.3	515	858 217.8	239 125.7	3264	635
福建	401 637.6	178	1 315 639.6	160 492.0	2215	338
江西	215 012.8	502	293 477.1	98 835.8	1573	411
山东	1 032 741.0	668	1 429 233.8	359 767.5	5462	893
河南	205 455.8	894	807 017.6	111 023.4	5609	1064
湖北	639 289.7	620	2 248 563.9	221 623.3	3648	699
湖南	290 177.1	202	904 291.6	147 061.6	2908	492
广东	4 950 101.7	1256	9 575 223.1	2 232 493.6	12 203	2558
广西	52 182.0	172	278 227.9	118 470.0	1049	211
海南	180 500.0	7	59 924.7	11 589.0	156	19
重庆	270 374.8	120	261 389.8	50 039.3	1281	260
四川	197 325.5	484	1 769 114.2	264 407.3	3291	543
贵州	75 304.0	63	144 030.5	18 905.3	468	95
云南	46 072.0	72	234 811.1	19 002.6	407	99
西藏	15 000.0	7	7661.6	2475.0	41	9
陕西	1 824 001.0	345	1 403 640.7	224 411.9	2409	460
甘肃	99 302.1	76	189 869.5	58 407.6	634	139
青海	36 644.8	28	80 778.1	21 040.0	236	42
宁夏	49 050.0	15	77 510.2	11 300.2	173	57
新疆	88 525.0	43	70 081.1	7894.6	357	70
新疆生产建设兵团	2925.0	58	5887.5	941.0	96	38

表B-11　培育毕业企业数据

单位：家

地区	累计毕业企业	其中：累计上市（挂牌）企业数量	其中：当年上市（挂牌）企业数量	当年被兼并和收购企业	当年营业收入超过5000万元企业	当年毕业企业
北京	23 318	502	41	57	248	2044
天津	3514	82	7	18	122	486
河北	7220	90	4	25	65	1040
山西	2701	15	0	28	28	463
内蒙古	2099	28	0	1	11	341
辽宁	4835	12	5	5	18	496
吉林	2751	27	0	5	19	382
黑龙江	4042	37	0	3	3	439
上海	4996	106	6	12	159	593
江苏	40 575	766	79	76	1285	5651
浙江	21 197	399	29	57	327	2712
安徽	5754	240	16	23	121	1050
福建	4837	126	13	41	161	603
江西	4275	13	0	16	103	851
山东	15 287	394	20	38	227	1864
河南	9688	388	14	52	179	1442
湖北	12 847	188	31	54	182	1641
湖南	6947	58	6	9	87	1174
广东	29 126	692	62	153	700	4570
广西	3212	42	0	5	68	454
海南	360	15	3	0	14	75
重庆	4863	33	0	2	29	644
四川	8620	354	44	20	188	1068
贵州	1086	24	5	4	23	149
云南	1989	11	2	2	18	264
西藏	166	0	0	5	2	25
陕西	6421	107	28	4	166	920
甘肃	1873	13	0	3	15	191
青海	857	0	0	2	2	114
宁夏	876	11	0	0	10	151
新疆	992	4	1	1	14	131
新疆生产建设兵团	582	0	0	0	2	93

附录C　2022年各地区众创空间基本情况

表C－1　众创空间规模数据　　单位：万平方米

地区	众创空间数量/家	众创空间使用总面积	其中：管理办公使用面积	常驻团队和企业使用面积	公共服务面积	其他面积	其中：自有面积	租赁面积	提供工位数/个	众创空间服务人员数量/人
北京	233	187.5	9.2	134.7	33.7	10.1	72.6	115.0	87 196	3749
天津	223	59.5	3.8	37.2	15.0	3.4	27.0	32.4	40 695	2091
河北	649	179.5	14.2	104.9	42.1	18.3	72.9	106.6	66 434	5462
山西	303	89.9	4.2	58.9	22.7	4.1	38.8	51.0	51 123	4085
内蒙古	154	129.7	12.2	66.6	31.6	19.3	77.9	51.8	21 366	2279
辽宁	288	141.0	9.0	84.2	35.9	11.8	74.4	66.6	49 328	3245
吉林	94	42.8	3.2	26.5	9.1	4.1	15.7	27.1	12 856	1101
黑龙江	56	13.2	0.9	7.9	3.3	1.0	5.8	7.4	7314	466
上海	170	69.2	4.1	49.1	11.8	4.2	8.3	60.9	46 863	1613
江苏	1157	334.1	25.7	211.9	75.4	21.1	109.5	224.6	127 339	8888
浙江	851	365.7	19.0	246.4	74.6	25.8	132.5	233.3	150 518	7772
安徽	311	126.1	10.1	79.2	26.6	10.2	49.7	76.4	36 989	2993
福建	389	118.0	7.2	70.7	31.2	8.9	34.2	83.8	56 501	3742
江西	214	209.2	15.6	121.4	40.4	31.8	95.7	113.5	67 636	3924
山东	528	257.6	21.3	146.3	72.1	17.9	138.2	119.5	78 694	5807
河南	332	114.0	8.3	70.2	24.2	11.3	53.7	60.3	59 559	3913
湖北	429	168.9	13.1	94.3	37.1	24.3	67.3	101.5	64 062	4456
湖南	313	103.7	6.1	62.9	29.0	5.7	46.8	56.9	52 253	3132
广东	1034	253.2	15.9	164.1	55.7	17.6	63.9	189.4	169 878	8514
广西	126	34.7	2.6	24.0	6.1	2.1	16.2	18.6	12 726	1258
海南	12	4.0	0.3	2.7	0.8	0.1	0.8	3.2	2662	132
重庆	393	175.6	15.0	110.5	33.4	16.7	64.8	110.8	84 274	4430
四川	219	73.6	5.7	42.2	18.8	6.9	26.3	47.3	35 339	2401

续表

地区	众创空间数量 / 家	众创空间使用总面积	其中：管理办公使用面积	常驻团队和企业使用面积	公共服务面积	其他面积	其中：自有面积	租赁面积	提供工位数 / 个	众创空间服务人员数量 / 人
贵州	83	33.1	3.7	13.8	7.7	8.0	12.3	20.8	11 994	1510
云南	146	110.3	7.2	78.8	16.5	7.7	45.7	64.6	21 091	1781
西藏	33	13.1	0.8	8.7	2.7	0.9	4.1	9.0	3623	370
陕西	234	132.3	6.6	77.0	26.8	22.0	51.8	80.6	53 953	2746
甘肃	248	102.7	9.7	49.2	29.4	14.4	53.7	49.0	20 358	4197
青海	52	16.8	2.7	8.4	4.4	1.3	12.4	4.4	3420	479
宁夏	52	20.5	1.7	11.5	5.0	2.2	9.0	11.5	6290	586
新疆	51	14.7	1.0	9.0	3.4	1.3	3.4	11.3	4914	493
新疆生产建设兵团	32	21.0	0.7	16.0	2.0	2.3	16.4	4.6	4553	690

表C-2　众创空间收入数据

单位：万元

地区	众创空间总收入	其中：服务收入	投资收入	房租及物业收入	财政补贴	其他
北京	319 773.4	93 556.3	3858.3	190 336.0	13 426.1	18 596.8
天津	48 612.8	22 381.1	733.5	7253.8	7599.7	10 644.7
河北	58 154.6	14 999.3	3926.2	9257.1	13 083.9	16 888.1
山西	49 907.0	18 112.2	5302.2	10 887.4	4632.5	10 972.6
内蒙古	20 856.5	8631.9	1601.9	5001.1	3386.4	2235.1
辽宁	43 818.8	16 364.0	1596.8	14 153.4	6598.0	5106.6
吉林	11 907.7	6636.6	547.1	2294.3	800.6	1629.1
黑龙江	5975.9	2661.5	11.2	1720.8	901.3	681.1
上海	100 222.1	23 301.9	576.8	49 019.1	9835.3	17 488.9
江苏	223 007.2	83 845.3	12 832.4	63 138.2	34 719.4	28 471.9
浙江	201 392.7	58 160.3	32 503.5	61 831.1	32 059.2	16 838.7
安徽	56 219.6	14 943.7	4324.0	12 634.0	8463.6	15 854.3
福建	70 386.1	31 253.1	6566.0	17 146.9	7517.0	7903.2
江西	114 456.6	38 341.0	6512.9	25 842.9	8811.2	34 948.6
山东	113 641.7	66 856.3	2907.9	16 104.4	13 521.7	14 251.4
河南	58 013.6	24 474.5	4147.6	11 947.0	7128.8	10 315.6
湖北	131 889.4	60 733.5	6378.1	24 672.7	15 754.9	24 350.2
湖南	53 837.5	18 819.8	5664.7	14 058.5	12 576.8	2717.7
广东	220 872.2	88 406.5	5968.2	101 386.6	12 285.0	12 825.8

续表

地区	众创空间总收入	其中：服务收入	投资收入	房租及物业收入	财政补贴	其他
广西	11 530.3	4678.8	211.1	3066.7	1379.2	2194.6
海南	1339.0	224.8	23.2	511.2	232.5	347.2
重庆	101 272.3	36 865.3	5858.9	27 647.0	19 300.2	11 600.8
四川	58 552.8	22 888.3	2118.0	8455.7	15 706.5	9384.2
贵州	27 492.5	8292.3	2606.0	5766.9	1557.1	9270.1
云南	26 971.3	7901.0	3659.6	4401.1	3789.4	7220.3
西藏	9973.5	2096.6	2348.5	705.2	3257.1	1566.2
陕西	79 147.6	31 348.0	7563.0	22 235.1	12 414.0	5587.5
甘肃	48 319.4	20 323.7	3807.2	5634.4	10 758.0	7796.2
青海	5111.3	2238.3	44.6	823.8	1006.9	997.7
宁夏	6740.7	3301.2	98.1	1347.0	1049.8	944.8
新疆	5573.4	2647.4	44.0	1095.8	1298.0	488.2
新疆生产建设兵团	4537.5	1640.4	494.7	1748.6	255.7	398.1

表C－3　众创空间成本数据

单位：万元

地区	众创空间的运营成本	其中：人员费用	场地费用	管理费用	其他费用	纳税额
北京	304 465.5	70 495.8	91 364.3	51 152.8	73 780.1	17 672.5
天津	36 215.0	11 001.8	7442.7	8460.1	7784.7	1525.7
河北	64 225.9	15 493.8	18 125.0	12 405.7	16 953.2	1248.3
山西	45 763.2	12 953.1	11 392.9	11 525.8	8184.7	1706.7
内蒙古	18 623.4	6920.4	4465.9	4314.7	2275.6	646.9
辽宁	63 886.2	13 080.8	22 611.7	14 092.0	12 302.6	1799.2
吉林	10 553.8	3505.2	1933.2	3105.9	1715.9	293.6
黑龙江	6483.0	1760.0	1302.3	2139.6	1151.6	129.4
上海	97 530.5	20 262.8	43 131.2	17 092.1	12 926.5	4117.8
江苏	205 438.4	69 523.1	48 992.8	53 835.7	27 870.2	5216.6
浙江	161 799.4	47 976.1	46 245.0	34 171.4	25 341.2	8065.8
安徽	45 170.1	14 314.9	10 492.9	11 070.6	7262.5	2029.2
福建	69 113.0	22 292.0	17 344.0	13 048.2	15 055.4	1373.6
江西	80 691.5	16 962.6	10 962.1	18 969.6	29 743.1	4054.1
山东	110 720.5	30 243.2	19 469.8	26 976.4	31 143.0	2888.0
河南	61 149.0	18 633.5	12 998.3	14 187.0	14 058.0	1272.2
湖北	130 885.7	34 988.1	22 486.6	40 383.9	30 761.1	2265.9

续表

地区	众创空间的运营成本	其中：人员费用	场地费用	管理费用	其他费用	纳税额
湖南	52 541.4	16 086.8	12 816.9	13 834.6	8411.3	1391.9
广东	233 863.3	59 170.9	99 536.6	43 700.7	25 594.4	5860.7
广西	17 950.7	9911.1	2598.1	3270.0	1861.9	309.5
海南	4219.7	1071.6	940.9	1830.8	372.0	4.4
重庆	88 647.4	26 184.6	20 781.4	16 682.8	19 557.7	5440.9
四川	47 159.9	13 753.6	8229.1	12 711.9	10 301.1	2164.2
贵州	22 336.3	6614.0	2270.8	6419.0	6601.9	430.6
云南	23 884.8	7000.0	4698.7	4840.6	6765.1	580.2
西藏	7118.4	1839.7	1481.6	1256.1	2284.1	256.9
陕西	59 625.7	16 449.2	19 712.4	11 718.3	10 513.7	1232.1
甘肃	34 361.7	12 247.4	5640.2	8884.1	6112.6	1477.4
青海	5072.7	2038.9	817.5	1247.3	932.9	36.2
宁夏	6277.4	2338.3	796.4	2306.0	685.1	151.6
新疆	5619.0	2186.3	1219.0	1565.9	566.7	81.2
新疆生产建设兵团	4341.1	874.0	988.2	1120.1	936.8	422.1

表C－4　众创空间当年享受税收优惠政策免税金额数据

单位：万元

地区	当年享受众创空间税收优惠政策免税金额总计	其中：房产税	城镇土地使用税	增值税
北京	3734.6	2139.1	46.7	1318.1
天津	109.7	66.0	5.8	17.0
河北	521.4	138.4	220.8	78.3
山西	128.1	17.7	6.0	88.7
内蒙古	229.2	170.8	9.9	38.8
辽宁	208.4	67.0	31.6	86.0
吉林	231.8	86.6	28.9	19.2
黑龙江	25.4	17.4	3.4	3.5
上海	512.1	208.1	2.1	99.6
江苏	724.0	183.1	75.3	308.1
浙江	727.8	156.9	75.4	234.5
安徽	693.9	72.7	32.4	355.3
福建	160.8	2.5	0.4	131.5
江西	1563.1	144.5	121.3	1050.4
山东	1000.2	184.1	88.9	169.5

续表

地区	当年享受众创空间税收优惠政策免税金额总计	其中：房产税	城镇土地使用税	增值税
河南	286.2	29.0	88.6	134.1
湖北	2878.6	732.6	91.9	655.7
湖南	446.7	41.1	10.2	277.5
广东	1216.8	117.9	5.3	739.0
广西	127.4	14.0	1.7	44.4
海南	52.0	0.0	0.0	31.6
重庆	877.8	147.9	106.3	333.2
四川	377.9	75.2	58.5	233.4
贵州	275.5	19.0	27.0	48.9
云南	316.7	2.5	33.9	272.8
西藏	319.6	0.0	0.0	297.2
陕西	2500.6	439.4	381.4	1644.1
甘肃	411.7	131.6	84.7	112.7
青海	183.3	103.3	23.4	23.9
宁夏	94.2	16.4	2.8	58.6
新疆	216.5	4.5	0.8	70.2
新疆生产建设兵团	29.4	7.6	9.5	8.9

表C-5　培育创业氛围数据

地区	当年举办创新创业活动 / 场次	当年开展创业教育培训 / 场次	对服务的创业团队和初创企业培训 / 人次	当年开展国际合作交流活动的数量 / 次
北京	5152	2731	154 459	242
天津	3651	2430	68 322	129
河北	7210	5667	100 574	77
山西	7854	4810	81 914	30
内蒙古	2162	1566	32 280	16
辽宁	4733	3071	77 553	156
吉林	1082	1154	9771	21
黑龙江	657	439	18 272	31
上海	3162	1646	55 644	256
江苏	11 013	7260	153 148	456
浙江	10 996	8793	167 418	640
安徽	4078	2944	45 464	76

续表

地区	当年举办创新创业活动 / 场次	当年开展创业教育培训 / 场次	对服务的创业团队和初创企业培训 / 人次	当年开展国际合作交流活动的数量 / 次
福建	4119	3376	68 006	110
江西	3904	3593	47 194	40
山东	7232	5793	91 691	306
河南	5794	4161	89 071	188
湖北	7322	5077	110 283	142
湖南	4910	3753	90 947	146
广东	11 859	8222	179 554	849
广西	1330	962	19 279	23
海南	342	208	5401	9
重庆	5878	4239	81 496	156
四川	4250	2827	48 867	101
贵州	1052	674	15 940	8
云南	2268	1796	64 425	52
西藏	616	386	10 033	2
陕西	3988	3145	54 452	99
甘肃	2313	2100	38 251	61
青海	578	421	16 282	4
宁夏	726	475	13 104	0
新疆	897	566	96 827	13
新疆生产建设兵团	305	265	1453	0

表C-6　服务能力数据

地区	创业导师队伍 / 人	其中：专职 / 人	兼职 / 人	创业导师对接企业（团队）数量 / 家（个）	当年为创业团队和初创企业减免房租总额 / 万元	当年获得技术支撑服务的企业（团队）数量 / 家（个）	当年众创空间内获得财政资金支持的企业数量 / 家	当年众创空间内企业获得财政资金支持的金额 / 万元
北京	8213	1334	6879	4584	16 353.4	3969	621	16 227.1
天津	6857	1180	5677	6756	3677.9	2838	611	6882.7
河北	9153	2338	6815	4950	5702.6	4386	840	3279.0
山西	4167	1247	2920	3186	4641.4	2354	220	2196.2
内蒙古	2898	889	2009	1488	2927.9	1325	133	4355.5
辽宁	7785	1475	6310	3383	3668.9	4088	978	9120.8
吉林	1708	519	1189	879	1479.4	1086	73	282.7

续表

地区	创业导师队伍 / 人	其中：专职 / 人	兼职 / 人	创业导师对接企业（团队）数量 / 家（个）	当年为创业团队和初创企业减免房租总额 / 万元	当年获得技术支撑服务的企业（团队）数量 / 家（个）	当年众创空间内获得财政资金支持的企业数量 / 家	当年众创空间内企业获得财政资金支持的金额 / 万元
黑龙江	819	205	614	805	651.5	598	38	858.0
上海	2856	366	2490	1723	7215.6	3003	1025	14 621.3
江苏	12 437	3116	9321	12 587	11 163.0	8468	2044	54 133.7
浙江	14 809	3167	11 642	9030	10 016.7	9078	1697	30 089.0
安徽	3896	971	2925	3206	4324.4	2657	700	11 959.3
福建	7460	1966	5494	2329	3138.2	2188	502	3956.6
江西	4126	1524	2602	2628	4239.0	2236	1677	7504.2
山东	9580	2914	6666	5387	7855.9	5147	972	10 454.9
河南	6519	1794	4725	6279	5456.0	5458	1090	7533.7
湖北	7480	2027	5453	5457	7275.3	4321	1293	12 981.7
湖南	5709	1162	4547	4690	7314.4	4096	1168	14 548.6
广东	14 461	3678	10 783	12 838	11 443.9	10 370	1954	17 666.9
广西	2489	423	2066	1467	600.8	1231	156	264.5
海南	286	72	214	175	460.8	115	49	564.9
重庆	6808	1958	4850	4773	5132.7	3838	761	15 174.5
四川	6307	1141	5166	3386	3998.7	2411	744	8432.5
贵州	1721	443	1278	903	380.5	654	95	848.6
云南	4606	868	3738	2195	938.1	1333	161	2236.5
西藏	795	157	638	416	672.2	185	78	577.8
陕西	5350	1455	3895	2738	5900.2	3043	557	12 890.7
甘肃	3542	1276	2266	1440	2406.0	2756	213	2042.4
青海	1200	260	940	497	1047.6	190	49	513.0
宁夏	876	322	554	413	546.4	492	46	725.1
新疆	1126	188	938	1319	611.6	574	60	329.6
新疆生产建设兵团	352	104	248	226	493.5	319	111	127.9

表C-7　吸纳创业团队和企业数据

地区	当年上市（挂牌）企业 / 家	当年新注册企业数量 / 家	当年服务的创业团队的数量 / 个	其中：常驻创业团队的数量 / 个	当年服务的初创企业的数量 / 家	其中：常驻初创企业的数量 / 家
北京	48	3794	10 630	4712	14 173	7863
天津	4	2118	5582	2790	6454	3650
河北	1	3538	11 396	7764	10 478	8519
山西	2	3130	8242	5107	9846	5910
内蒙古	1	729	3103	2004	3137	1989
辽宁	3	4279	8743	5114	7461	4508
吉林	5	443	2376	1328	1676	1217
黑龙江	0	475	1405	650	1866	1109
上海	1	1976	2842	1411	6942	4052
江苏	7	7730	17 806	14 650	27 176	23 703
浙江	9	7853	17 915	11 702	20 985	14 678
安徽	4	2216	5206	3429	5978	4330
福建	8	2210	6460	4571	5708	4305
江西	4	2334	12 268	6074	5199	3780
山东	4	3948	9835	6892	10 516	7693
河南	10	2747	13 026	7384	9249	6340
湖北	13	4837	11 211	6241	12 146	7614
湖南	11	3426	6893	3659	7258	4698
广东	47	10 871	20 467	12 673	27 822	17 718
广西	0	790	2659	1696	2144	1503
海南	0	249	567	166	780	493
重庆	0	5077	8648	5378	10 765	6862
四川	16	1959	5429	3109	5896	3555
贵州	0	652	1861	971	1156	728
云南	2	1862	5577	2747	4266	2670
西藏	0	178	275	222	1301	804
陕西	21	1948	4571	2558	6696	4206
甘肃	1	781	5430	3105	3487	2393
青海	1	135	756	521	929	684
宁夏	0	303	966	650	940	652
新疆	0	614	2266	834	2162	1290
新疆生产建设兵团	0	298	1219	596	715	452

表C－8　创业团队投融资数据

地区	当年获得投融资的创业团队的数量 / 个	累计获得投融资的创业团队数量 / 个	创业团队当年获得投融资总额 / 万元	其中：创业团队当年获得社会投融资总额 / 万元	创业团队当年获得众创空间自身投融资总额 / 万元	创业团队累计获得投融资总额 / 万元
北京	286	3318	942 167.4	869 506.4	38 166.3	10 427 347.7
天津	119	621	9301.4	5169.7	3631.7	69 671.7
河北	373	1521	5737.1	2632.0	2299.4	77 710.5
山西	206	662	11 565.4	8886.3	1555.1	65 778.1
内蒙古	108	356	4906.7	1491.3	497.0	16 246.2
辽宁	406	1821	8853.7	7747.8	1094.4	45 460.2
吉林	50	280	5840.1	5206.2	619.9	21 701.3
黑龙江	16	121	217.0	77.0	140.0	7683.2
上海	65	362	30 150.9	14 579.9	1358.7	355 896.7
江苏	741	2519	57 352.1	28 992.4	18 997.6	441 217.0
浙江	692	4113	37 170.5	28 722.7	7304.3	446 211.8
安徽	293	1838	9104.9	5838.8	2578.2	51 426.6
福建	412	1262	30 288.9	17 354.5	5301.7	155 168.0
江西	611	2895	22 427.1	13 421.4	6704.3	181 423.8
山东	332	1573	25 802.7	16 255.8	9022.2	189 790.3
河南	1430	4994	14 719.6	6081.0	7971.2	103 984.5
湖北	457	2070	85 826.7	75 401.7	7511.5	288 839.4
湖南	898	4236	12 451.1	7335.4	4485.7	221 242.8
广东	1139	5565	101 781.9	81 659.6	13 988.2	770 530.3
广西	284	533	10 938.8	6272.5	4200.4	17 714.6
海南	5	16	612.0	612.0	0.0	935.2
重庆	303	1136	43 330.2	34 941.7	4937.1	150 127.3
四川	252	1054	14 843.5	12 502.0	1162.7	93 061.1
贵州	55	207	1662.2	729.0	418.2	14 120.3
云南	160	840	2822.1	1969.0	843.1	41 857.3
西藏	11	41	169.5	65.5	104.0	1790.0
陕西	303	944	17 221.7	10 968.7	4472.0	109 792.6
甘肃	237	2586	16 062.3	5703.7	6687.0	186 474.1
青海	53	99	958.5	81.0	569.5	8110.2
宁夏	34	85	1870.0	1820.0	20.0	4171.7
新疆	123	535	168.3	104.5	54.8	2050.8
新疆生产建设兵团	37	122	364.0	235.0	129.0	9293.5

表C-9 初创企业投融资数据

地区	当年获得投融资的初创企业的数量 / 家	累计获得投融资的初创企业的数量 / 家	初创企业当年获得投融资总额 / 万元	其中：初创企业当年获得社会投融资总额 / 万元	初创企业当年获得众创空间自身投融资总额 / 万元	初创企业累计获得投融资总额 / 万元
北京	545	4139	1 790 545.6	1 641 895.5	71 776.8	55 459 419.3
天津	189	965	103 724.5	100 169.5	2595.0	590 886.9
河北	333	1224	37 391.0	33 183.0	3431.1	142 496.7
山西	218	696	11 276.0	9272.4	1945.8	72 508.4
内蒙古	56	241	2910.7	1605.1	610.2	10 138.6
辽宁	174	1180	20 667.8	8051.0	12 604.8	187 812.5
吉林	61	220	2289.2	1741.2	527.4	28 696.9
黑龙江	30	198	1069.3	823.5	240.8	66 769.7
上海	341	1341	747 007.7	664 586.0	2760.0	4 440 075.2
江苏	1268	4954	349 481.5	315 399.4	20 998.8	2 613 674.0
浙江	856	6491	201 908.8	180 108.6	10 992.2	2 632 314.5
安徽	326	1471	32 551.5	26 661.2	4236.4	212 916.1
福建	315	1136	26 616.6	19 573.3	6529.2	226 968.7
江西	414	2002	24 748.7	20 060.5	3476.8	186 525.4
山东	344	4087	133 112.4	111 471.5	19 497.0	442 593.6
河南	564	2146	29 701.0	21 611.9	7096.4	207 931.0
湖北	539	2368	150 454.6	140 442.5	8624.1	520 382.8
湖南	516	3125	100 021.3	93 972.5	5029.0	580 281.0
广东	1297	5861	600 317.0	569 423.9	28 190.2	3 702 010.4
广西	115	325	3401.0	492.2	2852.2	12 746.7
海南	16	98	1226.0	235.0	926.0	7779.1
重庆	379	1485	47 512.7	38 282.7	6750.1	190 575.9
四川	220	1175	44 059.7	41 255.2	1971.4	563 694.6
贵州	51	178	2366.1	1384.0	382.1	10 459.4
云南	80	635	10 419.6	9881.0	389.6	63 429.4
西藏	71	193	1489.4	640.3	232.5	9842.0
陕西	237	1711	66 080.0	49 633.4	14 960.0	695 347.4
甘肃	118	963	5719.9	4156.9	1464.0	85 294.5
青海	35	82	6040.5	5068.6	671.9	9452.2
宁夏	22	82	4421.5	3151.5	188.0	9306.5
新疆	110	332	801.5	440.6	350.9	9787.1
新疆生产建设兵团	10	25	155.5	152.0	3.5	956.0

表C－10　吸纳就业数据　　单位：人

地区	创业团队人员数量	其中：大专以上人员	留学人员	应届大学毕业生	初创企业吸纳就业人数	其中：大专以上人员	留学人员	吸纳应届大学毕业生
北京	56 972	50 817	1422	4017	94 485	78 780	2299	8252
天津	18 552	16 717	125	1819	23 291	20 632	247	2991
河北	36 096	23 518	89	3611	37 492	23 300	54	3478
山西	29 771	21 301	52	4167	32 815	24 788	80	4954
内蒙古	18 300	14 050	78	3468	16 385	9567	24	1564
辽宁	37 874	33 280	121	5067	33 449	25 521	171	5882
吉林	9083	7188	66	905	5433	3803	13	580
黑龙江	4907	3844	22	752	7464	5300	33	957
上海	8989	6820	343	757	36 572	28 765	1562	3591
江苏	52 811	43 280	1072	7857	106 597	86 846	1590	13 279
浙江	64 620	51 037	1168	9119	85 193	66 512	1524	12 046
安徽	20 259	17 521	93	2875	29 942	24 448	126	3987
福建	26 072	19 325	126	4210	24 752	17 472	107	2690
江西	65 149	52 410	1701	10 606	35 869	20 535	311	6805
山东	39 294	31 412	320	4886	45 522	37 215	314	6300
河南	41 716	35 143	344	8783	46 461	34 221	313	7635
湖北	42 262	33 072	263	5677	52 270	40 595	338	7585
湖南	30 415	24 799	224	5172	45 831	34 363	394	6726
广东	65 263	52 403	1617	10 557	100 970	82 609	2460	12 835
广西	9476	7907	21	1278	7728	6342	31	1232
海南	1456	1417	1	154	2869	2674	58	467
重庆	36 558	27 671	238	4989	58 005	42 757	348	7645
四川	19 566	14 430	115	2576	27 908	21 176	320	3843
贵州	11 155	8867	4	881	5421	4187	33	560
云南	17 309	12 099	73	2907	17 183	13 723	71	1351
西藏	1327	1065	3	138	6243	2858	18	690
陕西	18 827	16 031	183	2318	39 246	33 019	341	4473
甘肃	20 040	15 293	78	2690	15 240	10 465	24	2227
青海	2296	1643	7	156	3995	2324	7	153
宁夏	3424	2810	9	428	5158	3429	9	454
新疆	6414	5335	0	428	6300	5145	6	576
新疆生产建设兵团	2245	1496	0	117	1652	1074	0	194

表C-11 技术创新数据

单位：件

地区	常驻创业团队拥有有效知识产权数量	其中：发明专利数量	常驻初创企业拥有有效知识产权数量	其中：发明专利数量
北京	32 848	4898	57 128	8057
天津	3968	533	10 021	1518
河北	2837	461	5544	559
山西	5053	407	8144	511
内蒙古	1603	151	2159	388
辽宁	2761	538	8028	1509
吉林	1729	135	1324	112
黑龙江	502	38	2669	275
上海	2480	331	23 975	4659
江苏	11 543	2600	39 130	6702
浙江	8562	2203	20 170	4103
安徽	2447	455	13 760	1050
福建	4730	447	7583	669
江西	22 347	772	15 235	657
山东	5851	1083	10 045	1244
河南	7227	1354	13 381	1552
湖北	8751	1631	16 033	2084
湖南	5336	1103	9158	1821
广东	11 848	2173	40 321	5643
广西	1030	116	1475	205
海南	653	159	1685	109
重庆	6646	1154	10 779	1653
四川	2568	358	12 087	845
贵州	1665	119	1152	86
云南	2296	299	3986	323
西藏	189	41	872	106
陕西	3941	878	12 520	3287
甘肃	2276	506	1722	299
青海	259	105	360	125
宁夏	330	44	1185	109
新疆	281	47	1100	100
新疆生产建设兵团	249	82	252	99

表C－12　引导创业数据

单位：个（家）

地区	大学生创业团队和企业的数量	留学归国人员创业团队和企业的数量	科技人员创业团队和企业的数量	大企业高管离职创业团队和企业的数量	国外创业团队和企业的数量
北京	1795	845	7918	2437	121
天津	4054	211	3249	500	74
河北	5866	61	3247	462	18
山西	4145	103	4097	396	4
内蒙古	1941	54	533	151	22
辽宁	5567	153	2579	428	51
吉林	873	31	534	62	2
黑龙江	1143	27	705	78	5
上海	819	447	1554	624	168
江苏	8145	1081	11 330	2302	263
浙江	11 947	1264	7007	1790	417
安徽	3101	134	2105	471	23
福建	3433	140	1820	560	251
江西	7615	467	1438	380	13
山东	6213	312	4140	764	84
河南	8173	255	4454	679	69
湖北	6812	211	3378	630	71
湖南	4207	210	2950	948	42
广东	9399	1334	10 127	2823	718
广西	1398	36	937	154	8
海南	239	17	352	41	9
重庆	5097	263	3217	909	51
四川	3675	160	1833	381	35
贵州	1021	8	458	36	1
云南	2488	38	727	122	3
西藏	732	8	125	75	0
陕西	2448	133	2367	396	39
甘肃	3219	22	1033	200	1
青海	655	6	95	6	1
宁夏	488	8	282	97	0
新疆	1064	2	290	64	0
新疆生产建设兵团	264	1	153	19	0

附录D　2022年各地区大学科技园基本情况

表D-1　大学科技园运营数据

单位：万元

地区	大学园资金总额	其中：自有资金	本年度政府拨款	年末贷款余款	其他来源	年末固定资产原值	其中：当年新增值	年末流动资产总额	年末负债
北京	564 036.1	67 525.0	398.0	477 100.0	19 013.1	74 018.5	501.3	1 053 946.4	2 290 002.0
天津	1424.9	1424.9	0.0	0.0	0.0	108.5	4.5	1521.0	1506.2
河北	14 093.6	12 512.5	365.0	0.0	1216.1	11 983.9	37.1	17 241.7	1790.1
山西	595.9	266.1	300.0	20.0	9.8	251.6	3.4	308.5	70.9
内蒙古	201.9	201.9	0.0	0.0	0.0	739.0	14.7	4611.3	4474.0
辽宁	15 090.0	14 918.9	171.1	0.0	0.0	11 624.9	188.9	18 061.5	10 593.7
吉林	22 100.0	4372.6	0.0	0.0	17 727.4	706.5	20.0	4773.9	2083.8
黑龙江	29 323.5	27 572.7	735.8	0.0	1015.0	9180.2	371.1	43 270.0	15 342.7
上海	150 767.8	76 646.8	2981.6	71 139.4	0.0	67 125.5	18 567.4	156 292.7	130 557.9
江苏	92 497.0	41 948.3	2990.4	45 093.0	2465.4	93 949.7	6082.9	323 236.6	329 679.4
浙江	25 376.6	20 072.9	5271.8	0.0	31.8	34 321.3	267.7	37 788.1	43 998.0
安徽	16 044.6	14 740.8	0.0	0.0	1303.8	3420.2	2.5	8873.2	6565.8
福建	2473.6	2253.6	220.0	0.0	0.0	285.4	42.1	6657.6	3596.9
江西	20 100.9	18 134.0	1966.9	0.0	0.0	12 921.7	96.3	17 043.8	13 205.1
山东	2304.5	2217.1	87.4	0.0	0.0	71 236.9	22.0	32 510.3	121 852.4
河南	7145.1	6866.7	278.5	0.0	0.0	44 936.5	18 207.7	38 824.8	38 840.5
湖北	47 534.9	20 748.9	1148.0	25 638.0	0.0	79 829.6	15 093.2	82 257.1	100 765.7
湖南	7248.3	4953.2	1295.1	0.0	1000.0	8308.1	4.4	7789.8	6015.2
广东	16 850.9	10 173.1	671.4	0.0	6006.4	2627.3	186.6	17 416.3	9910.4
广西	193.4	193.4	0.0	0.0	0.0	2.0	0.0	193.5	0.0
海南	1668.2	547.7	105.0	0.0	1015.5	716.2	18.5	2058.3	2141.5
重庆	41 464.4	33 647.4	19.5	7600.0	197.5	1968.8	30.9	25 295.8	19 356.3
四川	17 240.2	10 567.3	902.2	0.0	5770.7	1162.7	108.5	46 591.6	51 862.6
贵州	1809.3	1532.2	50.0	0.0	227.2	447.8	4.6	2990.4	2176.2

续表

地区	大学园资金总额	其中：自有资金	本年度政府拨款	年末贷款余款	其他来源	年末固定资产原值	其中：当年新增值	年末流动资产总额	年末负债
云南	6317.2	378.3	5710.0	0.0	228.9	567.2	7.1	5739.8	863.9
陕西	10 837.2	10 315.0	522.2	0.0	0.0	11 964.5	449.3	31 977.6	10 606.1
甘肃	7039.5	6597.5	163.3	0.0	278.6	1450.6	14.8	7380.9	4136.8
青海	158.7	158.7	0.0	0.0	0.0	12 611.7	192.8	372.8	8134.3
宁夏	400.0	400.0	0.0	0.0	0.0	4038.9	3350.2	107.0	0.0
新疆	4920.6	2537.0	0.0	2383.6	0.0	3831.1	0.1	9300.9	1965.1
新疆生产建设兵团	10 579.9	10 579.9	0.0	0.0	0.0	36.2	2.0	801.1	98.1

表D-2　大学科技园收入数据

单位：万元

地区	大学科技园总收入	其中：房租与物业收入	服务培训收入	技术转移成果转化收入	政府补贴	投资收入	其他收入
北京	60 954.6	47 537.7	2437.5	3506.0	559.6	713.2	6200.6
天津	5106.5	0.0	431.5	366.8	3585.0	0.0	723.2
河北	1407.9	779.6	464.2	0.0	161.0	0.0	3.1
山西	566.7	167.6	2.6	86.7	300.0	0.0	9.8
内蒙古	50.0	0.0	0.0	0.0	50.0	0.0	0.0
辽宁	5013.4	1279.5	175.3	992.8	141.8	2.0	2422.0
吉林	542.8	286.6	0.0	0.0	0.0	0.0	256.3
黑龙江	5954.1	4252.2	175.5	10.2	535.8	248.3	732.2
上海	48 516.6	30 394.7	7779.6	1115.6	5182.1	2353.8	1690.9
江苏	39 050.5	20 814.0	6277.2	3362.8	3918.2	752.2	3926.0
浙江	15 662.7	7939.7	2335.0	2122.5	1944.2	578.3	742.9
安徽	3146.1	1557.7	823.6	0.0	284.4	321.2	159.2
福建	1409.9	903.3	64.5	0.0	20.0	0.0	422.1
江西	7139.7	2286.9	526.5	11.0	153.9	0.0	4161.4
山东	75 445.2	3531.0	106.3	2.2	3457.0	0.0	68 348.8
河南	6801.5	1775.4	1237.1	1046.8	1002.0	576.7	1163.4
湖北	29 834.5	7826.0	200.2	45.3	1567.0	120.5	20 075.5
湖南	5401.2	3052.1	216.8	0.0	1301.7	148.2	682.4
广东	7445.1	3956.1	1247.6	99.7	1715.4	162.3	264.0
广西	0.0	0.0	0.0	0.0	0.0	0.0	0.0
海南	1168.0	258.9	21.9	0.0	393.6	0.0	493.5

续表

地区	大学科技园总收入	其中：房租与物业收入	服务培训收入	技术转移成果转化收入	政府补贴	投资收入	其他收入
重庆	5219.4	2832.7	6.0	806.5	19.5	0.0	1554.7
四川	34 813.5	4948.9	1565.5	127.7	1845.6	111.6	26 214.2
贵州	935.2	192.5	0.0	680.3	50.0	0.8	11.6
云南	6063.7	105.5	21.7	0.0	5710.2	0.0	226.3
陕西	6119.0	2456.4	404.1	2153.0	343.2	0.0	762.3
甘肃	2302.0	1821.8	207.8	0.0	50.0	0.0	222.4
青海	870.0	96.5	76.9	0.0	667.5	0.0	29.2
宁夏	107.0	107.0	0.0	0.0	0.0	0.0	0.0
新疆	676.3	557.1	0.0	0.0	0.0	0.0	119.2
新疆生产建设兵团	49.1	45.3	0.0	0.0	0.2	0.0	3.6

表D-3　服务支撑数据

地区	创业公共服务机构 / 家	其中：中介服务机构 / 家	金融服务机构 / 家	风险投资机构 / 家	产业化支撑服务平台 / 家	创业导师数量 / 人	孵化基金总额 / 万元	累计完成投资额 / 万元	其中：当年完成投资额 / 万元
北京	488	279	96	113	76	830	75 840.0	234 618.1	3198.8
天津	10	2	2	6	9	38	0.0	0.0	0.0
河北	104	59	29	16	23	270	2080.0	49 519.5	363.4
山西	18	10	5	3	8	50	0.0	63.4	0.0
内蒙古	12	8	3	1	2	40	103 000.0	19 646.3	5646.3
辽宁	74	43	17	14	27	264	8053.0	33 126.1	1373.8
吉林	30	17	8	5	28	67	500.0	0.0	0.0
黑龙江	96	46	22	28	27	134	11 836.1	23 863.5	302.0
上海	344	169	77	98	67	344	63 916.5	176 062.5	3943.6
江苏	511	273	136	102	152	436	90 770.0	146 651.8	13 557.0
浙江	332	157	98	77	64	392	21 069.5	39 241.7	8494.9
安徽	22	15	3	4	25	43	5850.0	7442.5	2100.0
福建	27	21	3	3	26	76	5000.0	247.6	0.0
江西	92	58	19	15	48	273	3900.0	11 501.0	423.0
山东	75	43	14	18	27	192	26 208.2	92 392.6	0.0
河南	110	74	16	20	30	175	5515.0	121 261.8	6928.1
湖北	297	163	80	54	35	195	12 000.0	2383.0	35.0

续表

地区	创业公共服务机构/家	其中：中介服务机构/家	金融服务机构/家	风险投资机构/家	产业化支撑服务平台/家	创业导师数量/人	孵化基金总额/万元	累计完成投资额/万元	其中：当年完成投资额/万元
湖南	105	28	55	22	9	66	26 054.5	20 256.7	0.0
广东	138	75	27	36	93	296	6100.0	4238.8	209.2
广西	16	12	2	2	6	32	500.0	2921.0	0.0
海南	21	8	7	6	8	60	866.0	253.1	108.4
重庆	36	20	8	8	8	115	105 000.0	118 217.5	67.8
四川	199	134	39	26	45	254	8544.1	23 532.2	568.4
贵州	24	15	5	4	2	131	277.2	201.4	0.0
云南	81	53	21	7	8	66	1500.0	1718.1	8.1
陕西	56	29	14	13	19	291	1800.0	122 936.9	0.0
甘肃	31	24	4	3	10	113	0.0	16 750.0	0.0
青海	7	4	2	1	1	95	1500.0	1297.4	0.0
宁夏	5	3	1	1	1	232	0.0	0.0	0.0
新疆	19	16	2	1	1	36	300.0	0.0	0.0
新疆生产建设兵团	10	8	1	1	2	14	0.0	9763.7	0.0

表D－4　当年享受大学科技园税收优惠政策免税金额数据　　单位：万元

地区	当年享受大学科技园税收优惠政策免税金额总计	其中：房产税	城镇土地使用税	增值税	所得税
北京	208.0	203.4	4.6	0.0	0.0
天津	0.0	0.0	0.0	0.0	0.0
河北	6.8	5.6	0.5	0.7	0.0
山西	17.0	13.4	2.3	1.2	0.0
内蒙古	0.0	0.0	0.0	0.0	0.0
辽宁	60.7	24.2	0.3	9.5	26.7
吉林	87.3	87.3	0.0	0.0	0.0
黑龙江	147.1	64.8	19.7	34.5	28.1
上海	487.7	254.5	51.6	187.0	0.0
江苏	377.4	337.3	25.9	13.4	0.8
浙江	1748.8	533.6	28.1	848.0	339.1
安徽	73.0	43.7	19.8	9.6	0.0
福建	52.4	32.7	3.8	15.9	0.0

续表

地区	当年享受大学科技园税收优惠政策免税金额总计	其中：房产税	城镇土地使用税	增值税	所得税
江西	102.4	38.4	16.7	36.4	10.9
山东	1282.8	926.6	327.9	28.2	0.0
河南	179.5	99.6	21.1	58.7	0.0
湖北	655.8	344.4	185.1	90.6	34.7
湖南	388.9	222.9	42.8	123.3	0.0
广东	49.0	0.0	0.4	10.2	38.4
广西	0.0	0.0	0.0	0.0	0.0
海南	79.0	0.0	0.0	79.0	0.0
重庆	299.3	200.0	47.2	52.1	0.0
四川	77.7	51.6	7.5	10.1	8.6
贵州	53.6	15.1	25.7	12.8	0.0
云南	9.2	0.0	0.0	9.2	0.0
陕西	130.7	86.0	1.9	42.1	0.0
甘肃	29.8	22.0	0.0	5.3	2.5
青海	116.8	93.8	22.7	0.3	0.0
宁夏	0.0	0.0	0.0	0.0	0.0
新疆	11.5	10.4	0.6	0.5	0.0
新疆生产建设兵团	4.0	4.0	0.0	0.0	0.0

表D-5 管理机构从业人员数据

单位：人

地区	管理机构从业人员	其中：研究生学历	其中：博士	硕士	本科学历	大专学历	其中：留学回国人员
北京	428	190	28	168	196	31	29
天津	6	2	0	0	4	0	0
河北	53	18	6	12	31	3	2
山西	25	10	3	7	12	3	0
内蒙古	15	1	0	1	13	1	1
辽宁	142	72	16	56	55	15	6
吉林	28	12	5	7	14	2	0
黑龙江	174	70	14	56	92	10	6
上海	334	87	15	84	173	50	17
江苏	386	169	30	139	205	11	16

续表

地区	管理机构从业人员	其中：研究生学历	其中：博士	硕士	本科学历	大专学历	其中：留学回国人员
浙江	125	34	5	30	84	6	7
安徽	45	11	0	11	29	4	0
福建	33	13	3	10	19	1	0
江西	69	27	6	21	33	9	0
山东	127	43	7	38	75	8	3
河南	111	32	4	28	65	14	2
湖北	104	28	1	27	60	16	2
湖南	50	15	3	13	31	4	1
广东	132	49	8	42	79	4	4
广西	21	2	3	4	12	0	0
海南	40	3	0	3	28	3	1
重庆	44	13	1	12	29	2	0
四川	186	70	8	66	98	13	12
贵州	27	12	5	8	11	3	0
云南	77	17	5	12	31	0	1
陕西	122	32	3	29	76	6	4
甘肃	45	10	3	10	25	9	0
青海	23	2	1	1	20	1	0
宁夏	20	10	2	8	10	0	1
新疆	11	0	0	0	10	1	0
新疆生产建设兵团	10	0	0	0	8	2	0

表D-6　大学科技园面积数据

单位：万平方米

地区	现有场地总面积	其中：科技园可自主支配场地面积	其中：办公用房	孵化用房	生产用房	研发用房	其他用房
北京	83.4	38.1	1.1	26.3	0.0	9.2	46.9
天津	18.3	18.3	1.7	11.1	1.6	3.3	0.6
河北	12.4	11.4	0.5	8.8	1.0	1.3	0.9
山西	3.7	3.7	0.6	2.4	0.2	0.3	0.2
内蒙古	2.4	2.4	0.1	1.5	0.0	0.1	0.8
辽宁	17.1	17.1	0.9	10.1	1.0	1.9	3.1
吉林	7.3	7.3	0.2	4.4	0.1	0.3	2.2
黑龙江	18.4	18.4	0.4	14.1	0.3	2.7	1.0
上海	44.1	39.5	3.5	25.9	0.7	3.1	11.0
江苏	70.8	69.6	3.9	53.3	3.5	6.0	4.1
浙江	26.7	21.1	0.6	14.4	0.0	2.5	9.1
安徽	14.8	12.4	2.1	2.9	5.0	4.1	0.8
福建	4.0	4.0	0.1	2.7	0.0	0.2	1.0
江西	33.0	10.5	0.3	11.7	11.6	3.6	5.7
山东	28.3	19.0	0.7	12.8	1.5	2.8	10.4
河南	65.2	16.6	0.5	13.0	22.3	17.8	11.5
湖北	34.1	20.4	0.4	14.2	0.3	8.3	10.9
湖南	13.6	9.3	0.4	7.5	3.1	0.7	1.8
广东	17.9	13.7	0.4	9.8	0.6	3.8	3.2
广西	3.3	3.3	0.0	2.7	0.3	0.2	0.1
海南	3.9	2.6	0.3	1.0	0.0	0.9	1.8
重庆	6.4	6.4	0.3	4.5	0.2	0.9	0.6
四川	39.3	24.3	0.5	17.0	0.7	13.6	7.5
贵州	5.9	5.9	0.2	4.2	0.6	0.7	0.2
云南	5.1	5.1	0.2	3.6	0.7	0.6	0.1
陕西	10.7	9.7	0.8	6.3	0.8	0.9	1.9
甘肃	5.3	5.3	0.2	3.6	0.6	0.6	0.4
青海	3.0	1.9	0.1	1.8	0.0	1.1	0.0
宁夏	1.8	1.8	0.1	0.6	0.4	0.7	0.0
新疆	0.9	0.9	0.1	0.7	0.0	0.0	0.1
新疆生产建设兵团	6.0	2.1	0.0	1.4	0.0	0.0	4.6

表D－7　在孵企业及成果转化数据　　单位：个

地区	本年在孵企业数	其中：当年新孵企业数	其中：师生自办企业数	其中：经认定高新技术企业数	其中：科技型中小企业数	研发机构数	成果转化总数	其中：依托高校数量
北京	1232	290	356	191	203	146	686	224
天津	121	65	34	8	11	8	209	182
河北	233	69	139	56	115	82	234	125
山西	107	17	22	2	2	17	11	11
内蒙古	62	21	4	5	6	1	10	2
辽宁	480	145	272	24	42	91	506	436
吉林	154	12	85	18	11	11	45	31
黑龙江	424	107	199	58	95	89	311	212
上海	1104	275	527	187	345	154	600	320
江苏	1591	561	760	190	520	618	1872	825
浙江	614	171	336	45	135	147	389	289
安徽	172	58	43	52	106	75	404	80
福建	125	65	28	12	12	8	35	13
江西	328	74	143	10	27	98	326	231
山东	342	118	98	15	44	57	205	108
河南	382	88	178	108	217	88	957	412
湖北	502	236	167	133	195	38	155	97
湖南	208	48	101	54	71	37	117	67
广东	404	117	234	54	129	179	579	260
广西	71	12	27	18	30	16	65	19
海南	106	42	49	8	16	13	34	15
重庆	277	70	105	9	1	14	156	122
四川	585	142	303	57	110	116	617	212
贵州	171	29	84	7	87	14	42	35
云南	153	31	33	17	25	6	62	60
陕西	268	64	130	39	53	66	124	32
甘肃	178	24	48	4	16	27	69	53
青海	57	6	15	2	7	5	7	4
宁夏	44	44	20	1	8	1	40	40
新疆	70	6	0	1	3	0	0	0
新疆生产建设兵团	56	26	9	1	5	0	0	0

表D-8 在孵企业收入数据

单位：万元

地区	在孵企业总收入	在孵企业工业总产值	在孵企业净利润	在孵企业上缴税额	在孵企业出口总额
北京	503 860.7	411 709.6	48 642.8	26 443.3	833.1
天津	28 403.7	14 597.2	1307.4	759.1	773.9
河北	38 382.8	13 034.7	4093.1	1534.7	1593.7
山西	5462.5	175.0	1179.8	293.7	0.0
内蒙古	8041.3	0.0	−915.3	299.8	0.0
辽宁	55 447.5	32 745.8	6373.9	1471.2	105.0
吉林	16 940.0	7531.6	3600.2	558.3	0.0
黑龙江	58 989.1	13 964.9	6685.0	2211.5	912.4
上海	491 927.6	162 751.0	−17 277.3	14 087.0	16 236.9
江苏	751 767.9	349 813.8	82 044.7	43 456.9	28 537.0
浙江	238 554.9	69 235.7	17 135.8	8986.4	10 798.7
安徽	39 070.5	5332.8	−22.3	2546.7	0.0
福建	20 026.3	4352.8	996.5	330.5	0.0
江西	109 021.9	40 378.8	16 366.1	5066.6	0.0
山东	206 272.0	77 967.5	4825.2	2390.2	14 768.7
河南	133 985.5	72 036.3	8234.0	3848.7	112.3
湖北	209 204.9	46 222.0	19 015.8	10 560.7	1288.2
湖南	329 469.1	34 492.1	25 833.8	18 683.2	2.0
广东	124 606.1	32 604.2	11 103.5	7192.9	3612.2
广西	8539.5	1022.3	1010.3	340.2	0.0
海南	2462.3	90.2	−259.6	82.2	0.3
重庆	25 167.7	9202.1	1864.8	463.2	194.2
四川	143 508.8	121 660.1	918.0	3899.9	2433.3
贵州	64 835.7	14 013.1	4883.2	2301.6	0.0
云南	63 233.0	17 412.9	993.8	2564.8	0.0
陕西	38 427.3	19 696.5	1873.4	1238.9	0.0
甘肃	12 885.7	3876.3	1430.9	367.7	0.0
青海	6150.4	824.3	−857.8	110.8	0.0
宁夏	2491.2	463.1	217.9	121.4	0.0
新疆	475.0	80.7	93.0	113.2	0.0
新疆生产建设兵团	2445.0	1173.0	244.6	28.5	0.0

表D－9　在孵企业从业人员数据　　单位：人

地区	在孵企业从业人员	其中：博士	硕士	其中：研究生学历	本科学历	大专学历	中专学历	其中：科技活动人员	其中：研究与试验发展（R&D）人员	其中：留学回国人员	其中：接纳大学生、研究生实习人员	其中：接纳应届大学毕业生就业人员
北京	11 173	712	2157	2940	6574	1322	195	3127	1773	597	1463	489
天津	812	53	116	169	381	106	24	316	213	23	78	70
河北	4232	125	361	691	1508	1276	130	1219	738	47	831	348
山西	529	37	80	117	279	65	39	193	104	12	132	16
内蒙古	820	5	11	16	268	271	265	35	27	2	110	120
辽宁	2935	207	514	728	2058	119	23	1366	904	57	449	85
吉林	1218	55	231	286	447	65	88	455	319	13	202	34
黑龙江	3565	309	670	983	2282	241	1	1526	1196	75	1215	497
上海	10 419	521	1462	2008	5955	1814	316	3422	2397	406	1318	494
江苏	22 007	720	2362	3133	13 850	3590	678	9221	6736	496	5304	3161
浙江	8747	349	560	910	5325	1725	287	4172	1923	295	1550	1331
安徽	1716	77	261	338	903	391	39	933	749	23	263	130
福建	700	24	23	47	368	215	54	160	106	6	44	28
江西	5502	190	409	599	3797	846	209	2699	1884	85	2816	1045
山东	2100	131	248	379	1145	396	154	625	454	19	662	157
河南	6824	175	475	662	3303	2303	265	1540	1352	48	933	1118
湖北	7006	122	527	652	4159	1285	130	3070	2299	75	528	533
湖南	3078	119	249	368	1452	1050	151	515	398	18	554	55
广东	4287	288	594	882	2775	475	92	2034	1522	149	655	552
广西	631	23	43	67	369	136	39	181	102	3	80	36
海南	397	8	15	23	310	52	7	76	66	7	122	34
重庆	1867	48	142	192	1299	322	43	155	114	18	474	200
四川	6024	429	991	1430	3585	745	205	2320	1640	149	985	485
贵州	1129	45	122	167	712	162	65	176	101	7	284	89
云南	1572	53	89	142	819	270	95	210	139	31	204	35
陕西	3028	162	352	637	1624	525	61	1103	905	42	278	135
甘肃	1049	68	138	208	417	115	34	198	127	9	202	76
青海	359	24	16	41	142	68	14	63	39	5	35	38
宁夏	361	12	20	32	255	68	6	67	26	2	32	58
新疆	796	0	0	0	653	143	0	0	0	0	0	0
新疆生产建设兵团	124	0	0	0	90	34	0	20	15	0	25	14

表D-10　技术创新数据

地区	专利申请数 / 件	其中：发明专利 / 件	专利授权数 / 件	其中：发明专利 / 件	承担各级各类计划项目 / 项	其中：国家级项目 / 项	科技活动经费支出总额 / 万元	其中：研究与试验发展（R&D）经费支出 / 万元	其中：新产品开发经费支出 / 万元
北京	1617	788	2788	1574	367	9	67 542.9	30 218.2	17 511.5
天津	359	185	227	76	9	1	3900.4	730.1	2807.1
河北	322	127	186	72	74	3	5536.4	1105.8	3400.4
山西	33	8	8	2	2	0	482.0	206.1	263.3
内蒙古	1	1	0	0	3	0	602.5	171.4	414.9
辽宁	200	36	168	44	17	2	4093.5	2970.7	1112.5
吉林	53	19	25	12	1	0	632.0	566.0	0.0
黑龙江	720	212	535	140	69	9	11 804.7	8426.9	2902.5
上海	1660	642	1146	296	114	19	77 263.5	41 929.0	30 389.7
江苏	3939	1086	2952	625	339	15	174 493.2	68 356.9	56 522.3
浙江	1005	314	727	138	78	3	46 462.8	29 377.9	12 816.4
安徽	397	88	245	47	313	0	10 112.9	8831.6	1281.3
福建	57	10	59	16	5	0	2078.4	1042.4	763.3
江西	185	61	198	77	14	2	12 355.7	6963.1	5314.9
山东	293	60	157	44	8	3	3920.0	2707.4	1260.5
河南	1168	201	894	55	39	2	23 280.6	14 388.1	5757.5
湖北	1931	835	1075	258	78	3	20 925.1	11 491.2	4028.8
湖南	678	179	725	155	27	0	12 550.7	7422.3	2269.0
广东	907	321	741	249	69	5	28 072.8	21 134.4	5394.3
广西	80	36	37	27	14	0	1933.4	1208.1	735.8
海南	67	21	44	11	1	0	181.6	89.5	12.9
重庆	152	54	101	28	17	0	1575.9	1092.8	591.7
四川	573	189	699	170	110	7	21 680.4	14 337.6	8588.0
贵州	47	33	20	6	17	0	903.9	610.0	293.9
云南	177	61	208	64	14	0	5333.4	2661.8	1966.3
陕西	254	92	159	68	21	2	7015.7	4261.2	2463.3
甘肃	82	23	63	9	23	0	404.4	291.7	112.7
青海	18	7	15	4	10	1	862.7	79.0	189.7
宁夏	38	6	32	1	7	2	256.7	95.2	88.2
新疆	0	0	0	0	0	0	0.0	0.0	0.0
新疆生产建设兵团	16	1	0	0	0	0	50.0	32.0	12.0

表D－11　在园企业数据

地区	在园企业数/家	在园企业从业人员/人	在园企业上缴税收/万元	在园企业转化、转移科技成果/项	其中：转化、转移依托高校科技成果/项	在园企业接纳大学生、研究生实习人员/人	在园企业接纳应届大学毕业生就业人员/人	在园企业产生的授权专利/件
北京	774	18 967	123 100.7	395	165	2786	981	3137
天津	6	69	351.0	4	4	0	0	42
河北	81	2576	2466.6	36	31	893	376	103
山西	37	351	42.5	12	3	73	31	4
内蒙古	6	63	82.2	37	0	5	2	7
辽宁	183	2903	2354.3	332	281	642	87	583
吉林	30	537	146.8	20	2	50	35	5
黑龙江	385	4885	6923.1	67	61	1531	871	234
上海	756	22 348	64 788.9	308	188	18 395	753	1686
江苏	645	10 664	24 050.5	580	309	5110	1231	1197
浙江	273	5510	40 491.0	223	161	9437	427	742
安徽	75	2836	20 495.7	71	16	205	112	136
福建	18	400	247.6	59	3	7	20	51
江西	158	4223	4663.5	301	166	2250	816	83
山东	207	3705	10 543.3	228	72	1484	225	482
河南	390	9230	34 077.9	215	60	507	343	161
湖北	520	34 721	261 771.4	185	107	754	623	5660
湖南	49	1977	2168.2	43	22	162	369	45
广东	130	3098	3216.1	266	100	1264	316	640
广西	23	220	69.8	5	3	102	26	31
海南	94	316	72.2	61	13	76	46	46
重庆	70	883	264.2	75	24	400	72	25
四川	265	6242	18 401.8	339	134	858	437	723
贵州	30	136	33.2	8	6	43	14	0
云南	48	1090	2060.9	131	14	111	30	51
陕西	111	5612	802.8	29	9	1379	96	24
甘肃	84	1038	835.6	145	23	140	33	22
青海	30	112	20.5	3	2	38	22	3
宁夏	6	34	0.0	175	3	20	29	39
新疆	15	194	201.8	0	0	0	2	43
新疆生产建设兵团	25	269	2051.6	5	5	30	20	16

表D－12 毕业企业数据

单位：家

地区	累计毕业企业	其中：当年毕业企业	其中：上市（挂牌）企业	其中：收入过亿元企业
北京	3007	137	30	31
天津	10	9	0	0
河北	504	55	1	5
山西	120	13	0	0
内蒙古	32	5	0	0
辽宁	797	31	8	8
吉林	197	13	1	1
黑龙江	522	59	6	6
上海	1386	69	42	51
江苏	2630	201	40	64
浙江	1231	86	35	20
安徽	285	26	57	17
福建	59	6	0	0
江西	617	28	4	10
山东	502	33	9	4
河南	309	25	1	6
湖北	444	55	24	23
湖南	177	15	0	2
广东	846	52	11	15
广西	47	1	0	5
海南	89	8	0	0
重庆	405	41	4	4
四川	612	48	10	8
贵州	58	6	0	0
云南	187	31	0	6
陕西	509	40	1	5
甘肃	271	13	0	0
青海	25	4	0	0
宁夏	41	0	0	0
新疆	15	0	0	0
新疆生产建设兵团	86	11	0	0